中国图书文化史
主编 曹之

湖北省学术著作出版专项资金资助项目
国家社会科学基金一般项目（批准号：07BTQ009）成果

中国古代文献的保护

王国强 等 著

武汉大学出版社
WUHAN UNIVERSITY PRESS

图书在版编目(CIP)数据

中国古代文献的保护/王国强等著.—武汉：武汉大学出版社,2015.3
(2022.6 重印)
(中国图书文化史/曹之主编)
ISBN 978-7-307-11395-4

Ⅰ.中…　Ⅱ.王…　Ⅲ.古籍—文献保护—研究—中国　Ⅳ.G253.6

中国版本图书馆 CIP 数据核字(2013)第 171873 号

责任编辑:白绍华　　责任校对:黄添生　　版式设计:马　佳

出版发行：**武汉大学出版社**　(430072　武昌　珞珈山)
(电子邮箱：cbs22@ whu.edu.cn　网址：www.wdp. com.cn)
印刷:武汉邮科印务有限公司
开本:720×1000　1/16　印张:18　字数:255 千字　插页:2
版次:2015 年 3 月第 1 版　　2022 年 6 月第 2 次印刷
ISBN 978-7-307-11395-4　　定价:58.00 元

总　　序

我是一个不好写序的人，尤其不喜欢写代序。鲁迅先生曾经说过："代序却一开卷就看见一大番颂扬，仿佛名角一登场，满场就大喝一声采，何等有趣。倘是戏子，就得先买许多留声机，自己将'好'叫进去，待到上台时候，一面一齐开起来。"(《准风月谈·序的解放》)为了回避"吹鼓手"、"戏子"之嫌，我决意不为"代序"，因此得罪了一大批人，包括我指导过的几位博士生。不过，经过解释，博士生们已经理解了我的初衷。导师为博士生写序，似乎成为一种"专利"，我愿意放弃这种"专利"。这篇序言是不得已而为之。因为当了"主编"，总要讲几句话。

人们常用"图书大世界"形容图书之多。的确，世界充满图书，图书充塞世界，图书无处不在，无时不有，人类生活在图书的层层包围之中。人们常用书山、书海、汗牛充栋、恒河沙数、连窗委栋、擢发难数、积如丘山等词语形容图书之多，一点儿也不过分。自古以来，我国就是一个读书的大国，众多褒贬不一的"读书迷"，有五花八门的称号，清张培仁《妙香室丛话》卷六云：

> 汉世目郑康成为“经神”；何休为“学海”；晋杜预有“左传癖”，人目之曰“武库”，言胸中无所不有也。江祏目许懋为“经史笥”；梁世目任昉为“五经笥”。褚遂良目谷那律为“九经库”；又目虞世南为“行秘书”，皆美其淹识群书也。至晋傅迪好读书而不解其义，刘柳惟读《老子》，迪每轻之，柳曰：“卿读书虽多，而无所解，可谓‘书簏’矣。”唐李善淹贯古今，不能属辞，人号“书簏”；齐陆澄世称硕学，读《易》三年，不解文义，欲撰《宋书》不就，王俭戏之曰：“陆公，‘书厨’也。”似犹有讽焉。他如宋宜黄李郛，文学浩博，人号为“书厨”；福清郑格，博闻强记，时亦号“书厨”；莆田李纲，通诸史百家，人亦目为“书厨”；通州张大中，群经百氏，一览不忘，人目为“黑漆书厨”；邛州吴时敏，于为文未尝属稿，人目之为“立地书厨”，明武进陈济，六经子史，无不究竟，时称为“两脚书厨”；南海唐奎，遍览诸书，称为“唐书柜”。或有过誉，要皆美词也。

随便打开一部词典，就会发现由“书”组成的关键词滚滚而来，如：书卷、书帙、书城、书籍、书笈、书笥、书香、书院、书袋、书钞、书桌、书台、书种、书影、书录、书虫、书囊、书楼、书厄、书跋、书口、书脊、书缝、书祸、书价、书史……由图书而命名的斋堂室名也很多，如读书堂（司马光）、紬书阁（叶梦得）、万卷楼（尤袤）、野史亭（元好问）、汲古阁（毛晋）、赖古堂（周亮工）、士礼居（黄丕烈）、思适斋（顾广圻）、十驾斋（钱大昕）、积古斋（阮元）、四当斋（章钰）、双鉴楼（傅增湘）、瓜蒂庵（谢国祯）……甘桁《斋名集观》（汉语大词典出版社 2005 年版）著录的 1000 多个室名大多与图书有关。与图书有关的行业也很多，如书店、书铺、书局、书肆、书林、编撰、出版、发行、藏书、校勘、辨伪、辑佚……三百六十行生意，不少生意和图书有关。与图书有关的故事也很多，如囊萤、警枕、映雪、三余、三上、推敲、祭书、断织劝学、凿壁偷光、一字之师、著书自娱、露钞雪纂、断齑划粥、十年磨一剑、三年不窥园、头悬梁锥刺骨……詹文元等编《勤学成才故事160个》(中国青年出版社1982年版)讲的都是与图书有关的故事，该书第76则故事云：唐代武后年间，河阴有位叫郗珍的人，家贫如洗，但酷爱读书。晚上没有灯光，不能读书，非常苦闷。突然发现富户邻居的墙角有一线灯光，郗珍便仿照汉代匡衡“凿壁偷光”的故事，把透光的缝隙凿大，趴在地上读书，津津有味。后来，邻居发现了这个秘密，一纸诉状把郗珍告上官府，诬称郗珍意欲盗窃财物。郗珍实话实说，称自己为了借光读书，并无他意。县官康庭芝亲自审理此案。他经过调查研究之后，作出一审判决，在《对求邻壁光判》中说：

> 郗珍荷衣横带，缉柳编蒲，有贱嬴金，将希片玉。南都自富，北郭实贫。殊谢梁鸿，不求因热。乃如苏季，愿借余光。已接武于匡衡，方齐踪于甯越。室仞非邃，未窥夫子之墙；纺绩可兼，辄凿邻人之壁。情非窃伏，事涉穿窬。抑有前闻，宜征故实。请从按记，不合论辜。(《全唐文》卷二百六十《康庭芝》)

这个故事发生的地点就在我的家乡：河南省荥阳市广武镇。广武，因在黄河南岸，唐称河阴县。与图书有关的学问更是多如牛毛，如周易学、尚书学、诗经学、三礼学、春秋学、史记学、汉书学、尔雅学、本草学、水经学、通鉴学、文选学、四库学、红学、经学、史学、子学、编撰学、版本学、传播学、校勘学、辨伪学、辑佚学、阅读学、目录学……随着时间的流逝，科学研究向细密发展，学中有学，学又有学，子又有孙，孙又有子，子子孙孙，无穷匮矣。

历代图书知多少？至今还没有一个确切的统计数字。就拿线装古籍来说，我在《中国古籍版本学》第二版(武汉大学出版社2007年版)中曾据下列数字进行过一次粗略统计：

> (一)上海图书馆编《中国丛书综录》著录丛书2797部，子

目 7 万种，去其重复，计有单种文献 38891 种；

（二）清代乾隆以前没有收入丛书的古籍单行本至少有 1 万种；

（三）清代乾隆以后没有收入丛书的古籍单行本，据孙殿起《贩书偶记》与《贩书偶记续编》著录，计有 1.6 万种；

（四）中国科学院北京天文台主编的《中国地方志联合目录》共著录方志 8200 种；

（五）佛经单种文献 4200 种；

（六）道藏单种文献 1500 种；

（七）据全国 59 个图书馆联合编制的《中医图书联合书目》著录，中医单种文献约有 7661 种；

（八）碑帖、舆图不少于 1 万种；

（九）少数民族语言图书不少于 1 万种；

（十）车锡伦编《中国宝卷总目》著录成代宝卷 1579 种；

（十一）中国社会科学院历史研究所等编《中国家谱综合目录》著录家谱 14719 种；

（十二）谢巍编《中国历代人物年谱考录》著录历代年谱 6259 种；

（十三）许保林编《中国兵书知见录》著录存世兵书 2308 种；

（十四）杨忠、李灵年编《清人别集总目》著录清人别集 4 万种；

（十五）王宝平等编《中国馆藏和刻本汉籍书目》著录和刻本 3063 种。

以上 15 个数字相加，共得线装书 174380 种，去其重复（还有少数现代著作、平装图书等），加上诸目漏收的线装古籍，总数当不少于 15 万种。如果加上复本，单是传世至今的古代线装书，当不会少于 1000 万册。历时 15 年编撰成功的《四库全书》收书 3503 种、79337 卷，共计 9.97 亿字。18 世纪中叶，法人狄德罗主编的《百科全书》共计 2268 万字，《四库全书》是它的 44 倍。若把《四库全书》

约4000万页逐一摊开，首尾相接，可绕地球赤道1.34周，简直是一个天文数字。可见中国古代丰富的文化遗产，是世界上任何一个国家无法比拟的。实际上，古代图书可分两个大类：亡佚图书和传世图书。二者相比，由于自然老化、天灾人祸等原因，亡佚图书的数量当远远超过传世图书的数量，传世图书只是亡佚图书的若干分之一。历代许多文献学家试图计算出比较接近实际的图书数量，但是一个个大汗淋漓，无功而返。最后只好老老实实用"浩如烟海"四个字作为结论了。

图书是一个动态的概念，是一环紧接一环的锁链式运动过程，永远不会停留在某一环节上。每个环节的发展又与社会生态文化密切相关，没有"单干户"。现在，关于图书的学科很多，出版专业有"古籍编撰史"、"古籍出版史"等；图书馆学专业有"古籍分类"、"古籍编目"等；中国语言文学专业有"古籍校勘"、"古籍辨伪"……各种学科之间判若鸿沟，壁垒分明，"鸡犬之声相闻，老死不相往来"，大有中分天下、一决雌雄之势。静言思之，这些学科局于一隅，实则专科文献学，目前尚无真正海纳百川的广义文献学。对于各个专业来说，从微观上划分"势力范围"，固然需要，但从宏观上鸟瞰天下，也不可少。只讲微观，不讲宏观，容易一叶障目，不见泰山。中国有句俗话："当局者迷，旁观者清。"为什么会这样呢？当局者"迷"在微观，旁观者"清"在宏观。从横的方面看，"当局者"没有看到大千世界，或者没有把大千世界看做一个不可分割的整体；从纵的方面看，"当局者"没有看到悠悠岁月，或者没有把悠悠岁月看做一个承前启后的系统。"当局者"跳不出一地、一时、一人、一书的狭小范围，不能耳听六路、眼观八方，不能"会通"地研究问题，因而迷惑不解。苏轼《题西林壁》诗云："横看成岭侧成峰，远近高低各不同。不识庐山真面目，只缘身在此山中。"这首诗是"当局者迷"的形象写照。

古代图书发展的历史就是从图书编撰出发，经由图书出版、图书传播、图书收藏、图书阅读、图书变异、图书整理，进入新一轮的图书编撰。其中，"传播"包括书业中心、畅销书、中外交流等；"收藏"包括目录、分类、保护等；"阅读"包括标点、训诂、检索、翻译等；“变异”包括伪书、散佚等；“整理”包括校勘、辨伪、辑佚等。一部图书史就是这样无限循环、环环相扣、周而复始、螺旋式上升、不断发展的历史，如下图所示：

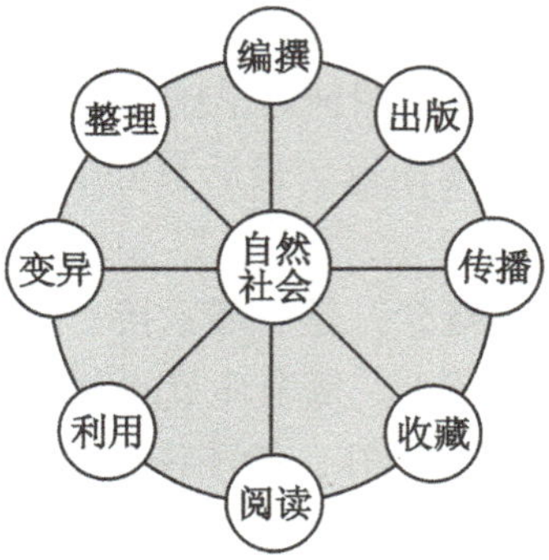

基于上述认识，我拟把中国图书文化的发展分为“中国图书编撰史”、“中国古书编例史”、“中国图书官修史”、“中国图书序跋史”、“中国图书抄写史”、“中国印刷术的起源”、“中国图书刻印史”、“中国图书版本学”、“中国图书装帧史”、“中国图书插图史”、“中国图书发行史”、“中国图书广告史”、“中国古代禁书史”、“中外图书交流史”、“中国古代聚书史”、“中国秘书省藏书史”、“中国图书散佚史”、“中国图书目录史”、“中国图书分类史”、“中国图书保护史”、“中国图书阅读史”、“中国图书训诂史”、“中国图书翻译史”、“中国图书整理史”、“中国图书校勘史”、“中国图书辨伪史”、“中国图书辑佚史”、“中国图书与生态文化史”等几十个大大小小的题目。

作为教师，我们的一生就是藏书、读书、著书、教书的一生。生活就是图书，图书就是生活。用“嗜书如命”四个字来形容，一点儿也不过分。除了文盲，每一个人都有终身难忘的与书有关的经历，每一个人都有刻骨铭心的与书有关的故事。一本书就是一位老师，一本书就是一个台阶。图书，打开了一扇透风的窗口；图书，改变了我们的命运。爱书吧，书是人类进步的阶梯。鲁迅先生也很爱书，他说：

> 该如爱打牌的一样，天天打，夜夜打，连续的去打，有时被公安局捉去了，放出来之后还是打。诸君要知道真打牌的人的目的并不在赢钱，而在有趣。牌有怎样的有趣呢，我是外行，不大明白。但听得爱赌的人说，它妙在一张一张的摸起来，永远变化无穷。我想，凡嗜好的读书，能够手不释卷的原因也就是这样。他在每一叶每一叶里，都得着深厚的趣味。(《而已集·读书杂谈》)

早就想编一套关于图书文化的丛书，表达我们对于图书的无限感激之情。由于种种原因，这次收入《中国图书文化史》的暂时只有以下13种著作：

(一)《中国古代图书史》　曹之著
(二)《中国古籍编撰史》　曹之著
(三)《中国古书编例史》　马刘凤、曹之著
(四)《中国图书官修史》　霍艳芳著
(五)《中国古籍序跋史》　王国强著
(六)《中国古代文献的保护》　王国强等著
(七)《中国印刷术的起源》　曹之著
(八)《中国古籍版本学》　曹之著
(九)《中国图书发行史》　孙文杰著
(十)《中国秘书省藏书史》　郭伟玲著
(十一)《中国图书散佚史》　李玉安著
(十二)《中国古代的藏书印》　吴芹芳等著
(十三)《中国古籍校勘史》　罗积勇等著

其中，《中国古籍版本学》、《中国印刷术的起源》和《中国古籍编撰史》三书已于多年前出版，社会反映尚可。武汉大学出版社坚持要把三书纳入该丛书一并出版，我也只好遵命，十分感谢出版社的美意。该丛书作者大多从事古典文献学的科研和教学工作，具有硕士、博士学位，有的已是教授(研究馆员)或博士生导师，且已出版过多种著作，具有较好的专业知识和写作经验。2007年年底，

《中国图书文化史》初定书名、著者之后，立即投入了紧张的工作。几年来，作为主编，我做了以下事情：(一)草拟分册提纲。提交编务会议进行讨论，以期集思广益，统一认识。(二)编制《中国图书文化史资料索引》。把知见材料公布于众，按照内容发给著者参阅。(三)举办小型资料展览会。2008年3月至4月30日，在武汉大学图书馆古籍部举办了一次小型资料展览会，我把自己的部分读书笔记《目耕录》42册、剪报资料《刀耕录》40册和私人藏书97册，面向《中国图书文化史》著者公开展出，读者可以抄写、复印或拍照。资料者，天下之公器也。这样做，是为了方便大家，资源共享。(详《图书情报知识》2008年第3期卷首语)(四)互通情报。著者遇到什么问题，可随时通过各种方式向主编反映；主编如有什么新的想法，或有什么新的"发现"，可随时向著者"通气"。(五)借阅图书。《中国图书文化史》著者随时可以向主编借阅有关资料，主编藏书犹如《中国图书文化史》的"资料室"、"图书室"，全天候面向各位著者。(六)从2007年年底到2011年，先后八次召开编务会，并印发会议简报。每次会议重点强调两个问题：一是抓紧时间，时不我待。既然我们已经签订合同，作出承诺，就要做到"言必信，行必果"，"一言既出，驷马难追"。二是创新意识，宁缺毋滥。大家认为，如果没有创新之处，宁可不写，不能徒灾梨枣。大家一致表示：要学习古人的传世意识和精品意识，珍惜这次机会，精心打造传世之作。否则，无法向读者交待，无脸见"江东父老"。此外，还就书名、编例具体问题展开讨论，统一认识。不过，还要说明两个问题：一是关于时间下限问题。《中国图书文化史》的时间下限一般定在辛亥革命(1911年)清代灭亡为止，由于种种原因，个别图书的内容或超越此界。二是关于《中国图书文化史》的整合问题。由于《中国图书文化史》内容较广，涉及问题较多，加上各位著者认识水平不一，各书之间或有重复，间有不大统一的地方，敬祈读者谅解。当然，有些问题本来就是聚讼纷纭，还没有形成共识，著者各抒己见，也算是"百家争鸣、百花齐放"吧！

现在，《中国图书文化史》终于出版了。我对各位著者的辛勤劳动表示感谢，没有各位著者的密切配合，编制这套丛书是不可能的。我要感谢武汉大学人文社会科学研究院、武汉大学信息管理学院、武汉大学出版社，没有它们的鼓励和支持，编制这套丛书也是不可能的。谢谢大家！

曹　之

2012 年 3 月 10 日

自　序

独自徘徊在田野，依旧北风，吹面却不再寒冷。雀儿在空中翻飞。松浮的地表，飞扬的尘土，显示着这个地方初春常有的旱象。返青的麦苗正覆盖裸露的土地，小草吐出星星点点的嫩绿。孕育了一冬的春天正迫不及待地寻求出路。恍惚间，不禁有种亘古如恒之感。在这片中华民族发祥地上，先民创造的丰富多彩的文化，通过文献记录，传递到今天。我们每个人都是古代文献的沾溉者。

中国现存古代文献数千万册（件），是先民创造并递传下来的文化遗产，是不可再生、无可替代的宝贵资源；目前这些文献中三分之一以上存在着不同程度的损坏现象；年复一年，损坏的速度和程度不断加剧，得不到有效保护，其间的原因，既有社会的，也有技术的。

在研究目录学史和图书馆史过程中，我了解不少古代文献保护资料；我对于现存古代文献保护状况的认识，却始于 1989 年季秋。当时，受河南省文化厅委托，我随从省图书馆界几位古籍专家，考察全省公共图书馆古籍保护情况。20 多年来，尤其是 2009 年河南省古籍保护工作专家委员会成立以来，我作为委员有更多机会了解全国很多地方众多机构的现存古代文献保护情况，获得了大量第一手资料。

直到以“中国古代文献保护方法及其现实价值”为题申请到国家社会科学基金项目，我才有机会系统研究现存古代文献保护方法。该项目主要想解决以下两个问题：现存古代文献保护方法和材料使用的观念问题，即今天乃至未来，我们是应该致力于使用当代化学方法和材料来保护现存古代文献，还是应该继承传统文献保护方法和材料，因为在现存古代文献保护界，多年来一直存在着这两种认识，甚至在实践上也各行其道，造成了现实和传统的冲突；而任何对现存古代文献的保护不利、哪怕是潜在性威胁的方法和材料，都会带来不可估量的损失。我的基本认识是，现存古代文献保护，应以传统文献保护方法和材料为主，而辅之以现代物理方法和材料，从而达到传统和现实的辩证结合。如果这个思路得以成立，那么接下来就要解决另外一个问题，即如何继承传统文献保护方法和材料。中国古代发明了系统的文献保护理念、方法和材料，对于文献蠹蛀、潮湿、火水、灰尘、破损的防治都卓有成效，是一笔极可珍贵的文化遗产。这些方法是针对自身特殊的文献载体、书写工具、装订形式、地理气候环境而产生的，适合于中国古代文献。同时，在数千年文献保护历史中，技术不断发展，新方法、新材料不断发现，不同时期不同地域都有自己的特点，我们应该使用传统中哪些方法和材料呢？而且，传统方法和材料分散记录在各类文献中，东鳞西爪，清代产生的几部文献保护著作，例如《藏书记要》和《藏书十约》，固然有对于传统的梳理，但更多是一家之言。另外，传统文献保护方法，有些是无效的，荒诞的，甚至有害的，是应该摈弃的。现存古代文献保护，即使在方法和材料上，也是一项系统工程，需要综合运用，我们应该系统总结、梳理出传统文献保护方法和材料，以为现存古代文献保护之用。当然，为了使第二个问题立论充分，叙述明了，对于中国古代文献保护历史的追溯，就是题中应有之义。

经过几年努力，项目顺利结项，鉴定等级为优秀。蒙恩师曹之先生奖掖，该成果得以出版，幸何如之！曹师命我们梳理古代文献遭受火灾的历史及其保护方法，以更全面展示古代文献保护历史和方法。对于这样得体而无私的提议，我们只能勉力完成。本书的完成，还得力于项目组成员的通力合作，尤以孟祥凤最著辛劳。《中国古代文献的保护》共九章。王国强撰写了第一章第一、二、三、五节、第三章、第四章、第五章、第七章和附录，并与徐丽娜（郑州大学信息管理学院）、马怀云（河南省图书馆）合撰了第八章。孟祥凤（郑州轻工业学院图书馆）撰写了第一章第四节、第二章、第六章和第九章。

作为第一部全面研究古代文献保护方法的专著，本书试图全面揭示中国现存古代文献损毁的现状及其原因，梳理古代文献保护方法发生发展的历史及其特点，分析古代文献制作原材料的防蠹性能，讨论药物方法、防霉方法、防火方法、装帧修复方法在文献保护中的历史及其作用，研究修复古代文献所用浆糊和配纸的制作原则和方法，提出基于传统文献保护方法的中国古代文献保护方案，具有一定的应用价值。

中国现存古代文献保护任重而道远。在传承古代文献征途上，我们既不是起点，也不是终点。先民为文献保护尽了自己的力量，后人也会在我们的基础上继续前人的事业。我们能做的是，一方面把前人传递而来的古代文献减少到最小损失，传递给后人，同时，我们也应该努力总结、发现有效的现存古代文献保护方法，供后人借鉴。作为人类最重要的文化遗产，现存古代文献保护理应引起全社会的关注。实际上，我们可以说，现存古代文献是否能得到有效保护，表现着社会的良心。作为古代文献利用者和研究者，能有机会为现存古代文献保护尽绵薄之力，我倍感荣幸。

是为序。

二零一二年惊蛰，
王国强谨识于双万堂

目　　录

第一章
绪　　论

第一节　相关概念的界定

本书首先界定几个相关概念。本书所谓古代文献，指中国古代纸质各类型文献。在类型上，主要为图书、档案、书画、金石拓片、报刊（晚清）等；在制作方式上，有手抄、印刷（如雕版印刷、活字印刷、石印）、拓印和钤印；在时间范围上，主要为1912年以前。1912年以后以传统材料（手工纸、墨、浆糊、装订材料）和工艺（印刷方法、装订方式）制作的文献，也在本书讨论的范围之内。但是1912年后制作的文献，尽管文字排列方式、装订形式仿造古代，而纸墨、装订材料已不再是以传统方式生产的，就不在本书的论述范围之内（当然本书讨论的保护方法中的绝大部分也适合于此类文献）。关于简帛文献，本书只是在论述古代文献保护方法发展历史时才有所涉及，出土甲骨文献、简帛文献等文献类型的保护不在本书范围之内。

本书针对的是中国古代全部纸质文献，不以现实的各种分类标准为取舍。为了实现对古籍的科学保护、合理利用，中华人民共和国文化行业标准《古籍定级标准》（WH/T20-2006）在“三性原则”（历史文物性、学术资料性和艺术代表性）和“不惟时限原则”、“等次上靠原则”、“等次下调原则”指导下，把古籍分为善本和普本两部分，将具有珍贵价值的善本划分为一、二、三级，将具有一般价值的普本定为四级，并在一、二、三级之下划分等次。这种划分是必要的，善本应该得到最好的保护，而普本，随着时间的推移和数量的减少（例如明清时期读书人不珍惜、收藏家不收的科举时文文献，现在也日益珍贵。试想，如果这些文献都消失了，无疑将失去科举制度的原始资料，后人将难以全面研究当时的科举制度，无以立体地再现当时的文化），也会演变成善本，目前和今后也应该受到良好的保护。两者所使用的保护方法和材料，并无区别。再者，各省、市、自治区，各地区的地方文献可以有自己的分级标准。因此，等次的划分并不影响古籍的保护。至于档案文献，其价值评估的重要案例是“世界记忆工程”下的档案文献遗产分级方法，最高级别的档案文献入选《世界记忆名录》；然后是入选中国国家级的《中国档案文献遗产名录》；再后则是各省建立的省级档案文献遗产名录。在本书的范围中，1912 年之前各类、各级别纸质文献及 1912 年之后以传统方法和材料制作的文献，并无图书的善本和普本之分，也无档案等文献的价值大小之别。

本书所谓古代文献保护方法，是管理古代文献以维持其文化意义（物理意义和精神意义）的全部过程，是指通过危险的预防、尽可能少的干预、使用一些工具和材料保持古代文献的化学的稳定性或增强古代文献的物理性能，尽可能维持原件的长久性所采取的方法。其内容是中国古代用于文献制作材料的保护方法（内在）和文献收藏与利用过程中所施加的保护方法（外在），其范围包括文献保护理念、措施和材料，其形式包括物理和化学方法，而以物理方法为主。在本书的叙述中，古代文献保护方法主要是指现存古代文献的保护方法，有时也指古代的文献保护方法，即古代发明或使用的文献保护方法。

作为有机物，古代文献具有一定寿命；试图永久地保存存世的这批古代文献是不现实的，但是我们可以通过一系列方法和手段做到尽可能长久地维持原件的存在，尽可能长久地维持其文化意义。事实上，也正是古代文献的生命不可能永久，才彰显了古代文献存在的价值，才使得古代文献的保护具有永久意义。而且，古代文献保护工作也使得古代文献的存世和流传更有尊严。此正如人的生命不可能永恒，才使得短暂的生命更显贵重和尊严一样。古往今来，人们所从事的古代文献保护无不闪耀着理性的光辉。

中国古代文献保护方法研究是一门综合性的应用科学，广泛涉及自然科学（如物理学、化学、微生物学、昆虫学、植物学、建筑学、气象学）、工学（如材料科学、造纸工艺学）和人文社会科学（如史学、文学、美学、文字学、图书馆学、档案学）。中国古代文献保护方法的研究在学科归属上属于文献保护技术学的一个分支，其现实价值的研究也属于文献保护技术的一部分。

第二节 本书选题的意义

一、古代文献的价值

文献所具有的物理（载体）和精神（知识）的双重价值凸显了文献的独特价值。古代知识界对文献价值具有深刻的体认和精当的表述。唐代魏徵《隋书·经籍志》序称："夫经籍也者，机神之妙旨，圣哲之能事，所以经天地，纬阴阳，正纪纲，弘道德，显仁足以利物，藏用足以独善，学之者将殖焉，不学者将落焉。大业崇之，则成钦明之德，匹夫克念，则有王公之重。其王者之所以树风声，流显号，美教化，移风俗，何莫由乎斯道……今之所以知古，后之所以知今，其斯之谓也。"又称："夫仁义礼智，所以治国也；方技数术，所以治身也；诸子为经籍之鼓吹，文章乃政化之黼黻，皆为治之具也。"唐代毋煚《古今书录》序称："夫经籍者，开物成务，垂教作程，圣哲之能事，帝王之达典。”宋代韩琦《乞差官编录机密图书奏》（《韩魏公集》卷四）称：“历古以来，治天下者莫不以图书为急，盖万世之根本，后世之模法，不可失也。”稍后的苏轼在《李氏山房藏书记》（《苏轼文集》卷一一）中称：“象犀珠玉怪珍之物，有悦于人之耳目，而不适于用；金石草木丝麻五谷六材，有适于用，而用之则弊，取之则竭；悦于人之耳目，而适于用，用之则不弊，取之而不竭，贤不肖之所得，各因其才，仁智之所见，各随其分，才分不同，而求无不获者，惟书乎！”清代周永年《儒藏说》称：“书籍者，所以载道纪事，益人神智者也。”① 这是说典籍作为自然现象、社会生活和人类思考的记录，无论对于国家的治理，社会秩序的整肃，人类道德的提升，个人知识和能力的提高，都具有不可替代的作用。近世梁启超在《清代学术概论》中指出：“中国积数千年文明，其古籍实有研究之大价值，如金之蕴于矿石至丰也；而又非研究之后，加以整理，则不能享其用，如在矿之金，非开采磨治焉不得也。”② 古代文献是源远流长、博大精深的中国传统文化的重要组成部分，详尽地记录了中华民族发生发展的历史，弥足珍贵③。古代文献在载体、书写工具、装订方法和材料、制作方法等方面也形成了丰厚而独特的文献文化。

古代文献是历史的产物。作为文明古国之一，因为其灿烂的文化、绵延不绝的历史和众多文献收藏单位（政府、私人、书院儒学和寺观）的递藏，中国有大量的古代文献留存至今。即以种数而论，现存古代汉文典籍有近十万种，而古代档案，其种数更是数百倍于典籍。20 世纪 20 年代，商务印书馆《印行四部丛刊启》曾经说过一句令数代人感慨不已的话：“睹乔木而思故家，

---

① （宋）苏轼．苏轼文集［M］．北京：中华书局，1986：卷 11“李氏山房藏书记”．

② 梁启超．清代学术概论［M］．上海：上海古籍出版社，1998：28．

③ 王国强．中国古籍整理工作二十年成就述略［J］．图书馆建设，1999（3）：70-72；86．

考文献而爱旧邦。”其保存国粹——古代文献的殷殷之情令人感动。古代文献的保存和利用是国家学术文化事业的重要组成部分，在继承和弘扬传统文化、资政参考、服务社会发展上具有重要的作用。

二、古代文献保护方法的独特价值

中国先民们为了使文献尽可能长久地存留世间，创造了保护文献的多种有效方法，积累了丰富的文献保护经验，这些方法和经验是一笔极珍贵的文化遗产。这些经验和方法之所以可贵，是因为：

第一，中国古代文献保护方法是针对自身特殊的文献载体、书写工具、装订形式、地理气候环境和物产而形成的，在文献保护理念、方法和材料各方面，经过不断探索和总结，形成了独特的文献保护技术体系。不同民族和区域，由于社会、文化、地理背景的差异，决定了不同的文献样态，形成了不同的文献文化。以书籍而论，作为世界图书史的主流、也是最成熟的书系有两个，一个是源自埃及和美索不达米亚、形成于希腊和罗马、传播于欧洲的西方书系，一个是起源、形成和发展于中国、传播于东亚和东南亚的中国书系。这两个书系在起源和发展过程中，其载体材料、书写印刷的工具与材料、装订方式与材料，有较大差别。粘贴纸张的浆糊也主要是中国所使用，通过添加防蠹药物增加其防蠹功效尤为中国所独有。这个差别决定了国外早期以至今天所探索、积累的古代、近代文献保护方法，只有部分内容适合于古代中国文献，例如防火防潮防霉的部分内容（西方纸质文献产生很晚。而当印刷术发明以后，印本书籍就充塞世间，被人轻视，于是书籍就被堆集到无人注意的地方，被人遗忘了，于是蠹虫开始肆虐①），但是这些方法和材料基本上没有超出中国古代学者的论述范围之外，更不系统和全面，

---

①（英）威廉·布列地斯．书的敌人［A］．（奥地利）斯蒂芬·茨威格，等著；叶灵凤译．书的礼赞［C］．北京：生活·读书·新知三联书店，1998：7-53.

而且很多内容不适合于中国古代文献①。今天包括中国在内的国际学术界所探讨的文献保护方法，更主要是针对于现当代文献，而现当代文献载体的制作材料和制作方式、装订方式和材料也与传统中国大不相同，也不完全适合中国古代文献。民国以来制作的文献，纸张多是机制，酸度很高，韧性较差，杂质也多，在自然状态下，保存期大约为100余年。这样的纸张根本用不着防蠹技术，因为纸张生产过程中加入了太多的漂白粉、石膏粉、硫酸盐等化学制剂，使得虫鼠退避三舍；使用的墨水，质量也不高，尤其是一些油印的文献，由于黏结剂为油性物质，虽然使用的是耐久性较好的墨及黑色颜料作为着色剂，但着色剂分子会随着黏结剂的缓慢迁移而扩散，所以不久后也都不同程度地出现了油渗现象。民国文献版式也发生了变化，装帧多为西式，即把装订线

---

① 以我们目前掌握的有限资料，西方早期的文献保护技术和材料似没有中国古代系统而全面。我们不妨对于这种状况的成因做一简单的蠡测：第一，中西方使用纸张作为文献载体，其时间的差别达10个世纪，这决定了双方对于纸质文献保护的需求不同，经验的累积也不可同日而语。西方直到公元12世纪中期以后，纸张作为载体才逐渐占据主流地位，所以对于此后几个世纪的西方文献收藏界来讲，纸质文献的保护尚不是迫切的问题。而之前的文献保护经验，由于文献载体的材料与纸张差别很大，也不适合于纸质文献保护；中国自公元4世纪后，纸张成为主流载体，并在公元2世纪纸张用于书写之初就已经注意纸质文献的保护方法了，此后至清朝结束，其间近18个世纪，中国文献界一直不断地试图解决文献收藏中的保护问题，经验的累积自必丰富。第二，早期中西方医学各自有其体系，差别很大。在科学技术不甚发达的状态下，中医求助于自然之物——本草，西医在求助于本草的同时，也关注化学药物。但是，中国的很多药物被文献收藏界用于文献保护，而西方的本草药物似乎没有应用于文献保护。叶灵凤译《书的礼赞》（生活·读书·新知三联书店，1998年）收入的（英）赫利·亚尔地斯《书的护持和糟蹋》（《印本书》中的一章。该书初版于1916年）较多谈论了早期印本书籍的保护方法，其中谈到防蠹（翻动，涂抹石脑油、福尔马林）、防潮霉（通风、刷除）、防尘、防煤气和热水管、防破损（存取、书架的制作）以及其他方法，但是都比较简单，也不系统，不能与中国古代文献保护方法相提并论，难以为当代现存中国古代文献保护提供借鉴之资。

放在书皮里面。由于当时工艺落后，技术不成熟，所以大多数文献装订质量不高，在使用过程中很容易造成掉皮、掉页、散页、书脊中间开裂等情况①。这种情况，对于翻阅过这些文献的人太熟悉了。中国古代所发明、应用和积累的文献保护方法，是完全基于当时的文献物理特征，对于文献保护的显著功效确实已被历史所证明，这一点非常重要，这是中国古代文献保护方法之所以能够在今天仍然有借鉴甚至继承价值的主要原因，或者说是历史原因。

第二，中国古代文献保护方法在整体上形成了比较系统的体系，涵盖了文献保护理念、方法、技术和材料，即使在今天、乃至将来仍然具有巨大的参考价值。中国古代文献保护的理念几乎完全合乎现在的观念，而其方法，绝大部分是合理的，其技术，确实是实用的，其材料（尤其是文献生产材料中纸墨的加工、浆糊的制作和施之于文献内外的保护材料，都添加或直接使用防蠹防霉的药物)，也被历史和今天的科学试验证明确实是有防治蠹蛀、鼠蚁、潮湿及其他功效的。但是，中国古代文献保护中也有少量的内容，或者对于文献保护作用不大，或者不利于文献保护，或者有迷信荒诞的成份，应该加以摒弃、剔除。系统梳理和筛选古代的文献保护方法和材料，科学地总结先人的经验和方法，揭示其蕴含深刻的科学道理，应用现代技术进行分析研究，加以改进，并和某些当代（物理）技术相结合，使之完善并成为一个严谨而科学的体系，使其在古代文献保护和整理方面发挥积极的作用，对于挖掘古代文化遗产，加强现存古代文献保护，都具有较大的意义和价值。

三、古代文献保护方法对后世的参考价值

先民给子孙留下了丰富的文献遗产，同时也把保护古代文献遗

---

① 孟祥凤．民国文献保护方法研究［D］．硕士学位论文，郑州大学，2010：16-17.

产的责任留给了子孙①。但是，由于各种政治、经济和技术因素，我们不免愧对祖先。这不仅表现在1912年之后至今近百年中大量的古代文献散佚和毁坏，而且在技术上，迄今为止我们仍然缺乏有效保护古代文献的系统而公认的方法。保护技术落后的原因，除了技术自身的因素外，我们以为还有一个不容忽视的因素，即文献保护界不够重视专门针对现存古代文献保护方法的研究，而同时古代文献保护界过于相信新的文献保护方法。国内外文献保护技术研究在半个多世纪中确实取得了丰硕成果，当代的文献保护学所研究的对象是人类的全部文献，虽然其中包括了中国古代纸质文献，但是中国古代纸质文献的载体、墨、浆糊、装帧形式等却是独特的，一门学科尽管不能不考虑某些独特的存在，但是也不可能有大量的针对性的内容，而古代发明的文献保护方法，恰恰是针对当时存世的文献的，具有针对性；现当代科学技术和材料的发展，主要基于化学方法和材料。由于时代和教育的原因，决定了部分当代学人过于相信现代科学，相信当代发明的文献保护方法，主要是化学方法，他们极力提倡当代科学技术的可信度，但是却忘记了一项技术需要长时间的试验、严谨的可行性论证和广泛深入的讨论，尤其对于古代文献这种不可再生的宝贵资源，如果未经严格检验和证明的技术、材料被广泛采用，其后果可能是很严重的，甚至是万劫不复的。但是，古代所发明的文献保护技术及其材料，大多是自然之

---

① 以下两个实例可以分别从保护一书和保护一批文献的角度说明子孙从祖先继承的保护典籍的责任。瞿良士辑《铁琴铜剑楼藏书题跋集录》卷二“《资治通鉴》二百九十四卷（元刊本）”辑录有文徵明子孙四代和严家四代的读书题跋（严家是文徵明重孙文震孟妹妹的夫家。该版本《资治通鉴》被文、严两家先后世袭珍藏），严有禧的题跋深切地体认到保存祖先手迹和先贤典籍的责任：“惟念是书向藏文氏，后传吾家，名贤之遗迹存焉，先人之手泽在焉，亦一家宝玉大弓也。凡吾子孙其共守之，其共珍之。乾隆壬申六月十三日，有禧谨识。”（上海古籍出版社，1985年，第57-58页）事实上，当范钦的长子范大冲继承了天一阁藏书，并遵守“代不分书，书不出阁”的祖训，也就继承了保存文化典籍的责任。从他及其子孙采取的种种近乎极端的保护措施就知道，他们是多么小心翼翼，战战兢兢。

物，没有副作用，同时取材便利、加工简便、价格低廉，其效果也是被长期的历史和结果证明的。

我们愿意相信现当代科学技术和材料的发展能够给人类带来巨大的福祉，但是我们更不能忘记现存古代文献的物理性特征。我们坚信，对于传统物质文化遗产的保护方法的研究，应当关注、回溯、研究传统的保护经验和方法，这一点和其他方面的研究是不完全相同的。一般而言，科学的发展随时代而日益精密，比如史学，后世的史学观念、研究方法总是在继承前人的同时又超越前人，古今学者的精神层面有很多相通的内容，但是这是精神层面的研究。不过，当我们面对古代遗留的物质文化遗产，比如古代文献时，就不全是这样；作为特定时期产生的物质层面的东西，其有效的保护方法往往是当时产生的，并与之相匹配，毒蛇出没处，必有化解蛇毒的妙药，这就是所谓相生相克，一物降一物。我们认为，在基本方面清代已经达到了关于那个时期文献（今天就是古代文献）保护的较高成就，这是一代又一代先民集体智慧的结晶。也就是说，就整体而言，清代和清代以前那些用当代科学看起来或许并不先进的保护技术是最适合当时的文献的。后人关于古代文献保护方法和材料的完善，应该有一个基本的思路，或者努力的方向，那就是不要过度关注于发明多少新的方法，尤其是化学方法，而应该对传统的优良的方法加以借鉴、改进并使之系统化，同时吸收现当代的文献保护研究中适合古代文献的方法（某些物理方法）的成果，达到传统和现实的辩证衔接，以谋求对古代文献的有效保护，而又不会造成或许是无法弥补的恶果，这才是真正的科学意义上的创新。比如我们目前创造的恒温恒湿条件和传统文献保护方法并不相悖，古人也在使用开窗通风等方法调节文献收藏室内的温湿度，只是那时没有恒温恒湿设备而已。因此，恒温恒湿设备是可以应用于古代文献保护的；比如有些古代文献保护专家建议使用一些化学浆糊，并且提出了不少理由，也有的专家提出了反对的理由，这样的讨论本身无可厚非，也有助于我们接近事情的真相，但是我们认为，目前任何新的浆糊材料都不能代替小麦面粉，也许最大的理由只有一个，那就是面粉本身不会对古代文献造成任何危害，这不仅是说面粉中确实没有任何物质危及古代文献安全，而且至少从唐代使用面粉煮糊至今，1400 年的历史已经证明了面粉浆糊的安全性，那甚至是所有已知浆糊材料中最具可逆性的。其他任何新的化学材料，也许有一百个理由可以使用，但是谁能保证这些化学材料对古代文献本身不会构成任何危害？

让物理（古代文献）的归于物理，让化学（现当代文献）的归于化学，应该是古代文献保护最理性的思路。因为古代文献是物理方法和材料制造的，最好采用物理方法和材料进行保护；现当代文献是化学方法和材料制造的，最好采用化学方法和材料进行保护。

第三节 中国古代文献保护及损毁现状分析

一、古代文献保护现状

中国境内的现存古代文献收藏情况颇为复杂。收藏地域上遍布全国；制作时间上以明清为主，然后是宋元，另有少量的五代以前的文献；收藏单位上公私皆有，除了政府收藏单位图书馆、博物馆、档案馆和其他文献收藏单位（如寺院、道观）以外，民间还有大量的收藏。以古籍而论，据不完全统计，中国境内图书馆、档案馆、博物馆和其他文献收藏单位现存古籍数量在 2700 万册以上，加上存在于民间的古籍，数量应该在 3500 万到 4000 万册。以善本而言，中国各图书馆至今保存着 1794 年（清高宗乾隆五十九年）以前图书 220 余万册①。根据各文献收藏单位的网站公布的古代文献收藏数量可知，一般省级图书馆，古籍收藏数量在 30—70 万册（件）之间（这里有一个问题，一般图书馆会把民国时期生产的线装书全部计算在内，但是其中一部分，其纸墨不是传统手工制作的，不能算是古籍。不过，其数量所占比例很小），如湖南省图书

① 杨晓黎．略论图书馆善本古籍的修复［J］．图书馆工作与研究，2002（6）：20-23.

馆藏有古籍 68 万余册（件），河南省图书馆收藏有古籍 50 万册（件），山东省图书馆仅善本专藏就有 5567 部 62218 册，还有海源阁专藏（2319 部 32378 册）、易庐专藏（977 部 3534 册）、山东方志专藏（旧志 528 种）、佛经专藏（明《永乐南藏》1 部 5104 册、万历十二年（1584）刻《永乐北藏》两部，其中 1 部 5078 册、明万历泥金粉本《华严经》一部、清康熙年间刺血写本《华严经》一部，其余佛家藏书 2000 余种）以及拓片近万种，湖北省图书馆藏有古籍 45 万册（件）。当然也有古代文献收藏数量较少或很少者，例如河北省图书馆收藏古代文献 7 万册（件），至于内蒙古和新疆等边疆省（区）份，数量就更少了。

中国现存的古代档案数量最多的是清代档案，多达 2000 余万件之巨。其中中国第一历史档案馆收藏的清代档案多达 1200 余万件（册），占全国现存清代档案总数的 50%以上，而且清代中央国家机关的档案及皇室档案绝大部分集中于此（包括大量皇帝的谕旨和诏敕、十多万件历代大案要案的卷宗、清代数以万计官员的履历、200 余年各省府州县雨雪粮价的清单和大量起居注等），这里还收藏明代档案 3000 余件，主要是天启、崇祯时期的兵部档案，也有少量洪武、永乐、宣德、成化、正德、嘉靖、隆庆、万历和泰昌时期的档案①。其他档案馆保存的清代档案大多为地方档案。如四川巴县衙门收藏清代及民国地方政权档案 113020 卷，是国内现存数量最多、内容最丰富的清代县级地方政权档案，其内含的原始凭证包括土地房产契约、行帮协议、婚约等，几乎涉及民间社会生活的所有领域和层面。现存的山东曲阜衍圣公府档案，起自明嘉靖十三年（1534），迄于民国二十六年（1937），前后达四百余年，总数不下 20 万件。

古代文献是不可再生的资源，历时越久，数量愈少；存世越久，愈显珍贵，但是又越难保存。中华人民共和国成立初期（1949—1958），中国政府主管部门和知识界抢救和保护古代文献

---

① 邹爱莲．中国第一历史档案馆所存清代档案基本情况调查报告［J］. www.historychina.net/qsyj/wxda/daly［2010-3-21］.

厥功甚伟，大批古代文献得以幸存。近年来，中央政府不断加大古代文献保护经费投入力度，并采取一系列措施，有力地推动了古代文献保护工作的开展；各级政府、各类型古代文献收藏单位，大多能够在力所能及的范围内，增加人力和财力，尽可能改善保护环境和条件，为古代文献保护工作做出了贡献。然而，随着时间的推移，古代文献的损坏更为严重，保护工作愈见其难。古代文献保护是一项长期的、艰巨的、复杂的工程，需要消耗大量的人力、财力，如果没有各级政府持续的强有力的政策和经费支持，古代文献保护会逐渐陷入绝境。因此，在 2005 年，中国中央政府启动实施了“中华古籍保护计划”，试图把古代文献保护工作作为一个系统工程，全方位地展开对现存古代文献的保护，这对于提高全社会的古代文献保护意识、加强古代文献保护工作确实有很大的功效。为了配合这一计划，有关部门出台了一系列配套的标准，这对于指导和加强古代文献管理具有重要的现实意义和长远价值。实施全国古籍普查，确定《国家珍贵古籍名录》、全国古籍重点保护单位工程和编制全国善本目录，是古籍保护工作的一项重要成果，对于摸清古籍家底、实施古籍分层保护、集中资金重点改善古籍收藏单位的保护条件，具有重要的现实意义和深远的历史意义。各省、直辖市和自治区也仿照中央政府的做法，结合本地域特点，确定本地域古籍重点保护单位，编制本区域珍贵古籍名录和古籍目录。但是这些工作实际上主要是在偿还历史所欠下的旧账，所谓积重难返，所以，古代文献保护工作仍然困难重重。

就目前相当多的古代文献收藏单位、甚至一些大中型规模的古代文献收藏单位而言，保护条件和方法仍然存在着很多问题。这些问题主要是：（1）经费短缺。大部分文献收藏单位保护意识缺乏，没有古代文献管理专项经费，更没有连续性的计划性经费，当然也没有其他社会性捐助经费，古代文献保护工作经费难以长期维持，缺乏保护目标，尤其是基层图书馆所收藏的古代文献大部分处于无人问津的境地。（2）收藏环境条件简陋甚至恶劣，缺乏恒温恒湿设备及防蛀防霉的专用橱柜；一些古代文献收藏数量较少的单位甚至没有专门的收藏处所，就是古人所谓“束高阁，饱虫鱼”，“任其流烂灭没”。(3) 专业技术人员缺乏。大部分损坏的古代文献得不到及时有效的修复，任其腐烂。古代文献的保管和整理需要专门的技术，即使图书馆学专业出身的人也要经过专门的古代文献保护知识和技能培训才能胜任如此专业的工作，以学习古代文献整理为主的古代文献学专业的人员对于古代文献的管理知识和技能更是无从谈起（一般的古代文献整理和古代文献的管理虽然一字之差，其工作内容的差别却很大。一般的古代文献整理是古代文本的校勘、版本、辑佚、辨伪、标点、注释、翻译等，而不是文献的典藏和保护）；而古代文献的修复，如果未经专门、系统的训练，面对需要修复的古代文献，管理者也只能徒唤奈何。更有甚者，有些古代文献保护单位管理人员缺乏古代文献和古代文献保护基本知识，在自己的工作中损坏着古代文献，例如，我们几乎随处可以见到管理人员用手直接接触古代文献，用湿毛巾擦洗放置古代文献的工作台，直接用手掌托举古代文献翻阅，听任读者把水杯或墨水瓶放置在所阅览的古代文献周围。古代文献管理人员应该具备古代文献保护知识和技能，这不仅是常识，而且也早已作为古代文献管理从业人员要求的内容之一。早在 2004 年 7 月 27 日起就试行的《古籍馆员》（试行），是中华人民共和国劳动和社会保障部、中华人民共和国文化部共同制订的国家职业标准，其中对于五级至一级的古籍馆员所需要了解和掌握的古籍保护知识和技能都有具体的规定，在最低一级即五级古籍馆员的“能力要求”中就规定“能按规范执书、展（收）书、加镇尺、展（合）卷轴并为读者提供阅读辅助工具”，并在“相关知识”中规定要了解“古籍阅览规范”。在最高一级即一级古籍馆员的“能力要求”中，有关古籍保护方面就提出了两条要求，一是能审核古籍书库安全管理方案，二是能审核古籍保护修复方案。应该说，这个标准是很低的，符合中国现阶段的国情。(4) 大量古代文献一直未进行整理，甚至配书、分类、编目工作都没有做，有的甚至常年捆放在库房角落，从不见天日，成为蠹虫和鼠蚁的理想栖息地。笔者见过多部市（县）级公共图书馆的古籍目录，其错误内容之众多，错误形式之离谱，令人惊讶，有的著录近千种书（其中有些是一种书多个款目，那是未经配书导致的)，著录格式和著录内容竟然难以找出几部正确者，图书归类也混乱不堪。有的大型文献收藏单位经过多次搬迁，古籍目录与实际馆藏严重不符，有录无书现象十分严重。博物馆收藏的古代文献，因为被视为文物的缘故，保管条件稍好于图书馆，但是长期的封闭库存使得古代文献饱受蠹鱼、潮湿之苦。(5) 中国传统文献保护方法没有得到合理的、充分的继承和发展。很多古代文献收藏单位在缺乏大量经费的情况下，本可以花费很少经费采用传统文献保护方法管理所藏古代文献的（例如抖晾，通风除湿，防蠹药物，樟木箱)，但是没有采用；即使有条件装备恒温设备，也本来可以采用古代文献保护方法作为辅助方法保护古代文献的，这些单位也没有采用。这些问题导致大量现存古代文献长期以来处于虫蛀、鼠啮、霉变、风化、破烂等状态。

可以看出，当前古代文献保护根本的问题是三个缺乏：一是经费缺乏，二是人才缺乏，三是管理缺乏。经费缺乏使得古代文献缺乏基本的保护条件，生存维艰，更谈不上发展，不具备古代文献保护所需要的环境和设施，也难以购买民间愿意出卖的古代文献，甚至国外拍卖的中国古代文献。人才缺乏使得即使有一定的资金，也缺乏管理，至于深层的古代文献保护，例如修复，因为缺乏古代文献修复师，更是无从谈起。管理缺乏是说一些古代文献收藏单位在经费和人才缺乏的现实中，既缺乏管理意识，也没有利用传统的、简单的有效方法，以积极的态度，做些力所能及的事情；而做这些事情，原本不需要投入太多人力和经费，甚至也不需要专深技术。古代文献收藏中的管理是一项可持续发展工程，经费、人才、管理的缺乏会极大损害古代文献的保护效果。

鉴于现存古代文献的收藏极其分散，而大多数小型古代文献收藏单位和私人确实难以有效管理，使得再好的古代文献保护方法也最终会被各种原因制衡，效果消减。因此，有人建议在物权不变的情况下，在一定范围、一定系统内集中保管古代文献，集中人力和财力，不失为一种明智的、建设性的想法。至少政府古代文献收藏单位的古代文献集中保管，是可行的。在一定限度内集中保管现存古代文献，既可以节约资源，也可以有效管理。其实，古代文献的利用者是有限的，集中保管不会不利于利用，关键还是政府权力——拥有古代文献的机构的权力（是否配合），能够调动古代文献资源的政府的权力（是否作为）。这个问题不在本书范围之内，不再讨论。

二、古代文献损毁现状

文献的流传自有其命运。每一部（件）文献，生存、毁灭还是残损，背后都有幸运与多舛的故事，充满了悲欢离合。明清之际浙江著名文献收藏家曹溶在《流通古书约》中称，存世文献都是“渺渺千百岁中，崎岖兵攘劫夺之余，仅而获免，可称至幸”，可谓知者之言。在传世的中国古代文献中，由于历时长久，自然老化，管理欠缺，加上战乱、政治禁毁、虫鼠水火等灾难，损毁现象十分严重。大致来说，古代文献损毁有以下几种表现：

酸化。酸化是指纸张中含酸量过高。酸化的古代文献，纸张pH 值明显降低，表现为纸张变硬、变脆，酸化严重的文献无法翻动，甚至碎成纸屑。酸化是文献载体——纸张的大敌。酸化是纸张从完成制作之日起就开始了的，随着岁月的累积，酸化会越来越严重。尤其在现当代，空气中含有的酸性物质不断增加，加剧了纸张的酸化速度。

霉变。霉变是指古代文献受潮或遭水浸以后，附在文献上的霉菌孢发育，生长出菌丝，致使病变区域的纸张强度逐渐降低直至完全丧失的过程。霉菌分泌物在纸张上形成霉斑并可使纸张相互粘连，严重者会使文献变成砖块状。

鼠啮。纸张、浆糊、库房简陋和室内不洁都会招引老鼠。鼠啮的古代文献，主要表现为文献纸页四周有不同程度的缺损，并伴有鼠溺侵蚀造成的霉变、粘连现象，形成文献砖，对古代文献造成较大伤害。

虫蛀。虫蛀的特征是古代文献中出现蛀洞。有的蛀洞呈贯穿状，即蛀洞从文献的封面贯穿到封底。被虫蛀蚀严重的文献，蛀洞几乎连成一片，损坏纸张，毁灭字迹。古代文献产生虫蛀的主要原因是库房环境没有温湿度控制，适宜文献害虫活动和繁衍。南方的白蚁无孔不入，防不胜防，也会损伤文献。

絮化。絮化是指古代文献四周纸张纤维蓬松，呈棉絮状。絮化可使病变区域的纸张强度降低直至全部丧失。絮化主要是由于古代文献在流通过程中受到过度摩擦所致。

火烬。火烬的古代文献上会出现程度不等的火烬痕迹，这些痕迹主要是在文献四周。由于多数遭受过火灾的古代文献曾在灭火时被水浇过（20 世纪中期以前，水几乎是文献收藏单位灭火的惟一方法），大多伴有霉变、粘连、变形等特征，焦脆不堪。

水渍。水浸的古代文献表面会出现成片的水印，水印边缘处颜色变深，部分伴有字迹洇化现象；如果水渍严重，会造成纸张变形（主要是皱折）。水渍主要是由于雨水滴落在文献上，或者水洒落在文献上，或者掉落水中造成的。

老化。老化是古代文献不可逆的化学变化过程。古代文献老化表现为纸张颜色变暗、纸张变硬脆、纸张出现黄色斑点等。老化使纸张纤维逐渐降解，丧失机械强度，直至变成粉末。造成古代文献老化的原因较为复杂，酸、光照、高温、污染、潮湿等因素均会对纸张产生不良影响，不良的墨也会加速纸张的老化①。

残破。造成文献残破的原因很多。上述几种情况，都有可能导致文献残破。另外，不良的翻阅习惯会折破或撕裂纸张，不规矩的借书人会撕去书中的几页，书贾也会挖去原书晚期序跋以冒充早期版本，或者割裂图书以残充全。

在述及古代文献自然损毁种种表现的原因时，有一点常常被忽略，而又确实存在，那就是尘封。由于各种各样的原因，在今天，古代文献的阅读和利用变得越来越困难，利用率越来越低，即使一些省市图书馆，平均每天查阅古代文献的用户仅寥寥数人。很多文献收藏单位也把古代文献尤其是珍贵文献密封起来，或者设置种种关卡，不提供或很少提供使用。各级博物馆收藏的古代文献，作为文物，更是无人问津。尘封多年的古代文献，就成为虫鼠和霉菌的

---

① 文物保护：古籍文献损毁常见有 8 大原因［J］. www. sn. xinhuanet. com［2010-04-05］.

乐园①。实际上，利用率越低的古代文献，损坏情况往往越严重。岁月的侵袭，损坏着静默中的古代文献。

为了确认古籍的破损情况，区别不同等级的古籍特藏损坏标准，为制订古籍保护修复计划提供准确数据，中华人民共和国文化部制订了《古籍特藏破损定级标准》（WH/T22-2006）。该标准将古籍特藏的破损情况分为五级：

（1）一级破损。规定凡有下列情况之一者，定为一级破损："书叶纸张酸化特别严重，纸张酸碱值（pH）小于4。""书叶纸张老化严重，纸张机械强度严重降低，书叶翻动时出现掉渣、裂口、破碎的现象。""书叶粘连面积达到40%以上，且粘连书叶达到整册书叶的40%以上。""书叶虫蛀面积50%以上，且虫蛀书叶达到整册书叶的80%以上。""霉蚀、鼠啮、烬毁达到30%以上，且霉蚀、鼠啮、烬毁书叶达到整册书叶的60%以上。""严重絮化，絮化书叶达到整册书叶的40%以上。""叶面、书脊、书口、书脑各部位严重缺损，需整册揭裱修复的。"

（2）二级破损。规定凡有下列情况之一者，定为二级破损："书叶纸张酸化严重，纸张酸碱值（pH）小于5。""书叶纸张老化比较严重，纸张机械强度明显降低，书叶变色严重。""书叶粘连面积达到30%以上，且粘连书叶达到整册书叶的30%以上。""书叶虫蛀面积30%以上，且虫蛀书叶达到整册书叶的60%以上。""霉蚀、鼠啮、烬毁达到20%以上，且霉蚀、鼠啮、烬毁书叶达到整册书叶的40%以上。""书叶絮化比较严重，絮化书叶达到整册

① ［英］赫利·亚尔地斯《书的护持和糟蹋》（收入叶灵凤译《书的礼赞》，生活·读书·新知三联书店，1998年，第69~75页）谈道："这些害虫，它们的痕迹比它们本身更容易为人发现，平时不常见到，除非在那些遭受潮湿空气以及不常翻动的书中。"（英）威廉·布列地斯《书的敌人》（《书的礼赞》，第7~53页）也说："渐渐地，无人光顾的古藏书楼落伍了，结果便堕入荒废。不再有新书加入。我曾见过许多藏书楼，它们的大门一个星期又一个星期的关闭着；你在那里面可以嗅到纸张霉烂的气息，每拿动一册书就不免要打喷嚏；其中有许多旧箱箧，充满了古文献，都被当作蠹鱼的贮藏室，连一个秋季大扫除减低它们繁殖的措置都没有。"

书叶的30%以上。”“叶面、书脊、书口、书脑等部位缺损比较严重。”

（3）三级破损。规定凡有下列情况之一者，定为三级破损：“书叶纸张酸化，纸张酸碱值（pH）小于5.5。”“书叶纸张老化，纸张机械强度降低，书叶四周变色。”“书叶粘连面积达到20%以上，且粘连书叶达到整册书叶的20%以上。”“书叶虫蛀面积20%以上，且虫蛀书叶达到整册书叶的30%以上。”“霉蚀、鼠啮、烬毁达到10%以上，且霉蚀、鼠啮、烬毁书叶达到整册书叶的20%以上。”“书叶轻微絮化，絮化书叶达到整册书叶的20%以上。”“叶面、书脊、书口、书脑局部缺损。”

（4）四级破损。规定凡有下列情况之一者，定为四级破损：“书叶纸张轻微老化，有明显黄褐色斑点。”“书叶有轻度霉蚀、虫蛀、鼠啮、烬毁、絮化、口开现象之一者。”“由于浆糊失效导致补纸、托纸、镶裱纸与书叶分离。”

（5）五级破损。规定凡有下列情况之一者，定为五级破损：“书衣轻微破损。”“装订线、纸捻断损。”

传世古代文献损毁的严重程度，我们可以列举几个具体实例进行说明。20世纪90年代初广西曾进行过一次全区公共图书馆虫情的调查，这项调查将图书受害程度分为无损、轻损、较重、严重、报废五级。在调查的12所图书馆中，发现每个图书馆的古代文献均有虫害，虫损率占50%以上，基本报废的文献占26%，其中贺县图书馆的古代文献害虫密度最高，达90条/册①。两广气候高温潮湿虫多，确实不利于古代文献的保存。另据一项1998年的调查报告，在参加调查的全国29个省、市、县、大专院校图书馆的470万册古籍中，有100多万册破损古籍亟须抢救，超过藏书总量的1/4②。

江浙闽粤自明清以来号称文献收藏重地，收藏家众多，收藏量

---

① 麦群忠．图书保护若干问题［J］．图书馆界，1992（1）：47-51；60.

② 王清原．当前图书馆古籍保护工作的现状与存在的问题［A］．中国国家图书馆．中文善本古籍保存保护国际研讨会论文集［C］．北京：北京图书馆出版社，2002：96-106.

大，这一带的文献收藏家一直在与文献的敌人——高温、潮湿和虫鼠顽强搏斗着，但是，自然条件的限制部分抵消了这种努力的效果。目前，在这些经济相对发达、经费比较充裕的地区，尽管用于古代文献保护的经费普遍高于其他地区，古代文献的破损同样相当严重。以古代文献收藏丰富而保存条件相对较好的南京图书馆来说，根据2002年的一项调查，在所收藏的约150万册古代文献中，破损很多，古籍虫蛀、散页等约占总藏量的15%①。根据2010年的统计，南京图书馆的160万册古籍中有60万册需要修复，然而按平均一册书100页计算，小修一天能完成15页，大修一天只能修复3页，平均每月50本的修复量，要修完这些古籍需要1000年。江苏省各类文献收藏单位藏有古籍360万册，其中有1/3需要修复，有5500多种弥足珍贵的版本急需抢救性修复②。浙江公共图书馆、高校图书馆和现存（古代）藏书楼收藏的古籍有210多万册，善本近21万册。这些古籍老化、破损严重，保护条件相当简陋，大多缺乏恒温恒湿设备，如泰顺县图书馆藏有古籍3600册，其中善本1005册，但书库经常渗漏雨水，缺乏基本的保管条件，并且非常缺乏古籍版本鉴定和修复工作人才③。其具体的数字，据对浙江省19个市县的图书馆进行的调查，古籍破损率达20%~30%④。即以现存中国最古老、保管条件较好的藏书楼天一阁而论，根据李大东2003年发表的论文的统计，“天一阁善本30615册，其中虫蛀6491册，水渍、霉变、粘连、焦脆、破碎1303册，断线需换封面副页1902册，合计破损书9696册，约占总数的三分

---

① 龚洁荣．南京图书馆历史文献保护工作体会［A］．中国国家图书馆．中文善本古籍保存保护国际研讨会论文集［C］．北京：北京图书馆出版社，2002：137-145.

② 于英杰．江苏百万册古籍待修复 高水平修复师全省不足5人［J］．www.ce.cn［2010-08-03］.

③ 杨清．古籍善本图书破损严重 20万册善本修复需要800年［J］．www.zjol.com.cn［2010-09-07］.

④ 杨晓黎．略论图书馆善本古籍的修复［J］．图书馆工作与研究，2002（6）：20-23.

之一”，论文作者又专门对其中的珍贵明代科举文献做了重点检查，“发现在421册总数中，其中不同程度的虫蛀有383册，存在着水渍、霉变、粘连现象的有31册，大多数已无封面、副页，完整无损的仅剩7册”①，可谓触目惊心。

而《福建之窗》以《省图30万古籍“坐以待毙”》为标题报道了福建省图书馆收藏的古代文献所面临的“极限挑战”。福建省图书馆收藏有30多万册古代福建地方文献，其中约10万册无法抗拒时间的侵蚀，出现了各种类型的毁损。由于缺乏古代文献修复人才，这些古代文献正处在进一步毁损中②。2007年秋笔者借赴福州参加会议之机会，有意参观调查了当地一些大中型文献收藏单位收藏的古代文献的保护情况，所接触的一些藏品，其保存状况令人担忧。据有关人员介绍，仅仅白蚁，每年就不知会吞噬掉多少古代文献。白蚁破坏文献很厉害，一破坏就是一大片。在我们调研过的北京、天津、广东、山西、湖北等地，古代文献的损坏也相当严重。

广东省立中山图书馆馆藏的47万册古籍中，超过七成，即超过33万册古籍有不同程度的虫蛀、污垢、霉烂、焦脆、水湿、残破，亟待修复。目前中山图书馆特藏部修复组只有9人（这个数量让其他省级图书馆望尘莫及），平均每人要负责3.6万册，按近年来平均每个人每个月完成3本的修复量，要修完这些古籍需要700年以上③。

四川省图书馆有古籍65万册，善本书3万多册，其中1/3出现虫蛀以及发霉、焦脆、黏结等问题④。

---

① 李大东．天一阁藏书保护经验谈［J］．文物保护与考古科学，2003（1）：52-54.

② 关永辉，马海涛．省图30万古籍“坐以待毙”［J］．www.66163.com［2010-03-07］.

③ 成小珍．广东中山图书馆33万破损古籍亟待修复［J］．news.sohu.com/20080402/n256048735.shtml［2010-3-20］.

④ 王向华，刘华．四川文物古籍修复人才稀缺　65万册古籍无人修复［J］．news.sohu.com/20061030/n246089834.shtml［2010-3-20］.

而北方，以经济条件相对较好的天津市来说，全市 6 区 4 郊 5 县公共图书馆藏有古籍的为 7 家，普遍存在着对古籍保管重要性缺乏足够认识及专业人员缺少等实际问题。在统计的 3 所图书馆中，共有古代文献 2368 种（其中武清县馆 364 种、和平区馆 404 种、南开区馆 1600 种），其中武清县馆 1200 册残损，和平区馆 50 种虫蛀脆化、南开区馆 13 种虫蛀残损，所占比例也是较大的①。

河南省古籍收藏量约 3 百万册（件），占全国存世古籍的 8%强。与中国其他地方相比，河南经济位居中等水平，但是古代文献保护工作也没有完全被忽略。受河南省文化厅委派，笔者在 1989 年至 1992 年间曾和其他几位专家一起对河南省内多个市（地区）县（区）的古代文献收藏数量、保护和损毁状况摸底排查，目的是根据实际情况由省文化厅拨付一定保护经费，改善保管条件。当时的总体印象是部分古代文献收藏单位保管态度不积极，方法不得力，古代文献损毁相当严重；20 年后，笔者再次借着全省古籍普查的机会较全面地调研了豫北、豫西等一些市县（区）古代文献收藏单位，除个别单位古籍保护条件略有改善或有较大改善外，大部分公共图书馆古代文献保护状况几乎没有显著改善，有的单位收藏的古代文献损坏更为严重。不少文献收藏单位的古代文献胡乱堆积在普通书架上或普通木箱中，或者堆积在潮湿脏乱狭窄的空间，未经基本的整理，没有任何药物，没有窗户通风，没有专人管理，而这些胡乱堆积的古代文献中，不乏善本。在某种意义上我们可以说，河南是古代文献收藏大省，但不是古代文献保护大省。这个状况可以在一定意义上作为中国中部各省古籍保护情况的缩影。

寺观的古代文献收藏也不容乐观："在很多寺院中都存在这种情况：非常珍贵的古籍被一些僧众拿在手中诵读或者随意示人；年代很久的佛经被当成陈设，或被供奉在墙上烟熏火燎；大量佛经只

---

① 万群．发挥地区中心图书馆的作用，加强区县图书馆古籍图书保护工作——天津图书馆为区县图书馆古籍保护工作所做的几件事［A］．中国国家图书馆．中文善本古籍保存保护国际研讨会论文集［C］．北京：北京图书馆出版社，2002：112-119.

是保藏在大殿的藏经阁中，没有专人看管保护；珍贵版本与普通书籍一起被放置于藏经阁中遭受鼠虫侵蚀……令人遗憾的是，在很多寺院中，这些情况还没有受到充分关注。”① 除了保护意识的缺乏和保护条件的简陋外，寺观的古代文献收藏，还有一个问题，就是有些寺观对自己古代文献的收藏情况讳莫如深，那是因为经过民国时期多次战乱加上中华人民共和国成立后近30年中历次政治运动的荡涤，寺观原来收藏的古代文献半数或多半已荡然无存，——其实寺观本身又有多少完整无损？又有多少僧人道士是20世纪70年代前出家的？由于种种原因，宗教界人士不愿透露家底，也是可以理解的。在这次进行的全国古籍普查中，我们深深理解了宗教管理部门处境的尴尬。也许寺观的古代文献收藏会和民间古代文献收藏一样，将长期是个未知数，至少目前提供或推测的数据是不够准确的。

至于私人所收藏的古代文献，收藏者或者不知其价值而随意处置（这在古代就已经屡见不鲜），或者以为其价值高昂而秘惜为珍（无知并不总是导致不珍惜，只是不知道如何珍惜罢了），长期以来，尤其是近半个多世纪以来，流散于民间的大量古代文献正随着时光的流逝、文化的转型快速流烂灭没，真正能受到良好或较好保护的只是极少数。笔者犹记得少年时生活过的豫东，那里线装书籍并不是稀罕之物（也没谁稀罕），读书人家大多拥有一些（20世纪70年代初笔者姥姥给笔者订作业本用的就是线装书的装订形式），今天几乎完全见不到了。20世纪80年代末，笔者读过一篇报道，说湖北蕲春山区的很多古代文献，被村民用来制作鞋底或糊窗户的材料。这样的场景并不鲜见。多年前，笔者在豫东看到一位半路出道的算命先生收藏了多种清末民初刻印的术数文献（有些还是本地刻印而流传不广的版本），也是置放于潮湿的墙角和肮脏的床头，而那里也是各种家禽活动的场所；他翻阅这些文献的惟一方法是用粘有唾液或水渍（他的另一项职业是养鱼贩鱼）的肮脏的手

① 王辉．痛并乐观着：宗教古籍的保存现状［J］．www. mzb. com. cn.［2010-07-09］．

指把书页撮起。即使有些相当专业的私人古代文献收藏家，限于经费和技术，他们也主要采取以文献养文献的方法谋取生存发展，收藏环境简陋，保护措施欠缺，前途未卜。

调查数据显示，目前中国有1000余万册古籍需要修复，这个数量约占现存古籍的34%，而全国从事古籍修复工作的专业人员数量很少，年龄集中在40~50岁之间，近10年间，这支队伍几乎没有新人加入。凭此人数要想修完全国所有待修古籍，需要千年①。一些省级图书馆，可能只有一个业务还说不上熟练的古代文献修复人员。很多古代文献收藏单位只能任凭古籍自灭。古籍修复队伍乏人成了古代文献保护的大难题之一。

档案文献的损毁同样严重。中国第一历史档案馆收藏的1200余万件（册）清代档案，其中能够提供社会利用的约1000余万件（册），由于残破、严重残破而无法提供利用的约200余万件（册），占总数的20%强②。四川巴县衙门收藏清代地方政权档案113020卷，由于多方面的原因，损毁也很严重。

随着时间的流逝，作为有机物，古代文献载体的自然破损速度越来越快，程度越来越深。这不仅影响到古代文献的寿命，也影响到古代文献价值的发挥。如何使古代文献长期保存，是古代文献保护工作面临的越来越迫切的重要问题。

三、古代文献损毁原因

如《澹生堂藏书约》所言，在古代，无论官方还是私人，在文献收藏过程中，“聚散自是恒理”，“聚而散，散而复聚”③，聚散的过程不过一个轮回而已。在散的过程中，一部分文献毁灭了，一部分文献辗转归入其他藏家之手，或者收藏家重新投入聚集文献

① 彭冰，焦旭锋. 四分之一亟待修复 我国现存古籍4000万册［J］. www.gucn.com［2010-08-02］.

② 邹爱莲. 中国第一历史档案馆所存清代档案基本情况调查报告［J］. www.historychina.net/qsyj/wxda/daly［2010-3-21］.

③ （明）祁承㸁. 澹生堂藏书约［M］. 上海：古代文学出版社，1957：4.

的工作。古人常常叹息文献难聚易散，更难于长期保管，其间固然有多方面的原因，但是主要的原因是导致文献损毁的因素很多，收藏者防不胜防。我们可以把导致文献损毁的因素归纳为社会因素、自然因素和技术因素三个方面。

社会因素主要是战乱和禁书。每当谈及一个时期文献收藏事业得以发展的原因，古人经常使用“承平日久”这个词汇，以之作为最重要的背景，而历史事实总使这句欢言带有某种凄凉和悲怆的意味①。中国社会发展的最显著的一个特点是动荡不安几乎成为常态，缓慢积累的社会财富总是被周期性的战乱破坏掉，文献作为脆弱之物，更是首当其冲。早在隋朝，牛弘《请开献书之路表》就总结了秦朝至六朝文献流传史上的五次劫难，这就是有名的“五厄”：秦始皇在全国范围内焚书（而秦地的文献早就被秦国身为法家的公孙鞅禁毁过了，他对文献的极端蔑视发展出种种极端而荒谬的禁书理论），王莽时赤眉军入关焚毁文献，东汉末年董卓迁都造成京都文献被焚毁，西晋末年的“刘、石乱华”使文献散亡殆尽，南朝梁时的侯景之乱中梁元帝自焚国家藏书。其实，例如项羽火烧咸阳，秦朝藏书再次重创，牛弘并未列入。明代胡应麟认为，牛弘所列书厄都是六朝前事，他把隋朝以后的文献厄运也总结为“五厄”：隋末广陵焚书，一厄；唐开元盛世收藏的文献毁于黄巢之乱，二厄；唐末战乱文献无存，三厄；北宋靖康之灾，文献遭毁，四厄；绍兴之祸，南宋朝廷收藏的文献遭兵燹，五厄②。这个被后人合称的“十厄”，是元代以前中国古代官府收藏文献屡遭厄运的见证。当然，动乱频仍、兵戈俶扰的中国，文献的大规模损毁还有多次，例如，安史之乱，国家藏书也遭受重创，集贤殿收藏的8.9万卷文献灰飞烟灭；明末李自成焚毁北京明代宫殿，文渊阁藏书委于尘埃；清咸同年间洪杨起义，东南文献烬毁无数；咸丰十年（1860）英法联军侵入北京，圆明园内档案库全部档案被付之一

---

① 王国强．明代藏书事业历史背景探论［J］．山东图书馆季刊，1993（3）：13-16.

② （明）胡应麟．少室山房笔丛［M］．北京：中华书局，1958：8.

炬，所藏一套《四库全书》也遭到毁坏；光绪二十六年（1900）八国联军侵占北京，清朝中央政府各部院衙门200多年的档案被洗劫一空，所以中国第一历史档案馆现存的清代中央政府各部院衙门档案大多只有1901年至1911年10年间的档案。20世纪30、40年代，日寇侵华，古代文献被大规模地毁坏和有计划地劫掠（例如，清华大学图书馆所藏古籍，在日寇侵华战争中，辗转流离，224箱珍贵古代文献被日本飞机空投的燃烧弹烧毁，经抢救，仅得残卷2000余册，而10074册珍本尽付一炬①。商务印书馆的涵芬楼藏书，1932年1月28日毁于日寇侵略上海的炮火之中，收藏涵芬楼全部善本书2000余种的商务印书馆东方图书馆被日寇飞机投炸弹炸平，黑乌鸦似的纸片灰洒遍半个上海城。顺便说一句，倭人较大规模毁中国文献至少还有两次，一是明代前、中期倭寇侵犯中国东南沿海，焚毁私藏文献多家，二是明治维新时期倭人脱亚入欧运动，把日本收藏的中国古代文献视如土苴，毁坏无数）。“文化大革命”期间，古代文献遭到有组织地、大规模地毁坏。有些县图书馆所藏古代文献甚至被焚烧一空（自1966年6月，“古旧书籍自然首当其冲地被视为封建主义、资本主义和修正主义思想文化的载体，成了被砸烂的主要对象之首。因此，仅8月份的一个月时间，北京就有114000多户被抄家。被抄和被迫交出的物品大多是图书，还有字画、硬木古家具等实物，共计3305100余件”②。关于“文化大革命”毁坏古代文献的详细情形，请参见赵长海《新中国古旧书业（1949~2009）》）。社会动乱对于文献的破坏，主要是批量的焚毁、流散、掠夺，其中也有残损，古代文献经常记载某次战乱中某个文献收藏单位所藏文献片简不存（例如唐代的集贤院），虽不免有些夸大，——其实相当一部分仍然流传下来，存于

---

① 刘蔷，高宣．清华大学图书馆焚余古籍的修复、整理与研究［A］．中国国家图书馆．中文善本古籍保存保护国际研讨会论文集［C］．北京：北京图书馆出版社，2002：154-164.

② 赵长海．新中国古旧书业（1949~2009）［M］．长春：吉林文史出版社，2009：65.

世间，然而，战乱对文献的毁坏确实十分严重，也是不争的事实。

在社会心理上，典籍远比档案文献有价值。不重视原始档案的保存造成了大批档案的消失。改朝换代之际，前朝的中央政府档案，尤其是地方官府档案被理所当然地扫地出门。我们很少见到古代地方档案在改朝换代之后仍然存留的记录——哪怕是边远未经战乱骚扰的地区。实际上，新朝官员既无财力保存这批档案，也怕“胜朝”档案的存留给自己招惹政治上的麻烦。西方很多城市会存留数百千年的档案文献，而中国频繁的改朝换代却毁灭着档案。与档案文献的损毁相比，更为可怕的是，文人的著作和地方志根本不会记载这些事情，这就是说，毁灭前朝的档案被视为当然的事情。

至于自然因素，主要是因为构成古代文献的材料——纸、墨以及装订材料（黏结纸张、文献修补用的浆糊、装订用的丝绵线或纸捻等），都是自然物质，不可避免地会自然老化；而且一般而言，历时越久的文献，老化的程度越严重，老化的速度也越快。另外，一些水火之灾，也常常短时间内吞噬大批文献，更有潮湿和虫鼠蚁导致文献的慢性损坏。

文献老化的快慢程度，主要取决于两个因素：一是文献材料本身，一是保管方法。就文献材料本身而言，其成份、结构和质量，无疑直接影响到文献的自然寿命。就保管方法而言，有无保管方法以及方法是否得当对文献的老化速度和程度也有重要的影响。存世的中国古代文献，都是累月经年保存下来的。构成文献的多种材料在光、温湿度和空气的长期作用下，会发生化学和物理化学的变化，纸张失去机械强度，支离破碎，质地变脆，颜色发黄，墨迹褪色，胶质失去黏性，装订纸捻、丝绵线断裂、脱落。

第一，文献制作材料的影响。文献制作材料会自然老化，越是品质不良的材料老化越快。古代中国的纸和墨总体来说质量很高，装订材料、装订形式和装订方法也适合于古代文献的载体。古代纸张的生产周期可达300余天，选料讲究，加工精细，以洁净而流动的水源冲洗原料，去除杂质比较彻底；以石灰浸渍原料，对于纤维的破坏较少，而且使纸呈碱性；以日光自然漂白，成纸后不残留对纸耐久性有害的强氧化剂，质量高的古代手工纸自然寿命可达千年，即古语所谓“纸寿千年”。有些历史上很名贵的纸，用于抄写或印刷文献的机会并不多，但是作为纸张中的上品，也说明古代纸张整体质量之高。由于名贵纸张生产困难，原料有限，数量不多以及文献市场的价格限制，用于社会流通的文献，一般用纸不会过于讲究。更有一部分纸，尤其是明代中期以后的纸，以嫩竹等为主要原料，这种纸张质量远不如以树皮和麻为原料制作的纸的质量，尽管这一时期造纸技术整体上仍在提高，由于社会需求量的急剧增长，纸的加工周期缩短，远不如以前精细，而且不可避免的，这些纸张含酸量增多。从古代文献书写和印刷用墨来看，中国古代的墨整体质量也很高，但是优质墨产量有限，主要供社会上层使用、欣赏和收藏。明代中期以后的印本或多数抄本用墨，一般质量就不高了。文徵明曾于嘉靖乙亥（嘉靖二十九年，1550 年）仲冬书有一帖，记载制墨之法，此帖被明代李诩收藏，帖中的文字收录在他的《戒庵老人漫笔》卷七。帖中记载，唐代李超所制作的墨的质量如此高超，被浓缩为一个典故：其坚如玉，其纹如犀，一挺长不过尺、细如筷子的墨，被五代宋初文学家和书法家徐铉使用了整整十年。该帖末尾说：“当时但知廷珪（原姓奚，唐时赐姓李）善墨，而不知超（廷珪之父）之尤精如此。陶雅为歙州刺史，谓超曰：‘尔近制墨，甚不及吾初至郡时。’超曰：‘公初临郡，岁取墨不过十挺，今数百挺未已，何能精好？’夫超之能，尤以多不得精为患，今之制者，动以数千。呜呼，是尚得为墨乎？”① 这就指出了墨的制作数量与质量的关系，即一个时期，一个人，一个地方，制作的墨越多，质量越难保证，其实纸张也是如此。而存世的大部分古代文献，正是明代中期以讫清末的。所以现实的情况是，宋元时期文献，一方面制作材料质量较高，存世数量少，可以长期保存，另一方面，这些文献历经递藏，存世时间长久，受到的损坏并不轻微；而明代中期后的文献，制作材料质量相对比较低劣，数量众多，而又难以长期保存。至于装订方式和材料，因为线装书多是在书脊处打孔装订，而装订的材料主要是丝绵线和纸捻，时间长久

① （明）李诩．戒庵老人漫笔［M］．北京：中华书局，1982：280.

了，检阅次数多了，就会破损断裂。从当前文献收藏单位收藏的古代文献来说，绝大部分都是明清制作的文献，尤其是清代中期后制作的文献。

第二，温湿度的影响。温湿度是否适合于文献，也直接影响到文献老化的速度和程度。温度的高低和文献的老化速度成正比，温度越高，文献老化速度越快；而湿度越大，纸张中的纤维会膨胀，纸张会变形，且有利于霉菌的生长；再者，湿度的忽高忽低，促使纸张不断地膨胀和收缩，会大大降低纤维的弹性，使纸张弯曲破碎。南方文献收藏远比北方更为艰难，其重要的原因之一就是南方温湿度太高。周耀林曾测试过温湿度对纸张性能的影响：温度升高，纸张的 pH 值呈下降趋势；当温度从 20℃升高到 40℃、60℃、90℃时，纸张的 pH 值下降分别为 1.8、3.8、7.5，呈现成倍下降趋势；而随着湿度的增加，其 pH 值不断降低。温度每升高 20℃，纸张白度以 2 倍左右的速度下降；而在一定温度下，高湿引起纸张白度的变化至少是低湿下的 5—6 倍。在机械强度方面，温度每升高 20℃，纸张的拉力、耐折度都以每周 2 倍左右的速度降低①。

第三，虫蚁鼠的影响。文献害虫种类众多（常见的蠹虫有毛衣鱼、烟草甲、书窃蠹、书虱、白蚁等），分布广泛，尤以南方为甚。古代文献的制作材料——纸张（古纸是以竹、檀、麻等纯植物纤维为原料手工制成，其成份中的纤维素和矿物质，即添加的滑石粉、石膏之类，是蠹虫的营养品）以及浆糊（除了粘连纸张的浆糊外，北方制作的文献函套中也使用浆糊，浆糊中淀粉所含的蛋白质为虫鼠的生长提供了丰富的营养）易招虫鼠。库房中的古代文献如果长期未经翻动，就成为虫鼠蚁生长的温床；如果日常管理不善，例如文献不上架，文献收藏库房内有食物和杂物，文献被尘埃蒙封，都会使文献饱受虫鼠蚁的侵袭。

第四，霉菌和细菌的影响。古代文献发霉是由霉菌导致的，霉菌对古代文献破坏很大，因为霉菌的传染，可以引起古代文献

---

① 周耀林．档案文献遗产保护理论与实践［M］．武汉：武汉大学出版社，2008：119.

大面积受损。霉菌种类多，繁殖快，生命力强，而且不选择营养来源，可以定居在不同的物质上。一旦发生霉变，纸张中的胶质、纤维素都受到破坏，改变颜色，出现斑点。古代文献收藏库房中的细菌较多，当文献遭受水患时，有害细菌能够缓慢地破坏纤维素。

第五，尘埃的影响。当空气中混杂着的灰尘、煤烟等细微的硬质颗粒和湿气结合在一起降落并沉积在古代文献上时，便形成一层难以去除的外皮覆层；这样的尘埃对古代文献危害很大，主要表现在：尘埃吸潮，导致文献霉烂；尘埃吸取空气中的有害成份，加速纸张的解体。许多大气污染物，如二氧化硫（SO_2）、二氧化氮（NO_2）和氯气（CL_2）等对文献具有损害作用。二氧化硫被纸张吸附后，便与纸内的水分发生反应生成亚硫酸（H_2SO_3），亚硫酸在空气中被氧化成硫酸（H_2SO_4）；二氧化氮与纸内的水分发生反应生成硝酸（HNO_3）；氯气被文献纸张吸附后，与纸内的水分发生反应生成盐酸（HCI）。硫酸、硝酸和盐酸都是活性常数很高的强酸，会加快文献纸张的酸化①。尘埃中的微粒磨损或割裂纸张；尘埃封住文献边缘，有利于霉菌和蛀虫的生存。

第六，日光的影响。文献载体是由植物纤维、黏合剂、染料和颜料等多种材料组成的，这些材料的分子中都含有吸收不同波长光线的原子团，它们吸收光能后在光的作用下发生光化作用，引起染料变色、褪色以及纤维的脆化，从而加速纸张的老化。在所有的光线中，紫外线对古代文献的危害最大。纸张纤维素受紫外线照射后，纸张变黄变脆，强度降低，重量减轻，pH 值也会降低②。

技术因素是指文献收藏和利用中不能得到有效的保护，而损坏之后，又不能得到及时、合理的修复。尽管从古至今，文献保护技

---

① 孟祥凤．民国文献保护方法研究［D］．硕士学位论文，郑州大学，2010.

② 林列．谈谈图书的保护问题［J］．福建省图书馆学会通讯，1984（4）：48-49.

术不断进步，但是，技术总是有局限的，再好的技术也不总是被普遍采用的。良好的技术可以抵御文献保护中遇到的各种灾害，延长文献的自然寿命，反之亦然。中国现存的古代文献，其中损坏的部分，不全是后世造成的，而是古代就已经存在的。而今天，仍然是技术的原因，我们对于现存古代文献仍然难以实施总体上的、有效的保护，加剧着现存古代文献的损坏程度。

大抵中国古代文献收藏，以地域论，北方最为适宜，因为北方天气多晴朗，温湿度适宜，地势高爽，虫鼠蚁少见；南方如江苏、浙江、福建、广西、广东则不然，因为那里四季多雨，夏季燠热，地理卑湿，虫鼠蚁多，易滋蠹霉。不同的自然环境，使得文献的自然寿命和文献的保管期限，北方都高于南方。以机构论，一般而言，越是大型文献收藏机构，保管古代文献的条件就越好，越是收藏古代文献数量少的单位，保管古代文献的条件就差些。这是由收藏单位的人力、财力和观念造成的。当然，一些基层古代文献收藏单位也有注重保管的，那大抵与懂行的馆长和主管领导有关，也与历史传统延续有关。不过，如果以政治社会环境论，则北方的收藏环境却又不及南方，因为北方的战乱频率大大高于南方。

四、古代文献保护方法资料的分布情况

这里就中国古代文献保护方法资料分布情况略作说明。资料的查找和分析是本书研究的基础，详尽地占有资料是展示古代文献保护历史、保护方法成就和局限并进而论断现实价值的前提。古代的文献保护方法资料众多而分散，这给资料收集和分析带来一定的难度。这些资料主要散布在如下文献类型里：第一，比较集中讨论文献保护方法的著作。这类文献又有两种类型，一是讨论文献保护方法的专门著作，例如《藏书记要》、《藏书十约》等，但是这些资料多是一家之言，很少收集分析相关资料；一是与文献保护方法密切关系的著作，例如有关文献收藏机构管理的文献(《麟台故事》、《南宋馆阁录》)，有关文献收藏的文献(《藏书纪事诗》，《武林藏书录》，《士礼居藏书题跋记》)，书画鉴赏保管的文献(《小山画

谱》、《赏延素心录》)。第二，史书。史书内容广泛涉及社会生活的方方面面，也包括很多文献收藏保护方法的基本史料。这类文献很多，从《史记》到《清史稿》，从《宋会要辑稿》到《明实录》，从官方史书到民间野史笔记（例如《五杂俎》、《万历野获编》)。官方史书中有关文献保护方法资料偏重于官方收藏文献的保护，野史笔记主要记载民间文献保护方法。第三，文集，主要在传记、藏书楼记、游记之类的诗文中。第四，日常应用。这类文献主要是手册之类的技术书籍、类书、风俗记、岁时记、日用大全，明清以来这类文献很多，其中不少谈及民间的文献保护方法，如《齐民要术》、《传家宝》。第五，其他，例如医学文献，其中有防虫鼠的药物，例如明清时期的一些书院、寺观藏书资料，其中有文献管理和保护的资料。除了第一类文献之外，其他几类文献记载的古代文献保护资料往往只是一条或数条，而且常常重复，即后出之书常常抄袭前人。实用技术，后人只要觉得有道理，或经过实践证明无误，当然可以沿用。但是，由于记载古代文献保护方法资料的文献数量众多，所以有关资料的总量还是比较丰富的。

历史上的文献保护方法需要考证出发明、初次使用的时间，这样既可以明确史实，也可以昭示源流，但是这方面的记载常常漫然隐约。这是因为，一方面，对于这类日常应用技术，在没有广泛使用之前，文献往往很难记载（对于雕版印刷术这样重大的发明尚且缺乏明确的记载)，而广泛使用之后，人们又会视为常识而不去记载，熟悉蕴蓄了轻视，常见导致了忽视。例如，我们找不到有关碧纸在唐代的发明时间和地点的文献记载，也没有万年红纸在明末发明或使用的文献记载，有关资料，只能依据后人的记载或流传下来的实物；另一方面，记载这类发明的往往是手册类文献。这类文献因为实用的缘故，保存价值不大，民间经常的、不爱惜的翻检会降低保存期限，轻视使得这类文献亡佚很多，而且这类作品，尤其是其中的关于技术方法的手册，往往是后来者覆盖前人，也有一些属于后人增订，都是把原文献中经过实践的检验属于优秀的内容包含进来了，被覆盖的作品就不会引起社会传播和收藏的兴趣。这些覆盖或增订前人文献内容的作品往往并不注明哪些是引用前人的，哪些是当代（作者的时代）发明的，这给我们认定一些文献保护方法的发明时间带来了一些困难。例如文献保护中的某些植物药物，某些浆糊配方，就是如此。我们能做的，就是利用存世文献，尽量查找某种方法的最早出处。古人还有一类文献，属于读书笔记，是阅读中记下的一些材料，略加分门别类。这类文献抄录的内容，往往不注明出处，如果不知道这些材料是抄自前人，就会发生错误的判断。

第四节　中国古代文献保护方法及其现实价值研究综述

一、研究文献综述

20 世纪 70 年代末期后，尤其是 80 年代以来，关于古代文献保护方法的梳理和总结一直吸引着中国文献学界的兴趣。利用 EBSCO 数据库检索国外有关中国古代文献保护方法的研究成果，并未检索到相关研究文献。分别以“古籍保护”、“文献保护”、“档案保护”、“图书保护”、“纸张保护”等为关键词，利用中国知网（CNKI），对中国期刊全文数据库、中国优秀硕士学位论文全文数据库、中国博士学位论文全文数据库、中国重要会议论文全文数据库和中国重要报纸全文数据库进行跨库检索，同时对《图书馆学论文索引（1949. 10—1980. 12）》（书目文献出版社，1983）、《图书馆学情报学档案学出版发行学论文索引（1949—1985）》（科学技术文献出版社，1991）以及《图书馆学情报学论文索引（1981—1986）》（《河南高校图书情报工作》编辑部，1988）进行手工检索，共命中千余篇记录；经过查重与去除相关度很小的文章后，真正讨论中国古代文献保护方法的文章有 45 篇，而研究中国古代文献保护方法现实价值的文章就更少。对这些研究成果的年代分布进行统计，显示表 1-1 如下：

表 1-1 中国古代文献保护方法及其现实价值研究成果的年代分布图

年代	1949—1959	1960—1969	1970—1979	1980—1989	1990—1999	2000—2008	合计
数量（篇）	0	0	4	9	10	22	45
比例（%）	0	0	9	20	22	49	100

中华人民共和国建立的前30年中，百废待兴，经济发展水平较低，加上文化政策上趋向于与传统文化决裂，包括古代文献事业在内的文化事业没有受到应有的重视，古代文献保存保护问题尚未引起充分关注，保护方法也鲜有人研究，只在古代文献保护的基础，尤其是防蠹方面有所探讨，也有少数文献保护工作者发表他们掌握的古代文献保护经验。20世纪70年代末期以后随着解放思想、实事求是思想的深入人心，研究者的价值观念、思想方法得到更新，部分研究者开始注意古代文献保护技术的总结与探析，如汪华明《中国古代的图书保护》、黄文田《我国古代图书资料保护方法浅析》、徐雁《我国古代典藏保护技术述略》。20世纪90年代，中国传统文献保护方法的研究人员、研究成果有所增多，罗茂斌、潘寅生、张清志、连成叶等人开始较系统地研究中国古代文献保护方法与技术。进入21世纪，中国在着力发展经济的同时，越来越重视民族文化的保护和传承，古代文献保护工作引起人们更多重视，对中国古代文献保护方法的研究也投入了更多精力。但这些文章总的来说偏重简单介绍，资料也大多相互重复，有的论文作者甚至缺乏古汉语知识（如有的论文竟然说汉唐时期有“曝书令”①，某些研究者以讹传讹，而这显然是其引用《太平御览》卷三一“高祖方曝书，令史窃知，还具以告”一句断句标点的错误。令史是汉代的职官名称，是郎以下负责文书工作的官职）。而少数研究文献在涉及古代文献保护方法时，研究者的视线也更多投注在古代

① 陈明利．我国古代图书、档案保护方法浅析［J］．兰台世界，2005（5）：48.

文献数字化等现代技术方法方面，对古代文献传统保护方法的关注相对较少。

文献研究主题是文献内容的主要特征，通过对论文研究主题的统计分析，可以揭示出中国古代文献保护方法的研究现状、方向和特点，认识现有的优势和劣势，明确今后的研究重点和发展趋势。通过对论文研究主题的统计分析，得出中国古代文献保护方法研究主题的分布情况如表 1-2 所示：

表 1-2　　中国古代文献保护方法研究主题分布

年代 / 主题	1970—1979	1980—1989	1990—1999	2000—2008	合计	比例（%）
单一方法研究	3	5	0	4	12	27
综合技术方法研究	0	3	10	11	24	55
案例研究	0	1	0	1	2	5
其他	0	0	0	6	6	14

除了零散的期刊论文外，还有一些重要的古代文献保护专题学术会议。2001 年 10 月 17 日至 19 日，“中文善本古籍保存保护国际研讨会”在中国国家图书馆召开，并出版了论文集。会议旨在推动中文善本保护与修复的研究工作，并促进改善其保存保护条件。在会议期间，来自中国、美国、英国、法国和俄罗斯的 40 余家图书馆和研究单位的 70 多位专家学者就各馆中文善本古籍修复、保护进行了交流和研讨①。2004 年 6 月，中国台湾召开了古籍研讨会，其主题之一就是古籍保存维护，并出版了《2004 年古籍学术研讨会论文集》。此外，大陆不少省市图书馆学会也多次召开与古籍保护有关的研讨会。

其他一些文献保护著作，也或多或少会涉及古代文献保护方法

① 中国国家图书馆．中文善本古籍保存保护国际研讨会论文集［C］．北京：北京图书馆出版社，2002.

及其在今天的价值。一些专题著作，如 1999 年出版的王金玉《宋代档案管理研究》也涉及古代的文献保护方法。

分析这些研究文献，可以看出，其内容主要有：（1）古代文献保护资料的收集和分析。经过多年的努力，从上古到明清，古代文献保护的基本资料已经挖掘不少，可以证明古人在文献保护上确实积累了丰富的经验。（2）关于古代文献保护材料和方法，例如黄蘗、花椒、芸香、麝香、檀香、樟脑、皂角、烟叶、红丹以及浆糊等的化学成份及防蠹、防潮机理的分析。（3）古代文献保护方法在今天的价值和应用。尽管很多论文涉及这一问题，也不乏精当的讨论，但是多泛泛而谈而鲜有针对性，互相借鉴多而创新少，而且缺乏系统性和整体性。

这些研究多半停留在文献资料的收集和个别药物的分析上，尽管有一定价值，但是，这些研究缺乏一个基点，即古代文献保护是一项系统工程，单一的零星的方法和技术是无法从根本上解决古代文献保护这一涉及众多知识和技术门类的复杂的问题的。同时，这些论著也缺乏总体思路，难以回应一些当代学人试图抛弃传统的优秀的方法而改用新的化学方法的挑战。

由于战争掠夺、买卖、巧取豪夺、赠送等原因，中国古代文献大量外流，保存在不少国家和地区。国外，尤其是西方对于中国古代文献保护的方法以现代化手段为主，未见有采用中国古代文献保护方法者。如同对于中国传统医学持怀疑态度一样，除了缺乏使用中国古代文献保护方法的传统外，可能西方世界也不会相信一些植物性、矿物性药物对于文献的防蠹防鼠作用。至于国外关于本地域的古代文献保护的研究成果，其基点是国外古代的文献，基本上并不适合于中国古代的文献，这是因为中国古代的纸墨和西方不同，印刷方法也不同（例如中国是单面印刷而西方是双面印刷），装订方法和材料（明清时期的线装书的装订材料是丝绵线和纸捻）大有区别，至于浆糊，更是中国的特色。“法国各图书馆，特别是那些藏书质量俱丰的大型图书馆，对维修古籍都有他们的传统与设备。从对书库的清洁，到对书籍的除虫、去霉潮等技术均有研究。但这种技术，大抵是针对西文书籍的保护而发，而西文书籍跟中文古籍的纸质、构造以至装订都不一样，所以是否可以完全用他们的方法来保护并修复中文善本古籍是我馆面临的一项重要课题。”①

二、研究内容综述

技术的产生、应用和推广，必定适合于当时社会的需要，并有其功效。中国古代就开始了对于文献的保护工作，发明了系统化的保护技术，积累了丰富经验，适合了当时文献的自然和自身条件，自有其价值。这些经验和方法，一部分自然地在现当代的古代文献保护中沿传下来，一些方法经过改进，在现当代古代文献保护中仍然发挥着积极的功用。中华人民共和国成立后，尤其是近30年来，关于古代文献保护方法的现实价值研究产生了一批成果，本节从文献收藏处所建筑、防蠹、防霉和装帧修裱等方面对中国古代文献保护方法及其现实价值研究作一综述。

1. 古代文献收藏处所建筑要求

(1) 位置

史向东等人认为，古人已经认识到，建筑必须进行水文地质调查②。清代孙从添在《藏书记要》中说，“若来往多门旷野之所，或近城市又无空地，接连内室、厨灶、衙署之地，则不可藏书”，至于“卑湿之地”，更不待言。清代叶德辉《藏书十约》也指出：“藏书之所，宜高楼，宜宽敞之净室，宜高墙别院。”其思想与现代提倡的不能靠近江河或者低洼之地建筑的文献收藏处所观是一致的。嘈杂之地，不便管理，易生变乱，而卑湿之地，湿度大，文献容易滋生虫鼠，产生霉菌。

(2) 防潮

潮湿是文献的大敌，中国古代文献收藏处所的建设比较注意防

---

① 岑咏芳. 法兰西学院汉学研究所图书馆中文善本古籍之保存保护情况 [A]. 中文善本古籍保存保护国际研讨会论文集 [C]. 北京：北京图书馆出版社，2002：90-95.

② 史向东. 中国古代档案保护技术综述 [J]. 档案，2000 (3)：25-26.

潮。史向东等认为，中国古代文献收藏单位建筑防潮的方法很多，例如提高室内的地坪、增大围护结构的厚度、围护结构层选择导湿系数小的材料和通风①。

（3）防火

李龙如认为，“我国自古以来的公私藏书家对于防火工作都是相当重视的。远在古代为了防火就有将书籍装进铜柜、铁柜的。现存我国最古老的私人藏书楼——天一阁，从建楼到藏书无不将防火放在首位”②。奚可桢从建筑环境、建筑材料、建筑样式和建筑装饰等方面讨论了古代在建筑上对文献所采取的保护措施，认为古人在文献收藏处所的各项设计中都注意到防火。“古代劳动人民已经会运用建筑工程学、材料学、气象学等现代科学原理，对自然通风、防火、防潮的物理机理，影响自然通风的建筑设计因素等各个方面有了一定的认识，并运用到藏书楼的设计、建造中，从而起到很好的效果。研究古籍保护方法的历史对于我们今天的图书保护工作是有现实意义的。”③

2. 古代文献防蠹

古代手工制作的纸张尽管质量较高，但是时间长久或者保管不善也会遭受虫蠹。古代发明使用了多种药物防止纸张蛀蠹，或用药物制作防蠹纸。书柜的材料和函套的材料也着眼于防蠹。当代不少古代文献收藏单位仍然在采用着传统的防蠹药物保护古代文献，功效显著。奚可桢认为，药物防蠹可以古为今用，凡是收藏古代文献较多的单位“必须常备‘潢纸’、‘椒纸’、‘万年红’等做书中的衬纸、扉页和封面”④。

（1）防蠹药物

---

① 史向东．中国古代档案保护技术综述［J］．档案，2000（3）：25-26.

② 李龙如．火——书籍保护常识之四［J］．图书馆，1984（5）：44-45.

③ 奚可桢．从建筑学角度探析古籍保护方法［J］．东南文化，2006（2）：94-96.

④ 奚可桢．中国古籍的药物学保护技法述论［J］．图书馆杂志，2003（5）：75-7.

芸香草。古人对芸草的辟虫作用给予很高的评价。魏晋以后，芸草就作为文献保护的主要药物被广泛使用。“使用芸香辟虫既经济又方便，夹于书中或者分袋置于每层书柜即可，对人又无毒副作用，因此今天诸如桂林图书馆、广西图书馆以及广东、江浙一带图书馆古籍防虫仍然继续使用。”① 但是，也有人认为芸香草防蠹效果不显著：“1975 年天一阁恢复香草辟虫的传统方法，1982 年后，藏书普遍使用香草。在香草没有普及前，天一阁藏书基本上使用樟脑丸、樟脑精来辟书虫。那么，这些药物果真灵验吗？笔者……把蠹虫分别放在香草、樟脑精、樟脑丸三个玻璃瓶中，过一段时间以后打开一看，具有顽强生存力的蠹虫竟然还能快速爬行，毫无伤害迹象。从中可得出结论：范氏后代藏书，在思想上迷信这类言过其实的辟虫药物，在行动上又不进一步投入捉虫、除虫的长久、耐心、细致的保护书籍的管理中，以至书籍破损严重。”② 今天中国省市级以上的古代文献收藏单位大多仍用芸香草或以芸香草为主多种药物制作的药袋用于古代文献的保护。

灵香草。《梦溪笔谈》卷三记载蕙（当时称零陵香）用于古代文献防蠹。邓贵忠认为，“1985 年《陕西档案》也有用灵香草驱虫效果显著的报导。以前我馆也从广西购入一些试用，并未得到预期效果。也许这两种驱避药物（灵香草和樟脑饼）在开始一段时间内会有些作用，但过了一段时间后，害虫习惯了，产生了抗药性，药越浓，抗药性也随之增强。我们在善本书库书柜中放置灵香草和樟脑饼，数量可谓不少，气味可谓够浓，以致浓到令人很难受的程度，但害虫照样繁殖、生长，图书照样被蛀食”③。而据梁桂英的介绍，有些古代文献收藏单位使用灵香草用于古籍防虫④。

---

① 梁桂英．古籍保护方法综述［J］．韩山师范学院学报，2005（2）：94-97.

② 李大东．天一阁藏书保护经验谈［J］．文物保护与考古科学，2003（1）：52-54.

③ 邓贵忠．也谈广东古籍防虫［J］．图书馆论坛，1995（6）：61-62.

④ 梁桂英．冷冻灭书虫与古籍保护的几个问题［J］．科技情报开发与经济，2005（13）：75-76.

樟脑。梁桂英说，“现代图书馆借鉴这一传统保护古籍之法，上海图书馆、江西图书馆、贵州图书馆等公共图书馆善本均用樟木箱盛放，大学图书馆如复旦大学、苏州大学、河南大学图书馆善本也入樟木箱，目的都是为了更好地保护古籍善本。樟脑丸、樟脑精块是现代图书馆普遍采用的驱虫之法”①。而林子雄认为，“在图书馆古籍书库里，使用樟脑防治虫害相当普遍……事实上樟脑的防治虫效果有限，特别是在敞开式书架，其作用更微。烟草甲幼虫深入书册，樟脑对它们的生长影响不大；蠹鱼初次嗅到樟脑的气味，会很快钻到书籍深处或别的地方躲藏起来，从书库表面看，蠹鱼好像被药味所驱除，其实不然，蠹鱼仍在药味不大的地方或书册深处啮食书页，繁殖生长。待药效一过，蠹鱼仍会照常活动。此外，蠹鱼对樟脑的抗药性，也使樟脑防蠹失去效力。鉴于上（述情）况，在古籍书库施放樟脑时，应注意四点：（1）应放置在封闭式的书柜或书箱内；（2）药物无包装的，应用纸包裹，既控制其挥发速度，又防止污染书籍；（3）药物属挥发性，不能持久，须一年一换；（4）注意跟踪检查药物的功效”②。邓贵忠也认为，“樟脑饼，是目前使用最多的驱避药物，但功效亦甚微”。③ 而沈大晟等人在论文中沿袭了林文的说法④。

烟草。烟草是明代嘉靖年间传入中国的。清代有关于烟草用于文献防蠹的记载，目前在一些古代文献收藏单位，包括寺院藏经楼仍有使用。李龙如认为，“我馆的古籍，凡夹有烟叶的书都没有被虫蚀，但是留下了淡黄色的痕迹，污损书籍。为了克服这一缺点，曾用烟叶末（或烟草茎和叶），加水煮沸二三小时，制得烟草液。将较厚的白纸片放在烟草液里泡浸再捞出来，待阴干

---

① 梁桂英．古籍保护方法综述［J］．韩山师范学院学报，2005（2）：94-97.

② 林子雄．古籍保护方法的继承与实践［J］．图书馆论坛，1996（5）：28-29；51.

③ 邓贵忠．也谈广东古籍防虫［J］．图书馆论坛，1995（6）：61-62.

④ 沈大晟．也论图书馆古籍保护［J］．四川图书馆学报，2004（1）：79-80.

后，得到烟草液纸。我曾用一张浸过烟草液的，一张没有浸过烟草液的纸片，夹放在虫子很多的书页中，一个月以后，没有浸过烟草液的纸片被虫蛀蚀了，而浸有烟草液的纸片，不但没有被虫蚀，而且纸片周围的虫都死了，相应的页也没有虫了……杀虫率以黄花烟叶最高，旱烟次之，烤烟最低”。他认为古代文献用烟草液纸防虫的优点是：（1）成本低廉。（2）制作简单。（3）防虫效率高，比樟脑要好，不仅能避虫，还能灭虫。（4）对书籍和人的身体健康无影响①。罗茂斌也说：“黄花烟草的烟叶中含（碱）量最高，适于防蠹……将烟叶切成片、丝用纱布包裹或整叶置于柜内即可。”②

多种药物同时施用，多种方法同时使用，达到防治蠹虫的目的。李龙如认为：“由于危害书籍的昆虫种类多，施放药物时，必须是挥发性与中毒性的药物同时使用，驱灭与诱杀相结合。在同一个书库里既放挥发性的药物如樟脑纸，也放中毒性药物如烟草液纸。还可在书页中夹放防虫植物叶子，既能避又能灭，也克服了一种药物只能对一种或几种害虫有效的缺点。如烟草液就不能对付烟草虫。”③

（2）防蠹纸

明清时期，广东佛山一带生产万年红防蠹纸。“用万年红作为书籍的衬纸，所起的防蠹效能，已为历史所证明。”④ 刘启柏认为，“铅丹能直接杀灭细菌和寄生虫，作为书中衬页，除防蠹作用外，还有杀菌防霉防潮的作用”⑤。梁桂英说，“现在南方一些图书馆如厦门大学图书馆、中山图书馆、韩山师范学院图书馆等仍然采用

---

① 李龙如．图书保管“八防”［J］．湘图通讯，1980（1）：32-36；（4）：22-26.

② 罗茂斌．古代文献保护技术及其理论初探［J］．云南档案，1994（4）：29-32.

③ 李龙如．图书保管“八防”［J］．湘图通讯，1980（1）：32-36；（4）：22-26.

④ 刘启柏．古籍防蠹［J］．四川图书馆学报，1979（3）：93-102.

⑤ 刘启柏．古籍防蠹［J］．四川图书馆学报，1979（3）：93-102.

万年红防虫，效果显著”①。

和宝荣认为，铅丹的特点是“化学性质稳定，没有挥发性，能长期保持辟蠹效果。但它的缺点是只辟勿杀，难以杀死虫卵”②。王芹、冯勇建也谈到，万年红“达不到长效”③。邓贵忠认为红丹纸作用微乎其微，“我馆古籍图书（笔者按：此“图书”二字宜删）前后扉页多夹有红丹纸，但并未能避过被蛀食之命运，甚至红丹纸本身也被蛀得百孔千疮”④。

“又如一些驱虫药物，灵香草、樟脑、红丹纸等，古代藏书家早就用来驱虫防虫，但我们的经验证明效果并不佳。”⑤

（3）以防为主，防治结合

麻新纯提出，“档案不幸生蠹时，古人开始考虑用芸香、麝香、木瓜、樟脑、莽草、角蒿等药物熏蒸剂来熏杀档案有害生物。当然，以现代档案保护科技的眼光看，这些药物的杀虫效果其实很有限，而更多地具有‘驱避’的作用”。“从古人所采取的对档案有害生物的种种防治措施看，他们已经有意识地摸索档案材料自身防护的技术方法。在防治档案有害生物的道路上，由于其科技方面的局限性，其‘防’的能力明显强于‘治’的能力，一直遵循着‘以防为主，防治结合’的思想路子。”⑥

古代文献收藏箱、柜所用材料的选择也是以防蠹为主。古代文献记载了具有防蠹效果的杉、柏、檀、银杏等木材制作文献收藏箱、柜，今天的很多古代文献收藏单位仍在使用。

---

① 梁桂英．古籍保护方法综述［J］．韩山师范学院学报，2005（2）：94-97.

② 和宝荣．图书的霉腐、虫蛀及防治方法［J］．图书馆工作与研究，1980（2）：18-20.

③ 王芹，冯勇建．关于古籍保护措施之我见——从海南省的古籍保护谈起［J］．图书情报工作，2005（3）：130-132.

④ 邓贵忠．也谈广东古籍防虫［J］．图书馆论坛，1995（6）：61-62.

⑤ 邓贵忠．也谈广东古籍防虫［J］．图书馆论坛，1995（6）：61-62.

⑥ 麻新纯．中国古代档案保护思想探析［J］．北京档案，2005（11）：12-15.

总之，古代药物防蠹技术可以为今天古代文献防蠹服务①。正如论者指出的，“我国古代的药物防蠹技术，是有充分科学依据的。它们所含的有效成份，对昆虫有显著的毒杀作用。是可靠有效的杀虫剂”。“今天，为了更好地保护纸质文物，我们应当结合当地的药物植物资源，发掘、筛选那些高效、低毒、价廉、简便的中草药物，并逐步开展药用植物中有效成份的提取、分离合成和对昆虫毒理作用的研究工作，赋予我国传统技术以新的生命，让它在保护数量极为丰富的纸质文物上发挥作用”②。

3. 古代文献防霉

（1）晾晒

文献晾晒简便易行，防霉效果较佳。古人总结了很多晾晒文献的经验，这些经验被世世代代继承下来，直到今天仍然发挥着作用。应长兴、林祖藻认为，“在我国的长江中下游地区，每年5~6月，都有一段环境湿度较高的梅雨季节……江南地区的图书馆员通常在梅雨季末或出霉时的春末夏初，都要做好曝书的工作”③。晾晒文献方法“至今有些寺院仍在采用”④。

不过后世关于晾晒文献，方法也不尽一致。应长兴、林祖藻认为，“曝（晾）书时，并非将书放在烈日中晒，而是重点在书脊处曝”。“浙江图书馆的古籍部过去都备有2米长、40公分宽的曝（晾）书木板，就是为了做好这项工作。”⑤

古人不断提醒文献收藏家文献晾晒后要等到凉透才能入藏。冯

---

① 张贵江．古代图书的药物防蠹［J］．图书与情报，2003（4）：77-92.

② 周宝中．古代保护纸质文物药物防蠹技术［J］．中原文物，1984（4）：87-92.

③ 应长兴，林祖藻．古籍保护　继往开来［J］．图书馆论坛，1999（2）：80-82.

④ 罗茂斌．古代文献保护技术及其理论初探［J］．云南档案，1994（4）：29-32.

⑤ 应长兴，林祖藻．古籍保护　继往开来［J］．图书馆论坛，1999（2）：80-82.

淳玲认为，“曝书后必须凉透才能入藏，否则反而会损坏图书或容易生虫。曝书当然还要考虑季节及南北气候差异，要因时因地而变通”①。

或者在晾晒时仅仅抽晒善本。林子雄说，“50年代浙江图书馆仍采用抽晒善本古籍的办法……虽然晒书方法是否可行仍有待商榷，但它给予我们启示，要注意处置古籍书库的温度和湿度”②。

罗茂斌认为，翻晒的时间不宜太长，“但翻晒时受光、热等物理因素的作用，文献也会受到一定程度的损伤，因此晒的时间不宜太长，否则就会弊大于利。为提高翻晒效果，晒时应勤于翻动”③。

也有人认为，“如果有的书有潮或已长了霉，选择无风太阳光不是很强的天气适当晒一晒也是有好处的，既能晒干书籍上的潮气，又能晒死霉菌”④。

我们今天知道光线中的紫外线对古代文献纸张纤维的内部结构有破坏作用，时间久了就会发黄褪色变脆，pH值降低，造成纸张的老化，缩短古代文献的寿命。北魏贾思勰《齐民要术》就有关于“不见日处曝书”的要求，认为纸张接受日光照射后颜色会变暗，确实是符合实际的。古人把所收藏的文献多放于柜中或遮光处⑤。晒书的正确方法应该是抖晾，“晒书以阴晒、晾晒较好”，古人曝晒文献，“可能是当时还不知道紫外线对书有害。现在仍有大曝其书的，则也许是注意欠周”⑥。国家图书馆编辑出版的《图

---

① 冯淳玲．古代藏书之保护［J］．图书与情报，2003（4）：75-76；78.

② 林子雄．古籍保护方法的继承与实践［J］．图书馆论坛，1996（5）：28-29；51.

③ 罗茂斌．古代文献保护技术及其理论初探［J］．云南档案，1994（4）：29-32.

④ 李龙如．图书保管“八防”［J］．湘图通讯，1980（1）：32-36；（4）：22-26.

⑤ 梁桂英．古籍保护方法综述［J］．韩山师范学院学报，2005（2）：94-97.

⑥ 林列．谈谈图书的保护问题［J］．福建省图书馆学会通讯，1984（4）：48-49.

书档案保护技术资料汇编》曾收入李龙如的《图书保管“八防”》一文，该文中涉及晒书方法，论文集中特意加有编者注“晒书方法不宜提倡”①。

也有人认为，尽管曝晒方法不可取，但是古代曝晒文献的理念也应该借鉴。邓贵忠指出：“古代藏书家就常常在天气好时将书搬出户外晒晒太阳……可以取其搬动图书的理念，经常将书库中之藏书有意进行搬动和翻动，特别是注意将那些平时不借阅和少借阅之图书多翻动检查。”②

（2）防霉浆糊

白矾可使霉菌脱水，从而使霉菌因脱水而死亡，达到防霉的目的。白矾常用于古代文献制作和修复必须使用的材料——浆糊之中。由于白矾具有酸性，导致纸张酸化，所以现在基本上不再使用。但是，也有人在继续使用。

“古为今用，凡是线装古籍较多的图书馆必须……自制特别浆糊，这种浆糊可以掺入雄黄（防蚁）、百部根（防蠹）、白矾（防腐）、皂角（防鼠）等其他具有防蠹的中草药，并将其刷在一张白纸上，可以起到不腐、不霉、不被虫蛀的作用，以便专供修补古籍用。”③ 李龙如认为，“为了使修补装订书籍不霉、不潮、不腐、不生虫、不被老鼠啃，可以使用‘五防浆糊’或在浆糊里掺配别的药剂。笔者曾在修补装订古籍的浆糊里掺以白矾（防腐）、雄黄（防蚁）、皂角（防鼠）、百部根（防蠹，还能防其他虫）、石灰末（防潮）。将这种浆糊刷在一张白纸上，经过一段时间还不腐、不臭、不霉、不被虫蛀、老鼠不吃，故取其名曰‘五防浆糊’，专供修补古籍用。这种浆糊对人的健康无影响，对书籍无损害”④。周

① 北京图书馆图书保护研究组．图书档案保护技术资料汇编［C］．北京：书目文献出版社，1987：37.

② 邓贵忠．也谈广东古籍防虫［J］．图书馆论坛，1995（6）：61-62.

③ 奚可桢．中国古籍的药物学保护技法述论［J］．图书馆杂志，2003（5）：75-77.

④ 李龙如．图书保管“八防”［J］．湘图通讯，1980（1）：32-36；（4）：22-26.

苏阳谈及古籍的修复，“最后用传统的浆糊制法对书进行裱页……这部书没有放入书库，只放在一般橱里，现已八年了，没有再生霉，也没有被虫蛀。只是制糊时放入少许明矾”①。

“这些方法由于加入了植物性和矿物性药物，都有增加浆糊防霉防蛀的作用，故直至今日，在善本古籍的修复中仍继续沿用……虽然矾具有一定的防腐功能，但其 pH 值在 4.26 以下，显然这样低的 pH 值对纸张有损害，加之白矾的防虫效果几乎没有，故目前在制作浆糊时已不使用矾作为添加剂了。”② 邱晓刚也认为，制糊时加入白矾，在过去是为了使制作好的浆糊能存放的时间长一点，并没有考虑对纸张的不良影响。而明代《长物志》又记载，在制糊时放入明矾是三分，而放入石灰是一钱，使其酸碱中和，浆糊才不至于呈现酸性毁坏纸张，因此使用明矾时应该慎重③。

（3）通风

通风可以有效地防治文献潮湿。梁桂英认为，“古代通风和晒书的办法，对于维持空气流通，去除潮气都很重要，而且经济简便，今天某些图书馆仍在采用”④。

4. 古代文献装帧和修复

李龙如指出，“根据藏书家的经验：我国北方雨量少，空气干燥，适宜于布函。而在我国南方气温高，雨量多，空气潮湿，就不宜于用布函。清代孙从添在《藏书记要》中谈道：‘书套，不用为佳，用套必蛀。虽于紫檀青楠匣内藏之，亦终难免。’湖南省图书馆发现凡有布函、布套的书，几乎都生虫……我国从古代一直到现在都在

---

① 周苏阳．古籍修复三例［J］．江苏图书馆学报，1997（5）：43-44.

② 杨晓黎．略论图书馆善本古籍的修复［J］．图书馆工作与研究，2007（5）：20-23.

③ 邱晓刚．再谈古籍修复中的浆糊问题［J］．江苏图书馆学报，1999（6）：22-23.

④ 梁桂英．古籍保护方法综述［J］．韩山师范学院学报，2005（2）：94-97.

用布函、布套（适用于北方）和木夹板的（南北均可用）”①。

张清志认为中国传统文献修复技术的优点有：“能较好地保持文献原件的历史面貌。如操作过程精细，方法得当，对文献原件不致造成大的损伤。”“能增强文献原件的耐久性。由于特定技术与材料的运用，使文献修裱技术具有‘可逆性’。它是传统修裱技术的极可宝贵的特性，提高了修裱技术的使用价值。”“我国有些古文献所以能够保存几百年乃至上千年，修裱技术在此起了一定的作用。”② 王清源说，“古代文献修复……能使一部破损图书的面貌焕然一新”，“到明清时代，逐步发展成为文献保护和装饰书画、经卷图籍、档案等的一项独特的传统技艺，一直流传使用至今”③。杨晓黎提出：“历代文献修复工作者在长期的工作中积累了丰富的经验，使文献修复技术得以继承与发展。”④

5. 基本结论

众多研究成果认为，古人殚精竭虑、采取种种措施对古代文献妥加收藏保管确实有效，在今日也仍然非常具有借鉴作用。“在建筑文献库房时，应注意库房的选址和布局，并进行合理设计，选择适当的建筑材料，以保证良好的防潮、防尘、防高温效果；在文献收藏过程中合理地使用防虫药物，并结合地理、气候特点采用科学的保护手段。”⑤ 研究中国古代文献保护方法的历史，对这些宝贵

---

① 李龙如．图书保管“八防”［J］．湘图通讯，1980（1）：32-36；（4）：22-26.

② 张清志．论我国传统的文献保护技术［J］．情报杂志，1998（3）：26-28.

③ 王清源．当前图书馆古籍保护工作的现状与存在的问题［A］．中文善本古籍保存保护国际研讨会论文集［C］．北京：北京图书馆出版社，2001：96-106.

④ 杨晓黎．略论图书馆善本古籍的修复［J］．图书馆工作与研究，2007（5）：20-23.

⑤ 傅文奇，张桓．试论我国古代文献保护的技术方法［J］．山东图书馆季刊，2005（3）：118-121.

的经验和方法进行科学研究和总结，对于我们今天的古代文献保护工作是有现实意义的。张清志认为我们也要对传统文献保护技术中“某些不科学、不完善之处进行纠正和补充”；“要积极引进、消化和吸收现代科学技术，使文献保护的传统方法与现代方法相结合，相辅相成，互为补充，共同提高”①。

第五节 本书的思路

文献保护是一个系统工程，技术问题只是古代文献保护诸多问题之一；文献保护还涉及观念问题、政策问题、人员问题、经费问题、环境问题等，毫无疑问，这些都是技术之前要解决的问题，也可以说是技术得以实现的保证，没有古代文献保护观念，没有合理的政策支撑，没有足够的人员和经费，技术不仅难以发展，而且再好的技术也难以实施。这些问题同样需要专门的研究，但是，正如本书题目所显示的，因为限于文献保护技术层面，就不能集中研究这些问题了。本书的思路是：

（1）全面收集古代文献保护方法资料，编写“中国古代文献保护方法资料编年”，并对资料进行详尽分析，以展示古人文献保护的成就，探寻古代文献保护技术的发展规律。例如，宋元之前，古代文献保护药物多是单种，明清时期，则发展出多种药物合成的配方（例如明代周嘉胄《装潢志·制糊》、高濂《遵生八笺·燕闲清赏笺》记载的染潢和制糊的多种配方和方法），这是古人试图在一种配方中使用多种药物解决防蠹、防潮等多种问题。（2）对古代文献保护所使用的药材进行药理分析，分析其防蠹防蚁防鼠的活性成份，为古代文献保护提供借鉴。（3）借鉴传统而不囿于传统。在分析前人文献保护方法基础上，运用现代化技术加以改进，通过比较、筛选，寻找到更适合的古代文献保护的药物。（4）以此为基础，提供今天古代文献保护的技术方案。

---

① 张清志．论我国传统的文献保护技术［J］．情报杂志，1998（3）：26-28.

以传统（方法）保护传统（留存），已是共识。本书借鉴传统而不囿于传统，利用现代技术的方法和手段挖掘古代文化和技术遗产以为现实服务，是一种融通的思路。基本方法是文献考察和实物分析相结合，化学分析和物理方法相结合，同时兼用调查和实验方法。

现存古代文献保护方法和材料的使用，首先面临的是观念问题，即今天乃至未来，我们是应该致力于使用当代化学方法和材料来保护现存古代文献，还是应该继承传统文献保护方法和材料，因为在现存古代文献保护界，多年来一直存在着这两种认识，甚至在实践上也各行其道，造成了现实和传统的冲突。本书认为，作为历史的产物，古代文献是适应于那个赖以生成的时代的。中国医学起源甚早，自成体系，成果丰硕，古人经过千百年的努力，不断寻找古代文献保护的良材善方，自有其价值。而且，相当多的古代文献经过前人世代递藏，仍然完好无损，也证明这些产生于古代的文献，适应古人发现或研制的药物。而今天发明的文献保护方法，主要是针对今天的纸张的，并不适合古代文献；而其他一些方法，例如在古代文献上使用新的药物，或者通过冷冻古代文献，以杀菌除虫，虽然有暂时的效果，但是其长远的后果如何，尚不得而知（至少我们至今还没有从高寒冷地区出土保存完好的古代文献）。周崇润通过实验分析认为，文献纸张中的化学残留物，在文献的长期保存过程中，会以挥发物形式逐渐释放出来，对文献收藏环境造成污染。如果文献被封存在一个密闭的环境中，其中的挥发物浓度势必会逐渐升高，较高浓度的挥发物必然对文献纸张造成损坏，从而降低文献纸张的保存寿命。为此，他对于一些文献保护的新方法提出了审慎的怀疑："随着大气污染程度的日益严重，人们已经认识到空气中的氧气和污染物会对图书纸张的保存寿命造成不利影响，一些图书档案保管部门正在研究探讨以除氧封存、充氮封存方法保护珍贵的图书和档案文件，一些厂商也在积极地推广这方面的产品。我认为，研究除氧、充氮封存技术对图书纸张的保护作用时，应考虑纸挥发物的因素，避免在图书保护工作中出现大的失误。纸挥发物对其耐久性的影响问题，是一个复杂的化学现象，应进行较长期的研究和实验。”① 所以，利用、改进、开发和推广古代本已有效的技术、方法以保护现存古代文献，应该是我们努力的方向。本书就是在全面掌握古人文献保护技术和方法的基础上，分析使用药物的药理和防蠹机制，以及其他非药物的防蠹方法、防潮防霉方法，加以改进和推广，并以此为基础，适当结合当代文献保护中的物理方法，制订一个适合现存古代文献保护的新方案。

① 周崇润．图书纸张挥发物对其耐久性的影响［A］．中文善本古籍保存保护国际研讨会论文集［C］．北京：北京图书馆出版社，2001：273-281.

第二章

中国古代文献保护方法的历史及基本特征

本章从历史发展的角度讨论两个问题，一是中国古代文献保护方法发生、发展和成熟的历史，二是总结中国古代文献保护方法在历史演变中形成的基本特征。这两个问题有助于我们了解中国古代文献保护方法的独特性及其历史渊源。

第一节 中国古代文献保护方法发展史

时贤关于中国古代文献保护方法发展历史的研究论著，自 20 世纪 80 年代以来，几乎形成一个定式，即先把古代文献保护方法分为若干个专题，在每个专题下再依时序或具体方法展示其成就；这样的写作（研究）模式有其优点，便于明了古代文献保护方法以及每种方法的源流，其缺陷是难以揭示每个时代或历史阶段文献保护方法的发展及其在历史上的整体演进。本节拟把中国古代文献保护方法的发展分作若干时期，并讨论各个时期文献保护方法的进展，揭示中国古代不同历史阶段文献保护方法的发展及其整体演进情况，也包括各种文献保护方法的源流。

本节结合中国古代历史的分期和文献保护方法自身的发展特点，认为中国古代文献保护方法大致经历了以下几个发展时期：先秦至汉代是萌芽期，魏晋南北朝至明代中期是发展期，明代后期至清末是成熟期。

一、古代文献保护方法的萌芽

中国古代文献保护方法萌芽于先秦至汉代。这一时期的文献载体，主要是竹木简、缣帛和纸等柔软易损类材料，还有甲骨、石头、青铜、陶器等坚硬耐久类材料。因为后者本身可以传绵久远，而纸张刚刚用于文献载体，所以文献保护方法主要是围绕着简帛文献来进行的。简帛的朽蠹是随时发生的过程。我们今天见到的最早关于谈论文献朽蠹的记载，出自《墨子·明鬼下》："恐后世子孙不能知也，故书之竹帛，传遗后世子孙。咸恐其腐蠹绝灭，后世子孙不得而记，故琢之盘盂，镂之金石以重之。"这是说竹帛这些软性载体与盘盂金石等硬性载体相比，易于腐蠹，难以传诸久远；而最早关于文献收藏中朽蠹的记载，出自《穆天子传》卷五记载的晾晒"蠹书"："仲秋甲戌，天子东游，次于雀梁，□蠹书于羽林。"晋郭璞对于"蠹书"的注释是："谓暴书中蠹虫，因云蠹书也。"这当是传世典籍中最早关于晾晒文献的记载。《穆天子传》出土于汲冢，墓主为战国魏襄王（或言安釐王），出土时间为西晋武帝时期，灭吴后才进行整理。也许今本《穆天子传》有后人窜入的内容，但是这样的文字，后人似无作伪的必要。《穆天子传》出土不久就有郭璞作注，因此这段保留有郭璞作注的文字当是可信的。稍晚的记载出自西汉《盐铁论》，该书称律令太多，官员无暇阅读，在栈阁中遭受灰尘和虫蠹的侵扰①。在《后汉书·郑玄传》中，东汉末期的郑玄在留给其子郑恩的遗书中也有文献朽蠹的表述："所好群书，率皆腐敝，不得于礼堂写定，传与其人。"郑玄是汉末最有影响的学者，遍注群经，达百万言，文献收藏数量较多。但是由于家境并不富裕，收藏的文献全部朽蠹破损了，而自己

① （汉）桓宽．盐铁论［M］．北京：冶金工业出版社，1975：442.

又无力重新抄写收藏，传给学术的继承者。可见，文献的朽蠹问题是当时文献收藏过程中遇到的普遍问题。

有鉴于此，先秦至汉代，发明了种种文献保护方法。

1. 赘简、杀青和涂液

简牍的制作工序比较复杂，用料讲究。竹简绝大部分是选取竹竿中间部分，木简多选取质细而平、不易变形的木材，便于书写、捆扎、携带和保存。出土的战国简策文献中有赘简。赘简是正文前附加的一、二枚空白简，这是在文献制作过程中为了保护正文而设置的一道屏障，也是后世书籍封面和扉页的前身。《说文解字》中有关于帙字的解释，证明至迟在东汉中期（公元 2 世纪前期）已有书衣。陈梦家说杨家湾楚简和磨咀子汉简似有“帙”（书衣），情况虽然还有待进一步研究①，也可能不是普遍的现象，但是在简策时代，偶尔出现书衣不是不可能的。

《太平御览》卷六〇六引《风俗通》称：“刘向《别录》云‘杀青’者，直治竹作简书之耳。新竹有汁，善朽蠹，凡作简者，皆于火上炙乾之。陈、楚间谓之‘汗’。汗者，去其汁也。吴、越曰‘杀’，亦治也。刘向为孝成皇帝典校书籍二十余年，皆先书竹，改易刊定。‘可缮写’者，以上素也。由是言之，杀青者竹，斯为明矣。”［余嘉锡《余嘉锡论学杂著》（中华书局，1963 年，第 540 页）在引用这段话时加注有按语：“此应劭释刘向《别录》已杀青可缮写之语也。向凡作书录皆有此二语，劭因说明其义。以‘直治竹作简书之’至‘改易刊定’释‘杀青’，以‘以上素也’释‘可缮写’，又以‘由是言之’三句自证其释杀青为‘制竹作简’之不误，文义甚明。可见除‘杀青’‘可缮写’五字之外，皆应劭之语。”笔者按：余氏标点是。］流行区域广泛（陈、楚、吴、越等）的杀青技术是整治竹木简的措施，旨在防蠹。出土文献证明汉代还有一种旨在防蠹的整治竹木简的方法——涂液。在武威汉简、尹湾汉简（木牍）和长沙走马楼三国吴简（竹简）中都发现

① 李零．简帛古书与学术源流［M］．北京：三联书店，2004：119.

了特殊胶质液体。陈梦家于20世纪60年代初整理武威汉简时，发现木简在书写之前，"似经过一道用特殊液体涂染的手续"，"表面有光亮，似涂胶质者"①；后来的学者发现不仅尹湾汉简涂有一层胶液②，长沙走马楼三国吴简（竹简）也有一层特殊的液体。可见，竹木质书写材料在制作过程中，往往有在竹木面涂上一层胶液（植物油）的制作程序③。

2. 文献盛具的出现

先秦文献中有"书箧"（"笥"、"笈"）的记载，当是用于暂时存放简帛文献的盛具。出土简策中，甚至一些内容是书籍的简册，并未发现盛具，而出土帛书却有盛具。例如1942年出土的长沙子弹库楚帛书是放在一个约20×11×5厘米的竹盒子中，马王堆帛书是放在一个约60×37×21厘米的漆盒子中。

在卷轴装时代（在中国一直持续到唐代末期），书籍是被卷起横放在书架上保存的（西方卷轴是放在陶瓷坛瓮或篮子中，书架上，匣中或圣药柜内④），轴的一端向外。为区别不同的书和取阅方便，在轴的一端系上书签，标明书名和卷次。书签的材料有木头、骨头或象牙等。唐韩愈《送诸葛觉往随州读书》诗："鄴侯家多书，插架三万轴。一一悬牙签，新若手未触。"说的就是这样的存放方式。

由于年代久远的缘故，这一时期文献存放的具体工具（例如存放文献的箱、架），文献中既缺乏记载，也没有地下实物的出土，我们难知其详。不过，我们从1957—1958年信阳长台关挖掘的战国中期楚墓中左后室出土的一件书写工具箱可知当时以及后来与文献有关的工具发展的情况。这件珍贵的实物不仅展示了当时书

---

① 陈梦家．汉简缀述［M］．北京：中华书局，1980：295.

② 石雪万．尹湾竹木简缀述［A］．连云港市博物馆，中国文物研究所．尹湾汉墓简牍综论［C］．北京：科学出版社，1999：169-174.

③ 张显成．简帛文献学通论［M］．北京：中华书局，2004：116.

④ ［法］弗雷德里克·巴比耶著；刘阳，等译．书籍的历史［M］．桂林：广西师范大学出版社，2005：21.

写工具箱的原貌，而且其中的配套书写工具有些是古代文献中所没有记载、后世也没有在其他地方出土的。箱是木质，长立方体，长35.9厘米，宽16.1厘米，高14.7厘米。箱的四壁系用榫卯套扣结合。在箱的两块壁板的两端，先做成斜面，再挖出两个梯形槽，长2.5厘米，外宽0.9厘米，内宽1厘米；在壁板和挡板的上、下边内缘内侧，各凿有凹槽，以容纳盖板和底板。箱底安四足，足长1.2厘米，宽1.9厘米，高1.9厘米，呈长立方体。箱内装有12件修治竹简的工具：（1）铜锯1件。（2）铜锛1件。（3）削2件。（4）夹刻刀2件。（5）刻刀3件。（6）锥1件。（7）毛笔1件。（8）笔管1件①。一种工具的出现不是孤立的，必有与之相配的相关工具，而且这些工具相互影响，共同进步。文献产生并积累到一定时期，尤其当文献有了系统分类和专门人员管理后，必有相应的存放设备，作为文献保护的最基本措施；在文献资源稀珍时期，不可能将文献胡乱堆积在潮湿的地面上，宫廷文献收藏更不会如此。

3. 石材用于文献收藏建筑

古代中国建筑材料以木植为主，文献收藏处所也是如此，但是一些文献收藏处所使用了石材，有全部使用石材的，也有部分使用石材的。

“石室金匮”可以使文献防水火、潮湿、盗窃和蠹朽，让珍贵文献传绵久远。根据汉代学者的研究，最迟从西周开始，就有“石室金匮”。西汉孔安国传（注释）《尚书·金縢》“武王有疾，周公作《金縢》”这句话的时候说：“为请命之书，藏之于匮，缄之以金，不欲人开之。”秦朝也有石室金匮，《史记·太史公自序》说：“周道废，秦拨去古文，焚灭诗书，故明堂石室金匮玉版图籍散乱。”汉朝继承前代石室金匮传统，西汉如此(《史记·太史公自序》称“䌷史记石室金匮之书”；《汉书·高帝纪下》记载“（高

---

① 河南省文物研究所．信阳楚墓［M］．北京：文物出版社，1986：64-67.

祖）与功臣刻符作誓，丹书铁券，金匮石室，藏之宗庙”），东汉也是如此(《隋书·经籍志序》称东汉“石室兰台，弥以充积”，这里的石室，或许不是对文献收藏处所的泛指，而是说东汉延续了传统的做法)。

此外，西汉皇室文献收藏处所还有以部分石材建造的，即石渠阁。阁下砌石为渠以导水，如同御沟①。其原理当近似于晚清叶德辉所谓“宜近池水，引湿就下，潮不入书楼”②。

私人也有收藏文献于石仓者。鲁人曹曾家藏文献万余卷，光武初，天下兵乱，他惟恐文献毁于战乱，乃“积石为仓以藏书，号曹氏书仓”。刘秀平定海内，曹曾把所藏文献献给朝廷③，证明了这批文献被特殊保护的良好效果。可见石室的建造，不仅局限于官府，也扩展到私人，不仅收藏最重要的丹书铁券，也收藏较重要的档案文献，甚至书籍。

中国古代的石室藏书，还有两个传说，一是黄帝之时，有风后、力牧为史官，藏其书于群玉山中④。二是“二酉”山洞藏书。相传二酉藏书洞位于湖南沅陵县城西北 20 里处二酉山上。《太平御览》卷四九《荆州记》：“小酉山上石穴中有书千卷。相传秦人于此而学，因留之。”“群玉”、“二酉”在后世遂成为藏书处所的通称。

4. 文献晾晒的初步尝试

晾晒文献可防潮、防蠹。晾晒是最基本的防治物品蠹朽的方法，晾晒文献应该很早就产生了。人们一旦有了晾晒可以防治物品的潮湿和霉蠹的生活经验，那么就无需怎样的才智便会把这种方法用于文献的晾晒上。根据记载，至少周朝已有晾晒文献之举，这就是上述《穆天子传》卷五所记载的周天子在羽林曝晒藏

① 何清谷．三辅黄图校注［M］．西安：三秦出版社，1995：325.
② （清）叶德辉．藏书十约［M］．上海：上海古籍出版社，2005：53.
③ （晋）王嘉．拾遗记［M］．北京：中华书局，1981：157.
④ （宋）文莹．玉壶清话［M］．北京：中华书局，1984：序.

书。东汉崔寔《四民月令》称七月七日“曝经书及衣裳，不蠹”①。晾晒文献有固定的时间并且成为习俗，可知当时确实已经比较普遍了。

5. 防火防尘

1975年湖北云梦睡虎地出土的秦律《内史杂》中，有规定不准将火带入收藏档案文献的机构——“书府”，书府周围不得有居舍。汉代注意到文献的灰尘问题，当时有人注意到不少法律条文和礼仪制度文献因为数量众多，不能遍观，在库房中被灰尘覆盖②。

以上五项文献保护方法，第一项即赘简、杀青和涂液都是文献制作过程中的加工程序，赘简是文献制作过程中的最后一道大的工序的一部分，杀青和涂液是对文献制作材料进行的加工，目的是提高文献自身的保存能力；其他四项都是在文献收藏过程中为保护文献而设置的。作为萌芽时期的文献保护，先秦至秦汉已经注意到两方面，一是文献的内在保护，即文献制作过程中对材料进行的加工或附加于文献自身的保护，二是文献的外在保护，即文献收藏过程中对文献所施加的保护。当时文献数量有限，文献收藏单位也少，文献保护尚未成为社会问题，技术本身的发展也受到限制，所以文献保护方法还较少。但是，文献保护中的提高文献自身保护能力和以防为主的理念，以及防蠹防潮防火防尘等文献保护的基本要素，这一时期业已具备，并被后世继承下来。

二、古代文献保护方法的发展

这一时期，即从公元3世纪到16世纪中期，随着社会经济文化的发展和科学技术水平的提高，文献载体由纸代替了竹木缣帛，书籍制度也在不断发展，装帧方式由卷轴装演变为册页装，生产方式逐渐由抄写演变为印刷，文献数量显著增加，文献收藏机构类型

---

① (元) 陶宗仪. 说郛 [M]. 上海：上海古籍出版社，1988：3221.

② (汉) 桓宽. 盐铁论 [M]. 北京：冶金工业出版社，1975：442.

不断增多，文献收藏地域也大大拓展了，文献的生产和收藏成为社会行为。这些背景使得这一时期的文献保护方法持续发展，并呈现出新的特点。

1. 染纸方法的发明和应用

染纸的发明和应用是这一时期最具价值的文献保护方法之一。经过药物浸染的纸，可以防蠹、防朽，增强自身的保存能力。用于染纸的最早的药物是黄蘗，其技术称为染黄、“黄”或“潢”。根据余嘉锡的考证①，当时抄写书籍，既有先写后染黄者，也有用黄纸写之者。前者如《陆士龙集》卷八云：“前集兄文为二十卷，适讫一十，当黄之。”《齐民要术》记载的染潢法也是先写后染：“写书经夏然后入潢，缝不绽解。其新写者，须以熨斗缝缝，熨而潢之。不尔，入则零落矣”。② 至于后者，如荀勖上《穆天子传》叙：“谨以二尺黄纸写上。” 再如《晋书·刘卞传》记载，刘卞不满意于上级给他安排的抄写文书工作，自称“刘卞非为人写黄纸者也”。

硬黄是唐代黄纸中的精品，有防蠹防潮防朽效果。其制作程序和方法是：将抄好的纸浸在黄蘗汁中，或是在调和纸浆料时加入黄蘗汁，干燥后在纸面上以石头砑光。由于纸经过蘗染又加蜡，故纸质厚重，寿命很长。唐人写佛经就多用硬黄纸③。明高濂提到了“染宋笺色法”的原料是黄蘗、橡斗子和胭脂（明冯梦祯《快雪堂漫录》同）④，可知所谓“宋笺”，仍以蘗染为主。

由于黄纸能够防蠹，且黄色在古代中国颜色尊贵（按阴阳学说，黄色对应于五行中的土，古代以土为尊，黄色成为尊严、正统和尊崇的象征），所以成为官府文书和宗教经典的首选用纸。直到

---

① 余嘉锡．余嘉锡论学杂著［M］．北京：中华书局，1963：546-547.

② （北魏）贾思勰．齐民要术［M］．上海：商务印书馆，1939：57-58.

③ （宋）赵希鹄．洞天清录集［M］．上海：商务印书馆，1939：18.

④ （明）高濂．遵生八笺［M］．北京：人民卫生出版社，1994：577.

宋代，秘阁等宫廷收藏的文献仍用蘖黄纸书写①，其收藏的一些出版物有时需要用黄纸特殊印刷。

唐代的碧纸和宋代的椒纸，也可以辟蠹。碧纸的原料是桑皮和竹，制成后浸入黄蘗汁，晾干后再用马兰等植物汁液混合而成的染料染成靛蓝色。碧纸具有静谧、意象深远的特质，适宜于书写内容深奥、神圣谨严的经典，以彰显经典的庄严肃穆。椒纸则是以花椒（不是辣椒）果实汁液浸染的纸。

在纸上涂布技术的应用当不晚于晋代。涂布就是将白色矿物细粉用胶粘剂或淀粉糊刷在纸面上，再予以研光，纸面紧密，也可防蠹。新疆鄯善出土的晋写本《三国志》残卷，没有蠹朽的痕迹②，除了特殊的地理气候环境，恐怕跟所涂药粉也不无关系。羊脑笺的制作似乎也是涂布。“羊脑笺以宣德瓷青纸为之，以羊脑和顶烟墨窨藏，久之取以涂纸，研光成笺。墨如漆，明如镜。始自明宣德间”，这种纸适宜于抄写经典，“历久不坏，虫不能蚀”③。

2. 晾晒文献方法的发展

据《晋书》卷三一“宣穆张皇后传”记载，司马懿不想被曹操征辟为官，借口风痹，瘫痪在床。一日曝晒家藏文献的时候，遭遇暴雨，情急之下，自己起身收拾文献。家中惟一的婢女看到了这一切。司马懿之妻，即后来的张皇后恐怕装病之事泄漏，就杀之以灭口。晾晒文献当是这一时期收藏家的寻常之举，否则不可能出现“晒腹中书”的佳话④。当时的习俗是七月七日“曝书策，晒衣裳”⑤。北魏《齐民要术》首先讨论了文献产生蠹虫的原因(“五月

① （宋）陈骙著；张富祥点校．南宋馆阁录［M］．北京：中华书局，1998：23-24.

② 罗茂斌．中国古代古籍保护方法研究［J］．思想战线，1996（2）：87-92.

③ （清）沈初．西清笔记［M］．上海：商务印书馆，1936：13.

④ （南朝宋）刘义庆．世说新语［M］．上海：上海古籍出版社，1982：418.

⑤ （唐）韩鄂．岁华纪丽［M］．上海：商务印书馆，1937：77.

湿热”)、晾晒的必要性(“书经夏不舒展者，必生虫”)、晾晒的时间(五月十五日至七月二十日之间)、次数(“三度”)、地点(“大屋下风凉处，不见日处”)、晾晒后如何收藏(“热卷，生虫弥速”，即应该凉透再收藏，以免晾晒后文献内部的余热闷在文献内部而散发不出去)以及晾晒应规避的气候(“阴雨润气”)，尤为难得的是，作者提出要在“不见日处曝书”①，其理由是阳光可导致纸张颜色变暗。作者当然不知道紫外线对于纸张损害的严重性，但是记载的阳光可导致纸张颜色变暗确实是紫外线照射的结果，这是由故老相传或个人长期观察而得出的经验，这个经验极有价值，可惜没有引起后世的重视，后世论述文献晾晒方法的，只有几家继承了这个方法。当然，有些文献收藏家提倡曝晒书脑，可能也与此有关。其他方面则多被后世文献收藏家晾晒文献时借鉴下来了。

宋代公私文献晾晒活动频繁，蔚成风气。《庆元条法事类》卷一七中规定，凡制书及狱案等重要文书，都要“别库架阁，以时晒暴”。《宋史・职官四》记载，宋代集贤院、史馆、昭文馆、秘阁等机构，每年都要在仲夏时节将文献晾晒一次，各级在京官员都要参加，时称“曝书会”。南宋沿袭了北宋故事。根据绍兴十四年(1144)张阐的奏疏，秘书省的年例是入夏晾晒文献，自五月一日为始，至七月一日止②。私人晾晒文献也很普遍，苏轼③、司马光④等，都有此举。元王士点《秘书监志》也记载元代秘书监的文献是按时曝晒的⑤。

3. 文献辟蠹药物的使用

三国魏鱼豢《典略》称“芸香辟纸鱼蠹，故藏书台亦称芸台”(据宋代洪刍《香谱》卷上引)，可知最迟在三国魏时已用芸香辟

---

① (北魏) 贾思勰 . 齐民要术 [M]. 上海：商务印书馆，1939：58.

② (宋) 陈骙著；张富祥点校 . 南宋馆阁录 [M]. 北京：中华书局，1998：22.

③ (宋) 苏轼 . 苏轼文集 [M]. 北京：中华书局，1986：365-367.

④ (宋) 费衮 . 梁谿漫志 [M]. 上海：上海古籍出版社，1985：29.

⑤ (元) 王士点 . 秘书监志 [M]. 文渊阁四库全书本：卷 6.

纸质文献之蠹。晋郭璞《仓颉解诂》也记载了芸香辟蠹（据《艺文类聚》卷八一引）。北魏书橱中放置麝香、木瓜辟蠹①。可知魏晋南北朝文献辟蠹药物为芸香、麝香和木瓜。宋代文献辟蠹药物为皂荚（末）②。《梦溪笔谈》卷三记载："古人藏书辟蠹用芸……余判昭文馆时，曾得数株于潞公家，移植秘阁后，今不复有存者。"③这里称"古人"藏书用芸香辟蠹，也可以看出五代时期和宋代文献收藏并没有使用芸香辟蠹。元代文献辟蠹药物则为麝香和樟脑④。

4. 药物浆糊的发明

药物浆糊的发明在纸质文献保护史上意义重大而深远。浆糊是卷轴装和册页装时期（线装书除外）文献制作的基本材料之一，也是文献修补和装潢的必备材料。唐代张彦远首先注意到用于修补装潢的糊剂应有特殊的要求："自晋代已前，装褙不佳；宋时范晔，始能装褙……国朝太宗皇帝使典仪王行真等装褫，起居郎褚遂良等监领。凡煮糊，必去筋。稀缓得所，搅之不停，自然调熟。余往往入少细研薰陆香末，出自拙意，永去蠹而牢固，古人未之思也。"⑤ 可知浆糊中加入薰陆香末是作者的发明，目的是去蠹并增加浆糊的黏性。

五代南唐的浆糊，主要的防蠹原料是黄丹⑥。宋元至明中期前的浆糊配方存世并不多，可以看出其配方已比唐、五代复杂；复杂的配方主要是使不同的药物发挥不同的功能，增加浆糊的粘接、防

---

① （北魏）贾思勰．齐民要术［M］．上海：商务印书馆，1939：58.

② （宋）陈师道．后山谈丛［M］．上海：商务印书馆，1936：17.

③ （宋）沈括．梦溪笔谈［M］．上海：商务印书馆，1937：16.

④ （明）曹昭著，王佐增．新增格古要论［M］．上海：商务印书馆，1939：177.

⑤ （唐）张彦远．历代名画记［M］．上海：商务印书馆，1936：105-106.

⑥ （宋）陈师道．后山谈丛［M］．上海：商务印书馆，1936：17.

蠹和防腐功能。宋赵彦若的浆糊配方是寒食面、腊月雪水①。《辍耕录》卷三九摘录王古心《笔录》称配制浆糊的古法是楮树汁、飞面和白芨末。元《秘书监志》卷六记载打面糊物料，如黄蜡、明胶、白矾、白芨、藜蒌（按“蒌”当为“芦”）、皂角、茅香各一钱，藿香半钱，白面五钱，硬柴半斤，木炭二两。此后有画轴打面糊物料药品，与此相同，惟分量有异。余嘉锡认为“此方配合尤精。盖本之张彦远用薰陆香、黄蜡之意而推衍之，必是宋秘阁相传之旧”②。元代无名氏《居家必用事类全集》戊集：“法糊。瓦盆盛水。以面一斤掺水上，任其浮沉，夏五日，冬十日，以臭为度。沥浸面清水煎，白芨半两，白矾三分，去渣，和所浸面打成浓糊。入桐油、黄蜡、芸香等各三钱重。就锅内打作一团，别换水，煮令熟。去水，倾置器内候冷。日换水浸。临用以汤调开。”《新增格古要论》同样记载了这个配方③。

5. 文献修补技术的发展

文献修补技术起源很早，史载西晋司马攸“好学不倦，借人书，皆治护”④。南北朝颜之推认为“借人典籍，皆需爱护；先有缺坏，就为补治，此亦士大夫百行之一也”⑤。可知“补书之法，由来旧矣。唐人写经中间有挖补处，粘贴极平，非细察之不能见。古人为此自有法”⑥。《齐民要术》描述了用薄纸作为修补残破文献之用的方法。他认为文献修补的最高境界是修补后的部分和修补前原文献几乎没有差别，如果不对着亮光仔细照看，就不容易看出

① （宋）陈师道．后山谈丛［M］．上海：商务印书馆，1936：17.

② 余嘉锡．余嘉锡论学杂著［M］．北京：中华书局，1963：558-559.

③ （明）曹昭著，王佐增．新增格古要论［M］．上海：商务印书馆，1939：176.

④ （宋）李昉，等．太平御览［M］．上海：上海古籍出版社，2008：卷169.

⑤ （北齐）颜之推．颜氏家训［M］．上海：商务印书馆，1937：19.

⑥ 余嘉锡．余嘉锡论学杂著［M］．北京：中华书局，1963：551-552.

修补的痕迹①。

6. 文献收藏处所建筑技术的进步

在文献收藏处所的建设上，从魏晋至宋元，似无特别的技术。南宋叶梦得《建康集》卷四《䌷书阁记》称“厅事西北隅有隙地三丈有奇，作别室，上为重屋，以远卑湿，为之藏而著其籍于有司”，这是说，在他任职的南京（建康）官署建造一座二层楼，在楼上收藏文献，可以避免低地的潮湿，这样的做法及其理念，已是很突出了。到了明代，文献收藏处所的环境和建筑材料备受重视。明初，国家档案收藏处所位置的选择可谓独具匠心。从1391年到1642年间，每隔10年进行一次攒造的黄册，即土地档案，均藏于玄武湖（后湖）。明末玄武湖黄册库房约960间，藏黄册170万余册。黄册关系到社稷的长治久安，朝廷特意选定南京后湖的岛屿为存放处，既便于利用，又利于守护。玄武湖周遭40里，中突数洲，断岸千尺，紧靠皇城，更有外城护卫，与世隔绝，十分安全；四面环水，可避火灾和闲杂人等；库房东西相向，每间库房前后都有窗户，便于通风和晨夕日晒，减少湖内湿气侵蒸；册架一律木制，以防虫蛀；每年4—10月晾晒黄册；库内禁绝灯火；湖内外防卫森严。不过，作为国家最重要的档案收藏处所，后湖算是一个特例。

明代地方政府在文献收藏处所建筑上也注意文献保护，防潮防火功能成为文献收藏处所普遍的追求。太平府档案库建于明世宗嘉靖七年（1528），通过凿池蓄水、布地以沙、覆沙以板、多窗透风等手段，以防火、防鼠和防潮②。江西布政使司黄册库建于天顺八年（1464），凿池蓄水以防火③。

① （北魏）贾思勰．齐民要术［M］．上海：商务印书馆，1939：57．

② （明）林钺．太平府架阁库记［A］．古今图书集成·考古典［C］．中华书局，1934：卷68．

③ （明）何乔新．江西布政使司黄册库修造记［A］．古今图书集成·考古典［C］．中华书局，1934：卷68．

皇史宬的建设，使古老的石室金匮传统延续下来，标志着文献收藏处所建筑方面的巨大进步。根据《明实录·孝宗弘治实录》卷六三的记载，可知早在弘治五年（1492），邱濬就认为“自古帝王藏国史于金匮石室之中，盖以金石之为物，坚固耐久，非土木比；又能扞格水火，使不为患。有天下者，断石以为室，锢金以为匮，凡国家有秘密之计，精微之言，与凡典章事迹，可以贻谋传远者，莫不收贮其中，以防意外之虞，其处心积虑，可谓深且远矣”，他上书建议“于文渊阁近便去处，别建重楼一所，不用木植，专用砖石垒砌为之……收贮繁要文书，以防意外之虞”，“如此，则祖宗之功德，在万世永传，信而无疑；国家之典章，垂百王递沿，袭而有本矣”。这个建议在嘉靖朝得到了实现。嘉靖十三年（1534），皇史宬建成，以存历朝实录、宝训。该建筑不假寸木，纯用石材。南北墙厚6米，东西墙厚3米，室温保持冬暖夏凉。在南北两面墙上辟石窗，空气对流，可以及时排出潮湿；殿内地面筑有石台，可以避免地下湿气的侵蚀；台上摆放外包皮鎏金雕成的樟木柜。在结构上，皇史宬集防火、防水、防潮、防蛀、防盗多种功能于一身，非常适合存放文献。这个建筑清代仍然使用，至今仍完好存在（2003年夏笔者曾参观考察过皇史宬）。

7. 防火制度的制定

宋高宗绍兴十四年（1144），秘书省张阐上奏：“本省自来火禁，并依皇城法，遇有合用火烛去处，守门亲事官一名专掌押火洒熄。除馆员直舍并厨司、翰林司、监门职级房存留火烛，遇官员上马，主管火烛亲事官监视洒熄，其余去处，并不得存留。”朝廷批准了这个建议①。宋代文献收藏机构有专门防火机构（“潜火司”），配有防火器材②。明朝政府玄武湖黄册档案库的防火制度

---

① （宋）陈骙著，张富祥点校．南宋馆阁录［M］．北京：中华书局，1998：70.

② （宋）陈骙著，张富祥点校．南宋馆阁录［M］．北京：中华书局，1998：12.

就更严格了。

8. 造墨技术的高超

由于社会对墨的广泛需求，魏晋以后，制墨技术大大提高。制墨家除选择优良的松烟外，还添加麝香、冰片、龙脑等防蠹防腐药物。《初学记》卷二一录南朝梁韦仲《将墨方》曰："合墨法，以真朱一两，麝香半两。"元代无名氏《居家必用事类全集》提出在松烟中掺沉香、龙脑、麝香等。明代仍然强调制墨时加入珍珠和麝香。

这一时期的文献装帧出现了帙和缥。"帙"是书衣，"缥"俗称"包首"，都是在文献加工过程中附着于文献之上以保护正文的。

这一时期普遍关注的优良的文献制作材料——纸、墨和浆糊，以及附着于文献之上的帙缥，大大增强了文献自身的保存能力。

三、古代文献保护方法的成熟

16世纪中期后，即明中期以后至清末，由于文献批量生产成为常规，价格低廉，文献生产量突然加大，文献收藏家遍布大江南北，文献保护技术取得全面进步。在当时技术条件下，文献保护观念更为进步，收藏处所的建设更注重防潮防火，晾晒更为经常化，防蠹药物种类和施放方法更多，装帧、修补技术更为发达，浆糊配方更多，也更能满足防蠹防鼠和粘接牢固等多种功能，并有几种专门讨论文献保护的小册子问世。实际上，我们今天的古代文献保护所借鉴的古代遗产，主要是这一时期遗留下来的。实际上，追求内在保护的古代文献存留甚少，而且通过集中收藏的方法（宋元版本大多集中在少数几个文献收藏单位）受到了良好的保护，今天大面积存留的古代文献，主要就是明清时期制作的；而古代文献保护方法，也主要是针对明清制作的文献而言的。

需要说明的是，本节之所以把明代文献保护方法以明代中期为断限分作前后两个时期，是因为明中期前，文献制作材料沿袭着元代传统，文献自身的保存能力比较强；而明中期后，文献制作材料质量大大下降，文献自身保存能力突然降低，而不得不加强外在的保护方法，并形成以外在保护为主的特点。明中期前后的文献保护方法有一定差别。

1. 文献保护药物种类的繁多

这一时期文献保护药物不仅借鉴了传统的芸香、樟脑、麝香、木瓜和皂角，还陆续使用了香蒿、花椒、烟叶、荷花瓣、艾叶、兰花、芥菜、肉桂等，以及矿物药物如雄黄、石灰，甚至西洋药水药粉，显示出文献保护技术发展的与时俱进。烟草自明代中期始传入中国南方，至清康熙时南北种植才较普遍，很快作为文献防蠹药物使用。防蠹药物的使用方法，以夹放于文献内部或者铺设在文献周围最为常见，也有在文献收藏室内用炭炉烧熏的①。

2. 文献修补观念和方法趋于成熟

随着文献修补问题的日益突出，文献修补理念、方法、材料的研究成为焦点问题之一。明代周嘉胄提出了文献修补的基本观念："不遇良工，宁存故物。"② 清代陆时化也在《书画说铃》卷二三"书画说"中指出："书画不遇名手装池，虽破烂不堪，宁包好藏之匣中，不可压以他物。不可性急而付拙工。性急而付拙工，是灭其迹也。拙工谓之杀画刽子。"至于方法，周嘉胄说："余装卷以金粟笺用白芨糊折边，永不脱，极雅致。"③ 孙庆增和叶德辉都对文献修补的观念和方法做了细致的讨论。明代中期后，产生了不少文献修补能工巧匠。

在这三个半世纪中，用于文献修补的浆糊种类繁多，配方各异，显示出面对日益难以保存的文献，社会各界为保护文献所做的不懈努力。周嘉胄《装潢志》中的浆糊配方原料为花椒、白矾末、

① （清）石成金．传家宝［M］．北京：线装书局，2008：142.
② （明）周嘉胄．装潢志［M］．上海：商务印书馆，1939：1.
③ （明）周嘉胄．装潢志［M］．上海：商务印书馆，1939：6.

乳香和白面；冯梦桢《快雪堂漫录·造糊法》原料为椒、矾、蜡末和面粉；高濂《遵生八笺·燕闲清赏笺》“法糊方”原料为白面、白芨面、黄蜡、白芸香、石灰末、官粉、明矾和花椒，还有一个配方是飞面、白芨和楮树汁；方以智《物理小识》记载了4个浆糊配方，其一是苦楝子末和生面；其二是花椒、白面、白矾末和乳香；其三是文献收藏家李如一的配方，即楮汁（或面）和芨末；其四是作者之子中通的配方，原料为面、椒、矾、白蜡末和白芨汁；清代石成金《传家宝》推荐的“防蠹方”是腊月雪水和面，防虫鼠的配方是生矾末、花椒末和黄蜡，清周二学《赏延素心录》的配方是飞面、白矾和秋下陈天水；孙庆增《藏书记要·装订》中介绍毛晋浆糊配方是小粉、川椒、白矾和百部草细末。

还有一种浆糊，其发源地应该是广东，似乎也只在广东一带使用，这就是以当地海域出产的石花菜制作的浆糊。这种浆糊至今仍在广东的某些古代文献收藏单位使用。而这种浆糊，在民国初期时的伦明（哲如）那里就已经采用。根据有关记载，广东东莞文献收藏家伦明家乡多雨闷湿，所藏文献尽饱蠹鱼。定居北京后，伦明就把所藏文献全部移至北京庋存。他“修补书不用面粉，独用广东寄来一种干菜，形似麒麟菜，以滚水浸烂补之，取其着潮不耐生虫也”①。这种干菜当是石花菜，石花菜和麒麟菜同属海藻类。在一部论文集收录的一篇论文中，有条“编者按”：“广东省中山图书馆长期使用石花菜煮浆冷却后做古籍修补胶粘剂，效果甚佳。”② 以石花菜作为文献修补胶粘剂，应该不自伦明始，而或许应该溯源于清朝初期至中期，因为以石花菜制胶在中国已有三四百年历史。

3. 晾晒文献的经常化

这一时期的文献晾晒，政府方面并不多见，也不普遍，但是并

① 孙殿起．记伦哲如先生［A］．雷梦水．书林琐记［C］．北京：人民日报出版社，1988：90-94.

② 邱晓刚．对使用“甲基纤维素”作为胶黏剂修补古籍的分析［J］．广东图书馆学刊，1990（3）：91；90.

没有停止。例如明代，“六月六日，本非令节。但内府皇史宬晒曝列圣实录、列圣御制文集诸大函，则每岁故事也”①。私人、书院和寺观晾晒文献则成为常态。书院方面，例如清末丰湖书院《书藏四约》规定了晾晒文献用的木桌、季节、天数以及注意事项，“每楼一层，置长木桌四张，为检书晒书之用”。“每年按季晒书一次”（即二月、五月、八月和十一月的二十二日，均晾晒至二十五日），“晒书要择晴日无风，要按次布晒，收时勿乱，要两面翻晒，晒凉透后，方可收回”②。私家收藏更重视晾晒，经验和教训都在告诉他们，经常的翻检和晾晒是文献防蠹防潮的惟一良方③。

4. 文献收藏处所建筑普遍注意防火防潮

作为木植为主的建筑，文献收藏处所要注意防火。在防火方面，例如在建筑上，古人选择在远离生活区域、湖中小岛、附近有水源等地方建筑文献收藏处所。典型的例子如建于明嘉靖四十年（1561）的天一阁。该阁靠近月湖，周围遍植树木。其建筑外观简洁，颜色单一，在阁栅上绘制水纹，既有装饰作用又寓意防火。北京清代文渊阁的瓦件为黑色，因为五行中水对应的颜色是黑色，而水能克火。明代中期后，南方多数文献收藏家在收藏处所建设上都讲究通风透光，高隆地基，以便防潮。天一阁是二层小楼，比较注意防潮。根据王世贞《弇州山人续稿·二酉山房记》的描述，胡应麟的文献收藏处所二酉山房“凡两楹，上固而下隆其阯，使辟湿，而四敞之，可就日”④，可知“辟湿”、“就日”是二酉山房所追求的目标。明释传灯法师撰《天台山方外志》，卷七著录有“石室藏书”71种。这里所谓“石室藏书”，可能是天然石洞之类⑤。

① （明）沈德符．万历野获编［M］．北京：中华书局，1959：619．

② （清）梁鼎芬．书藏四约［M］．清末乐群堂刻本：藏书约．

③ （明）谢肇淛．五杂俎［M］．北京：中华书局，1959：271．

④ （明）王世贞．弇州山人续稿［M］．文渊阁四库全书本：卷63“二酉山房记”．

⑤ 王国强．明代目录学研究［M］．郑州：中州古籍出版社，2000：56．

而济南周永年《儒藏说》记载了他家乡附近有一处寺院，以石屋作为文献收藏处所："吾乡神通寺有藏藏经石室，乃明万历中释某所为。其室去寺半里许，以远火厄，且累石砌成，上为砖券。今将二百年，犹尚牢固，是可以为法也。"①

5. 文献保护研究论著的产生

这一时期产生了几部文献保护论著。这些论著全面论述了文献保护理念和方法，标志着这一时期的文献保护，尤其是清代文献保护技术进入全面系统的经验总结时期。这些论著出自于南方文献收藏家，足见南方文献收藏环境的恶劣，保护方法的重要，以及文献保护经验累积的丰富。

最重要的著作是清初文献收藏家孙从添所撰写的《藏书记要》。孙从添字庆增，号石芝。江苏常熟人，精于医学。性嗜典籍，藏书逾万卷，家贫不肯典卖于人。藏书室名"上善堂"，并编撰有《上善堂书目》，著录较为完备。明代中期以来，常熟就一直是文献收藏的中心地区之一，文献保护经验比较丰富。这本小册子介绍了作者自己的文献收藏经验，长期被文献收藏家视为枕中之秘。其中"收藏"讲文献保护的基本方法，"曝书"讲文献晾晒方法，而"装订"则讲装订的目的、用料和方法。作者认为，文献收藏，不仅要安置得法，而且要时常检点开看；书柜须用江西杉木或川柏、银杏木；文献收藏处所首先以石仓最好，其次照徽州库楼式，四围石砌风墙，再次是另置一宅，不能在来往多门的旷野之所，也不能靠近城市而接连内室、厨灶、衙署之地，更不能在卑湿之地。要注意防火。南方文献收藏断不可用书套。通过透风和放置皂角、炭屑、石灰、锅锈防治霉蠹。晾晒文献最好是伏天，然后是秋初。晾晒文献用木板，放日中，将书脑放上面，两面翻晒。晾晒后连木板抬到风口，凉透，方可收藏。装订书籍不在于华美饰观，而要"护帙有道"。装订浆糊黏接性要强，并能防蠹。装订用的线、

① （清）周永年．儒藏说［A］．李希泌，张椒华．中国古代藏书与近代图书馆史料（春秋至五四前后）［M］．北京：中华书局，1982：47-53.

纸及装订时的针眼要讲究。至于修补旧书，讲究修补后要不见痕迹。

湘潭叶德辉的《藏书十约》成书于1911年，自序所署日期是冬至前一日，那是新旧两朝交替之际，叶氏时年48岁，已是知名文献收藏家和文献学家。此时的叶德辉，尚能保持着平和的心态写作这部枯燥的小册子。此后的十余年间，他的内心充满了煎熬，而终于在1927年被湖南农协杀害，成为轰动一时的大事件。在其60寿辰撰写的《自叙》中，我们可以知道晚年的叶德辉把聚书作为他生活中的三大乐趣之一。鉴于晚清社会文献收藏环境已与孙从添的清初大不相同，叶氏撰写此书，以有裨实用。其中"收藏"讲文献保护的各种方法，"陈列"讲文献藏品排列，"装潢"则讲装订的目的、用料和方法。作者指出，文献收藏处所"宜高楼，宜宽敞之净室，宜高墙别院，与居宅相远"；灯烛、纸篓等引火之物，不能靠近收藏库房；为了保护文献，文献应该按类、按开本大小陈列，不必与藏书目录相同，可以另编一部文献收藏位置的目录；"装订不在华丽，但取坚致整齐"。身为南方文献收藏家，他同样反对用函套，尤其是纸糊布匣，认为函套不仅不透气，且易生虫、引鼠和含潮。他特别提出文献收藏处所应该通风并能有朝阳进入。与《藏书记要》相比，《藏书十约》确实有些时代特点，例如与前者主张文献收藏处所消极地避开卑湿之地不同，他主张"宜近池水，引湿就下，潮不入书楼"，主动导流防潮。再如所用药物，叶氏认为除传统的植物和矿物药品外，西洋药水药粉品种多样，价格低廉，完全可以随时使用。而关于文献晾晒，叶氏主张在农历八九月间进行，因为这个时期的南方秋高气清，西风可以杀虫(秋天是万物肃杀的季节)。

以上两家谈论的文献保护，着眼于私人收藏；而梁鼎芬制订的丰湖书院《书藏四约·藏书约》着眼于公共文献收藏处所的文献保护，涉及通风、去湿、防潮、防蚁、防漏、检书、晒书、防污、防火、防鼠、防蠹、存放等环节，多与文献保护有关，非常实用。

其他还有一些专论性的文献，例如明代周嘉胄《装潢志》、清代邹一桂《小山画谱》、周二学《赏延素心录》详述装潢的理念、装潢名家、程序、用料及各种文献不同的装潢方法。

第二节　中国古代文献保护方法发展的基本特征

通过上面的叙述，我们可以初步认识中国古代文献保护方法发生发展的整体面貌和基本脉络。以历时顺序全面研究中国古代文献保护方法资料，我们可以发现一些重要现象。本节将叙述我们所发现的若干重要现象，这些现象可以作为探讨中国古代文献保护方法发展过程中所呈现的若干规律的起点。其中的一些内容，前人和时贤偶或谈及，但是都未给出充分合理的分析与说明。关于中国古代文献保护方法的研究，人们所关注的只是保护方法本身，这自是题中应有之义，然而也不免有所缺憾，这就是难以从中看到方法演进的脉络和背后的文化意蕴，而方法的产生和演进恰恰是文化孕育的。实际上，当我们把中国古代文献保护方法发展过程视为整体进行研究时，那种以长时段历史为研究对象的方法的作用就凸显出来了。

我们认为，中国古代文献保护方法发展过程中形成了三个基本特征：一是时序特征，即秦朝以后，以 16 世纪中期为界限，中国古代文献保护方法经历了从文献自身保护为主到文献依靠外部条件保护为主的发展过程；二是地域特征，即中国古代文献保护方法因地制宜；三是保护理念特征，即中国古代文献保护方法在理念和实践上，以防为主，防治结合。

一、古代文献保护时序特征

尽管中国古代文献保护方法在不同的历史阶段不尽相同，但是基本上是沿着两条路径走的，一是加强文献自身保护，即文献制作过程中，文献制作材料——战国秦汉的竹木简、东汉后的纸墨和浆糊性能优良，并具有防蠹防朽性能，二是注重文献外部条件保护，即文献收藏过程中在文献内外施行的保护。在中国古代文献保护方法发展过程中，有一个不可逆转的基本趋势，那就是从以文献制作材料的保护方法为主到文献收藏过程中依靠外在条件的保护方法为主。这个阶段的划分，大致以 16 世纪中期为界限。秦朝至 16 世纪中期，文献保护的基本方法是注重文献制作材料的优良，并努力使之防蠹防朽。这一时期制作的文献本身在正常情况下足以长期保存。重视文献保护的，涉及文献制作所需要的各种材料的生产者。16世纪中期后，由于社会对于纸、墨的广泛需求，纸、墨生产量大增，而其质量似乎突然下降，也很少使用技术手段使之防蠹，兼之线装方式的广泛采用，防蠹浆糊仅用于修补损坏的文献，文献自身寿命大大缩短，必须借助外部条件的保护才能延续文献寿命。重视文献保护的，以文献收藏机构为主。这是中国文献保护史上的重大而深刻的变化，也是中国古代文献保护方法的发展在时序上所呈现的基本规律①。

1. 秦朝至16世纪中期：以文献自身保护为主

传世和出土文献证明中国文献保护方法萌芽于先秦。这些方法显示，当时既有文献的外在保护，例如文献晾晒和盛具，原始而简单，方法和材料都容易发现，也有文献的内在保护，例如赘简。秦朝至16世纪中期，文献保护方法的一系列重大发明，多是围绕着如何使文献在制作过程中增强自身的保护能力。秦汉时期在制作简策材料过程中已经利用杀青和涂液等方法辟蠹防朽。杀青是把新竹中的汁液在火上炙干，涂液是在竹木简上涂上一种特殊的液体，在武威汉简（木简）②、尹湾汉简（木简）③、长沙走马楼三国吴简（竹简）④中都发现了特殊胶质液体。这种文献

---

① 这个现象同样可以说明晚清以降制作的文献的保护方法。随着文献制作材料质量的进一步降低，20世纪生产的文献，其寿命大大缩短，文献的保护越来越重要，同时也越来越困难了。但是保护方法再优良，也实难挽回民国文献由于恶劣的材料本身所导致的快速毁坏，其自身的腐蚀足以使其在短期内难以自存。也许民国文献材料的惟一好处是防蠹，因为其中的毒质足以令虫鼠退避三舍。

② 陈梦家．汉简缀述［M］．北京：中华书局，1980：295.

③ 石雪万．尹湾竹木简缀述［A］．连云港市博物馆，中国文物研究所．尹湾汉墓简牍综论［C］．北京：科学出版社，1999：169-174.

④ 张显成．简帛文献学通论［M］．北京：中华书局，2004：116.

制作材料的防蠹防朽技术昭示后人，文献保护首先必须依赖于载体自身的有效保护，可以说，杀青和涂液方法直接启示了后世在不断改进造纸术，提高书写用纸质量的同时，还创制了辟蠹防腐纸。对文献制作材料施加特殊的药物进行保护，在世界各民族的文献制作材料中，中国可能是惟一的。在笔者收藏的几种西方早期的有关文献制作材料的制造和文献保护的文献中，没有找到相关的材料。罗马人老普林尼《博物志》第 13 卷第 74—82 节中关于纸草的论述最为详尽，但是我们找不到纸草的制造者为了提高纸草的自然寿命而施加的任何特殊措施（药物）。只是在介绍粘结纸草的浆糊中，作者提到把上好的面粉溶于沸水并滴入几滴醋（加醋有助于溶解面粉颗粒，使浆糊更细腻）使接缝之间由浆糊引起的增厚能被减到最小，变得比亚麻还柔顺。这显然是逐张粘结制作好的纸草，而不是施加于纸草本身的保护措施，因为纸草的制作不需要浆糊，其粘结是依靠纸草茎髓中的粘稠物资①。

纸质文献会自然老化，因为构成文献的多种材料在光和空气的作用下，会发生物理和化学变化。为了延长文献的自然寿命，公元 3 至 16 世纪中期的中国，非常注意纸、墨和浆糊的质量。

晋唐五代的造纸原料以麻为主，宋元时期则以桑皮为主。古代造纸工艺非常精细，去除杂质比较彻底，对原料纤维的损伤较小，纸质量高，自然寿命长。晋朝文学家傅咸的《纸赋》显示出面对优美的纸张，作家无法按捺住澎湃的激情：

“盖世有质文，则治有损益；故礼随时变，而器与事易。既作契以代绳兮，又造纸以当策。犹纯俭之从宜，亦惟变而是适。夫其为物，厥美可珍。廉方有则，体洁性真。含章蕴藻，实好斯文。取彼之弊，以为此新。揽之则舒，舍之则卷。可屈可伸，能幽能显。若乃六亲乖方，离群索居。鳞鸿附便，援笔飞书。写情于万里，精思于一隅。”

当纸用于书写后不久，人们已经通过一些技术手段使之具有防

---

① ［美］罗杰·巴格诺尔著，宋立宏，郑阳译．阅读纸草，书写历史［M］．上海：上海三联书店，2007：155-159.

蠹性能。可能在公元 2 世纪末，至迟公元 3 世纪初，黄蘖已用来染纸。北魏《齐民要术》记载了黄纸所需要的技巧，其复杂程度需要专业人士才能操作①。唐宋生产了很多名贵的纸，更有不少防蠹纸，例如硬黄纸、碧纸和椒纸。魏晋以迄宋元，防蠹纸在官府、宗教、士人各界得到了普遍使用。明宣德年间生产的羊脑笺，还能保持“历久不坏，虫不能蚀”② 的功效。当时纸质量如此高超，以至于一些纸可以反复使用（如宋代，很多用过的公文纸被用来印刷书籍。这种文献，在版本学上有一个特定的名称叫公文纸背本）。《书林清话》卷八：“宋时印书，多用故纸，反背印之，而公牍尤多。”又卷六：“每见宋版书多用官府文牒翻其背印以行。如《治平类编》一部，四十卷，皆元符二年及崇宁五年公私文牒、笺启之故纸也。其纸极坚厚，背面光泽如一，故可两用。”

古代的墨具有良好的附着、防蠹性能。墨原料的主要成份是碳，耐磨而不易扩散，字迹牢固，色泽如漆。古人在墨中加入麝香、冰片和龙脑，可以杀菌防腐。直到宋代，印本书用墨都比较讲究，被后人誉为开卷一种书香，足以表明优质墨的良好效果。

用于粘接纸的浆糊粘接性很强，并且防蠹。根据张彦远《历代名画记》卷三的记载，唐朝开始注意到书画装潢中浆糊的牢固和防蠹功能。此后，越来越复杂的浆糊配方陆续问世。经折装、蝴蝶装和包背装是唐宋元时期图书装帧的主要形态，必须依靠浆糊粘接整部书，所以浆糊是文献生产过程中使用的材料之一，而明中期以后浆糊仅仅用于修补残缺文献，作用有所缩小。这样的浆糊所粘接的文献非常牢固，可“经数百年不脱落”③。宋元版本被后世文献收藏家赏识有加，其制作材料的精良和印刷质量的高超确是主要原因。

秦汉至 16 世纪中期，文献的附加保护，也主要是附着于文献本身的，例如简策正文前的赘简，纸质文献的帙、缥囊，目的是保

① （北魏）贾思勰．齐民要术［M］．上海：商务印书馆，1939：57-58.

② （清）沈初．西清笔记［M］．上海：商务印书馆，1936：13.

③ （明）张萱．疑耀［M］．上海：商务印书馆，1939：104.

护正文内容。

在这漫长的历史阶段，其他文献保护方法也次第发明和使用（例如石材建筑，晾晒，防火防潮，盛放简帛的箧，以及文献保护药物芸香、樟脑、麝香、木瓜和皂角），但是，由于文献自身保护效果良好，所以文献外部条件的保护并不占主流地位。

2. 16世纪中期后至20世纪初：以文献收藏中的外部条件保护为主

明代中期至清末，随着文献生产的便利，文献数量的快速增长，优质纸墨不能满足需要，因为优质往往意味着量少而价昂。这一时期，纸（文献载体以脆而容易变暗的竹纸为主）、墨（刻本用墨较差，不少坊刻用墨以粉末状烟煤加水加胶制成，即《天工开物》中所称的“若近头一二节，只刮取为烟子，货卖刷印文书家，仍取研细用之”的“烟子”，时人即有“恶楮毛书，烟煤败墨，微有字形”① 之叹）质量大大下降，线装文献装订简便，但是也容易散乱，文献装订的精细程度也每况愈下。社会对于文献的敬畏心理有所减弱。当普通的读书人越来越把文献当做仕途的敲门砖，或者廉价小说戏曲日用文献以及科举时文满足了人们的浅阅读，文献的实用功能提高了，但是其保存价值无疑就降低了。文献制作材料一旦无法满足长期保存的要求，文献保护就必须依靠外部条件，这样，文献保护就成为文献收藏机构的事情。《新增格古要论》（明曹昭洪武年间著，王佐天顺年间增补）谈及文献保护时，开头就说“收藏书籍之法”（按原注此条系增补），似乎显示了这种意向；而建于16世纪60年代的天一阁对于文献保护技术的热烈追求更证明了这个变化。技术的发展总是为了适应社会（尤其是市场）的需要。文献收藏机构借助日益发达的技术，致力于文献保护方法的创造，在整体上推动了文献保护方法的进步，讨论文献保护方法的小册子不断问世。16世纪中期后至20世纪初，文献收藏处所普遍

---

① （明）袁宏道著；钟伯城笺校．袁宏道集笺校［M］．上海：上海古籍出版社，1981：715.

注意通风透光和防潮避火；晾晒文献颇为流行；文献的再加工方面，例如函套、夹板和橱柜的样式和材质更为讲究；文献修补出现了专门名家，呈现出不同的流派；越来越多的防蠹防潮辟虫植物、矿物和动物药品、物品被广泛应用于文献保护①，包括明中期才从异域引入种植的烟草。文献收藏家竭尽所能与随时会降临于文献的各种危险进行着不懈的搏斗。

这一时期文献的自身保护，就纸而言，鲜有发明；明代宣德年间发明的“羊脑笺”有辟蠹功效，但是数量极少，主要用于写经；还有造于明末的广东佛山万年红纸，也只是作为书籍的扉页或底页，保护正文，可以视为文献的外在保护方式之一（尽管万年红纸是在文献内部，但多是文献收藏家在装潢时加入的）。优质墨被奉为拱璧，很少用于大量印刷文献。

二、古代文献保护地域特征

古代文献保护具有地域特征。地理环境既在大环境上决定了不同地域的温度、湿度以及光照强度，也决定了文献害虫的分布②。中国幅员辽阔，南北气候、虫鼠种类相差悬殊，文献收藏家必须结合本地实际，摸索总结行之有效的文献保护方法。无论是文献收藏处所的位置、环境和材料，还是文献防尘防蠹防潮防火的具体措施和材料，乃至阐述文献保护的论著，都以南方占据主流地位，这种现象尤以明中期后为甚。这不仅因为南方发达的经济为文献保护提供了良好的物质基础，大量的文献收藏为文献保护提供了现实需要，也因为南北地域的差别，南方文献收藏者饱受由湿热虫蚁导致的文献蠹霉之苦；他们必须不断寻找并改进适合于本地文献保护的方法，才能使文献传绵久远。而明中期以后的北方，文献收藏总体

① 孙从添甚至在书柜内置春画以辟蠹虫(《藏书记要》，古典文学出版社，1957，第46页)，尽管春画据说确实有非凡的防火功能（黄裳《榆下说书》，三联书店，1998年第2版，第128页)，但是用于文献辟蠹，可能确是个人独得之秘，在迷信的表象背后，却反映了文献收藏者面对蠹虫的无奈。

② 仇壮丽．中国古代档案保护史论［J]．档案学通讯，2005（3)：42-44；45.

数量既少，经济也欠发达，文献收藏机构似乎不太注意文献的保护。就地理环境而言，北方气候比较干燥而多尘，虫鼠较少，严冬时节，不利于虫鼠生存和活动，春秋季节，温度适宜，雨水不多，文献蠹朽的机会因而大大减少。北方文献收藏处所的材料，也没有特殊的要求。

中国古代造纸所有原料，其性质无不适合于略微干燥的气候，最怕潮湿；竹质纸更为虫鼠提供了理想的栖息地。历史和现实的经验和教训使南方文献收藏者认识到文献收藏处所的主要目标就是防潮。胡应麟“二酉山房”，房基填充高出地面，能够避湿；四周可敞开，以通风透光①。至于文献收藏处所位置的选择，也大有讲究，或许周永年所认为的“藏书宜择山林闲旷之地，或附近寺观有佛藏、道藏，亦可互相卫护”的理想对于一般文献收藏机构很难实现，因为他的目标是在全国各个地方建立公共性质的“儒藏”②，以供天下人利用，但是，一般而言，文献收藏处所不能“接连内室、厨灶、衙署之地”，也不能选择在易生霉蠹的卑湿之地③，“宜高楼，宜宽敞之净室，宜高墙别院”④。对于木植建筑和收藏的文献而言，防火也十分必要，灯烛、纸篓等引火之物，不能靠近文献收藏库房⑤。

北方收藏文献用函套，既可防尘，也不必过分担心生虫。南方文献收藏中绝不可用函套⑥，因为函套易滋蛀虫，也易含潮⑦。南方多用木楼、夹板，能够散去潮气，而其材料，多是具有防蠹功能而不走形的银杏、花枣梨木、苦楝树、绸木、香樟、檀木等。

---

① （明）王世贞．弇州山人续稿［M］．文渊阁四库全书本：卷 63“二酉山房记”．

② （清）周永年．儒藏说［A］．李希泌，张椒华．中国古代藏书与近代图书馆史料（春秋至“五四”前后）［C］．北京：中华书局，1982：47-53.

③ （清）孙从添．藏书记要［M］．上海：古典文学出版社，1957：46.

④ （清）叶德辉．藏书十约［M］．上海：上海古籍出版社，2005：52.

⑤ （清）叶德辉．藏书十约［M］．上海：上海古籍出版社，2005：5.

⑥ （清）孙从添．藏书记要［M］．上海：古典文学出版社，1957：46.

⑦ （清）叶德辉．藏书十约［M］．上海：上海古籍出版社，2005：53.

闷热潮湿的南方必须按时节晒晾文献①。实际上，倡导晾晒文献的大多是南方收藏家。他们还注意到南北气候不同，文献晾晒时间应该不同。因为传统的时令节序多以北方为基础（宋代以前，北方是政治文化中心，具有强势地位。所谓二十四节气，其地理坐标是中原），很多相关问题并不适合南方。例如北方适合农历六月六日或七夕曝书，而此时的南方正值酷暑，过于枯燥，随时而至的暴雨也可能会祸及文献；朝曝夕收，文献中吸收的热力在橱内数日不消。南方的农历八九月，秋高气清，且有西风杀虫，适合晾晒文献。总之，“南北地气不同，是不可不辨者也”②。

南方文献收藏家已然注意到因为温湿度的变化，文献收藏库房的四季管理方法，尤其是门窗的开闭，应该随之调整，以调节室内温湿度，使之控制在合适的范围之内：“春夏之交，宜时时清理，以防潮湿。四、五月黄霉，或四时久雨不晴，则宜封闭。六、七月以后至冬尽春初，又宜敞开。”③

明中期以后，用于文献修补的药物浆糊配方繁多，发明和使用者多是南方文献收藏家。《长物志》（明文震亨）卷五、《装潢志·治糊》（明周嘉胄）、《快雪堂漫录·造糊法》（明冯梦桢）、《遵生八笺·法糊方》（明高濂）、《物理小识》（清方以智）卷八、《藏书记要·装订》（清孙从添）、《赏延素心录》（清周二学）第五则等都详细记载了浆糊配方。康熙间问世的《传家宝》（石成金）中记载了防治虫蠹鼠侵的两种浆糊配方，可知浆糊的调制成为士大夫居家必备的修养。

不难看出，纸墨和浆糊及施放的绝大部分药物，制作夹板和书柜的绝大部分木材，都是出产南方。甚至晾晒文献的日期、时间长短和次数，也都是以南方气候为根据的。这在南方，自然是因地制宜：就地取材，方法适宜。

---

① （清）邹一桂．小山画谱［M］．上海：商务印书馆，1937：44.
② （清）叶德辉．藏书十约［M］．上海：上海古籍出版社，2005：53.
③ （清）叶德辉．藏书十约［M］．上海：上海古籍出版社，2005：53.

三、古代文献保护理念特征

中华民族很早就具有历史意识，在中国不断演出的自然灾害和战乱也迫使人们逐渐形成浓厚的忧患意识。所谓“预则立”，就是事先谋划，以争取主动。例如，在家族的繁衍上，人们信奉“养儿防老”；在生产上，人们兴修水利，以防治旱涝；在食物上，人们总是尽可能地多存留粮食，以防凶灾；在健康上，人们注意养生，奉行治病不如防病的理念。文献收藏者大多具有浓厚的防范意识，并围绕着防范工作进行了一系列探索。过去我们总是指责古代文献收藏家秘不示人，至少不愿意把藏品外借，认为这样的做法未免太过自私，其实，我们抛开私有制度不谈，抛开个人财产不谈，只要想一想，当藏品借给别人时，收藏者就变得极其被动了：能不能归还？会不会污染？会不会散乱？会不会缺页？借阅者有像样的保管条件吗？提倡流通古代文献的明末清初文献收藏家曹溶说得好：“然其间有不当专罪吝惜者。时贤解借书，不解还书，改一瓻为一痴。见之往记，即不乏忠信自秉、然诺不欺之流，书既出门，舟车道路，摇摇莫定，或僮仆狼藉，或水火告灾，时出意料之外。”① 黄丕烈在《辛稼轩长短句》（校元本）十二卷跋语中说：“昔人不轻借书与人，恐其秘本流传之广也，此鄙陋之见，何足语于藏书之道。余平生爱书如护头目，却不轻借人，非恐秘本流传之广也。人心难测，有借而不还者，有借去轻视之而或致损污遗失者，故不轻假也。”② 面对这些问题，文献收藏者（不是普通读书人）是绝对不会释怀的。山阴祁氏藏书，有正副二本，遇到有人来借阅，正本概不外借，而以副本相应，花费如此高昂的藏书成本，也是出于防范的目的。“大风起于青萍之末”，多少文献的毁坏乃至灭绝，有时是不经意间引起的。清顺治七年（1650），绛云

---

① （清）曹溶．流通古书约［A］．李希泌，张椒华．中国古代藏书与近代图书馆史料（春秋至五四前后）［C］．北京：中华书局，1982：31-32.

② （清）黄丕烈．士礼居藏书题跋记［M］．北京：书目文献出版社，1989：318.

楼所藏丰富而珍贵的文献片刻煨烬。《宋史》四九六卷（明刊本）钱谦益题跋："（庚寅）十月初二日夜，半野堂火。时方雷电交作，大雨倾盆，后楼前堂，片刻煨烬，乃异灾也。读《隋经籍志》，知书籍所聚，遑遑遭厄。宋元之缮本，研精五十余年，转辗困阨，遭值兵燹，肆力靡休，告成书于望古稀之晨，而一旦为火焚却，此为何者也。伤哉！"① 这场火灾的起因就是钱谦益和柳如是的爱女与乳母在绛云楼内玩耍时，把剪下的烛灰误落纸堆中，就燃烧起来，不可救治，钱氏眼睁睁看着一楼文献被焚毁而束手无策②，成为太平年间的痛心之事③。中国古代所发明、使用的大部分文献保护方法，都首先是着眼于预防文献的损毁，充分体现了文献保护中的以防为主的理念。载体的特殊性使得文献一旦潮湿或霉蠹，治理既不易，而且再也恢复不了旧观，至于火灾水患，更是难以救治。这样，加强日常管理，防止水火，防止霉蠹，防止灰尘，就成为各个时期文献收藏单位重要的措施和理念。中国古代文献保护尽管在不同时代和地域所采取的方法有异，但是，一以贯之的基本理念是"以防为主，以治为辅，防治结合"。因此，古代大多数文献保护方法，都是着眼于预防。

1. 着眼于预防的文献保护方法

文献制作材料及盛具。简帛时期的杀青、涂液、赘简和箧，纸质文献时期的纸、墨、浆糊、帙、缥囊、函套、夹板、书箱和书架，都以预防文献蠹朽、潮湿、损坏和灰尘为目的。灰尘不仅磨损文献，而且容易吸潮，使文献霉烂成饼。汉代已经注意到文献保管中的灰尘问题："律令尘蠹于栈阁，吏不能遍观。"④ 收藏家认为，

---

① 瞿良士．铁琴铜剑楼藏书题跋集录［M］．上海：上海古籍出版社，1985：31.

②（清）曹溶．绛云楼书目题辞［A］．李希泌，张椒华．中国古代藏书与近代图书馆史料（春秋至五四前后）［C］．北京：中华书局，1982：32-33.

③（清）叶德辉．藏书十约［M］．上海：上海古籍出版社，2005：53.

④（汉）桓宽．盐铁论［M］．北京：冶金工业出版社，1975：442.

装订书籍的目的，不在于华美饰观，而要“护帙有道”①，为此要选择合适的方法和材料。

文献收藏中的基本管理。首先要时常检点收藏的文献。文献收藏时既要安置得法，例如书箱布列要疏朗，书橱格内放书不能太密②，更要时常检阅③，把文献保护寓于日常检阅之中；早在唐代，张彦远就提出，“凡书画时时舒展，即免蠹湿”，勤于检阅远胜于防蠹药物④。有人甚至认为，每天翻检是避免文献蠹蛀的惟一良方。同时文献收藏库房要通风日⑤。其次要严格制度。出土睡虎地秦律《内史杂》规定不准将火带入“书府”，书府周围不得有居舍。宋朝规定对重要文书要“以时晒暴”⑥，朝廷一年一度的“曝书会”成为帝王和大臣观书、宴会和交流的综合性集会⑦。天一阁关于文献收藏的严厉规定说明了古代文献收藏家面对藏品是如何战战兢兢⑧。至于书院和寺观文献收藏，因为公共性质，制度更为严格细致⑨。

建筑材料。文献收藏家欣羡地承认文献收藏处所以石屋最好⑩。在各种建筑材料中，以石质材料最为适宜，既不招致虫蚁，也能在一定程度上隔断内外温度变化，且能防火防潮防盗。明代皇史宬证明了石室保存文献的良好效果。

防火规定及其设施。无论是简帛，还是纸张，作为有机物，都

---

① （清）孙从添．藏书记要［M］．上海：古典文学出版社，1957：42.

② （清）梁鼎芬．书藏四约［M］．清末乐群堂刻本：藏书约.

③ （清）孙从添．藏书记要［M］．上海：古典文学出版社，1957：45.

④ （清）梁鼎芬．书藏四约［M］．清末乐群堂刻本：藏书约.

⑤ （明）谢肇淛．五杂俎［M］．北京：中华书局，1959：271.

⑥ （宋）谢深甫，等．庆元条法事类［M］．上海：上海古籍出版社，2005：卷17.

⑦ 方建新．宋代图书展览会——“曝书会”考略［J］．浙江大学学报（人文社会科学版），2005（5）：101-105.

⑧ （清）阮元．揅经室集［M］．上海：商务印书馆，1936：515.

⑨ （清）梁鼎芬．书藏四约［M］．清末乐群堂刻本：藏书约.

⑩ （清）孙从添．藏书记要［M］．上海：古典文学出版社，1957：46.

是易燃之物。古代官私文献收藏都注意防火，对于防火措施有明确的规定。自秦朝开始，就规定不得将火带入文献收藏机构（出土睡虎地秦律《内史杂》）。宋代文献收藏处所设有专门防火机构（潛火司），配有防火器材①。

阅读中的保护。阅读方法不当会导致文献损毁。过度翻检会导致纸张及纸张黏合处、装订处受损。司马光非常注意阅读过程中的文献保护。良好的翻阅习惯有助于文献的保存。有的收藏家愿意提供文献给人利用，以便防蠹，所谓“览所不及，庋床便蠹，因客披搜，二益也”②。

2. 着眼于治的文献保护方法

这种方法主要是文献修补。北齐颜之推就提出借人之书，如果先有缺坏，应该及时补治，并把这种行为视为士大夫的优良品质之一③。文献修补需要高超的技巧。《齐民要术》中对于修补文献用纸及效果有明确说明，即应和原文献匹配，不留痕迹④。周嘉胄认为当文献需要改装时，“不遇良工，宁存故物”⑤。去除（清洗或扫除）文献上的霉菌也是治理文献损毁的有效方法。另外，遇到火灾，以水灭火也是治的方法。不过，这种方法可能会给文献带来更大伤害。但是，与其任其燃烧，竟至于片纸不存，倒还不如以水救治好些——火烬留存聊胜于片纸不存吧。所谓两害相权取其轻，是也。

3. 防治结合的文献保护方法

施放药物。在文献内外施药防蠹辟虫可能始于东汉末年或三国

① （宋）陈骙著；张富祥点校．南宋馆阁录［M］．北京：中华书局，1998：1.

② （明）徐𤊹．徐氏笔精［M］．文渊阁四库全书本：卷6.

③ （北齐）颜之推．颜氏家训［M］．上海：商务印书馆，1937：19.

④ （北魏）贾思勰．齐民要术［M］．上海：商务印书馆，1939：57.

⑤ （明）周嘉胄．装潢志［M］．上海：商务印书馆，1939：1.

魏朝①，并成为明中期以后文献收藏家的常识。不论是在文献中夹放药物，还是在文献周围施放或在炉内燃烧药物，都可以达到防蠹驱虫的目的。多种植物和矿物药物被应用于文献保护，例如芸草、樟脑、苦楝子、荷花瓣、艾叶、香篙、烟叶、兰花、芥菜、胡椒粉、木瓜、皂荚、雄黄。古人甚至用炭屑、石灰、锅锈铺于文献收藏库房地面来驱辟虫蚁鼠②。

晾晒。晾晒以及晾晒过程中的翻检文献是防治文献霉蠹和灰尘的有效方法，《藏书记要》有一节专讲“曝书”③。北魏甚至注意到应在大屋下风凉处晾晒文献，以避免阳光照射而使纸张颜色变暗④。《书藏四约》规定每季晾晒文献一次，时间分别是2月、5月、8月和11月，从22日晾晒至25日⑤。

---

① 三国魏鱼豢《典略》称“芸香辟纸鱼蠹，故藏书台亦称芸台”（宋洪刍《香谱》卷上引），可知至迟三国魏时已用芸香辟纸质文献之蠹。人们普遍认为汉代政府文献收藏和管理机构“兰台”是因为使用兰草防蠹而得名，当是望文生义或以后世“芸台”俗称妄相比附的结果。由《典略》可知“芸台”是藏书台（尤其是朝廷藏书处）的俗称，该俗称当是缘于“兰台”之名，可能产生于东汉末至三国魏间，那时纸已作为文献载体，芸草也用于纸质文献的辟蠹，而这些条件，设置兰台时都不具备。首先，兰台之名不是俗称，而是朝廷机构的正式名称；其次，兰台设置于西汉初，那时以及以后近四百年间，文献载体主要是简帛，纸是东汉中期后才作为文献载体，而且此后两百年内，使用并不普及。作为“辟纸鱼蠹”的兰草、芸香，能否辟简帛之蠹，或者西汉初是否知道兰草能辟简帛之蠹，以及兰草是否被朝廷用来辟简帛之蠹，传世和出土文献均无证据。兰台之名，若以兰草辟蠹而得，当是数百年以后，不可能出现于西汉初。案《黄帝内经太素·五节刺》：“请藏之灵兰之室，不敢妄出也。”唐杨上善注：“灵兰之室，黄帝藏书之府，今之兰台故名者也。”唐高宗龙朔二年至咸亨元年期间改秘书省为兰台，该名称当是沿用汉代旧称。可知兰台之名当源于“灵兰之室，黄帝藏书之府”的典故，与兰草防蠹并无关系。

② （清）孙从添．藏书记要［M］．上海：古典文学出版社，1957：46.

③ （清）孙从添．藏书记要［M］．上海：古典文学出版社，1957：46-47.

④ （北魏）贾思勰．齐民要术［M］．上海：商务印书馆，1939：58.

⑤ （清）梁鼎芬．书藏四约［M］．清末乐群堂刻本：藏书约.

第三章

中国古代文献制作材料的辟蠹方法及其现实价值

文献制作材料的优良可以延长文献自身的自然寿命。文献制作材料的优良，除了选料讲究、工艺技术高超外，中国古代还创造出其他方法提高文献制作材料的质量。中国古代文献制作材料的保护方法很多，主要是防止文献遭受蠹虫。而主要的方法，集中在染纸辟蠹、加工辟蠹墨和制作辟蠹浆糊。

第一节　中国古代染纸辟蠹技术及其现实价值

纸是古代中国最重要的文献载体，对于中国和世界文化发展贡献甚巨。中国造纸始于西汉，历史悠久，经过东汉蔡伦的改进，纸张生产的原料来源扩大到树皮、破布、麻头、渔网等，技艺更为精湛，造纸作坊增多并分布广泛，纸张种类众多。魏晋以后，造纸原料主要是藤皮、桑皮、草（稻草、麦秆）、麻（麻竹、荨麻）等。东晋时，大麻被用于造纸，纸张成为通用的文献载体，完全代替了简帛，引起了书写运用的迅速扩张，社会读写能力大大提高，文献生产、流通和收藏变得越来越方便了。南朝时歙县等地出产的一种以青檀树皮为原料制成的纸（宣纸）达到很高的工艺水平。隋唐是造纸术发展的鼎盛时期，纸品种和式样都基本形成。唐代著名的纸是扬州麻纸和歙县宣纸，鄱阳白、澄心堂纸等则是新产生的品种。笺纸被染以各种颜色，充分彰显着使用者的个性。到了宋代，竹、楮皮取代麻而成为主要的造纸原料。此外，纸的加工技术也在不断提高，除细琢外，加工中有时还配以蜡浆、黄蘖、胶、矾、颜色、金银辅料，使纸更具光润、平滑、美观，甚至防蠹。明清时期，中国造纸业伴随着印刷技术的提高继续发展，造纸作坊的规模有所扩大，生产能力进一步提高。笺纸、宣纸的制作工艺日趋精湛。清代，宣纸作为重要书写材料，生产地域扩展，产量大大增加，名目众多。古代中国造纸手工操作，工艺复杂，在加工过程中，非常讲究质量。古代大部分纸由于选材、加工讲究，所以，在自然条件下，纸自身的损坏速度非常缓慢，可以保存千百年之久。

一、古代染纸辟蠹技术

为了使纸张保存更久，也为了美学、视觉效果，古人用一些防蠹药物染纸。用于染纸的材料，主要是用某些植物叶子或者植物果实制作成汁液，后来也用矿物。这些植物或矿物本身具有某种颜色，并且含有杀虫素，辟虫防蠹。

最早被用于染纸的药物是有杀虫素的黄蘗。黄蘗也叫黄柏、黄波罗、黄伯栗，又称为黄檗、檗木、檗皮。黄蘗为落叶乔木，卵状椭圆状叶片、对生且是奇数羽状复叶。黄蘗的树干外皮厚实，内部黄色，雌雄异株。黄蘗生长于中国华北和东北等地区。染色的部位是树皮。关于黄蘗染纸的起源时间，存在着不同的看法。一种观点认为起源于汉代，其依据是宋陈彭年等撰修的《重修广韵》所引用的一句话：“潢。释名曰：染书也。”持此论者认为此处“释名”即东汉末期刘熙所撰的旨在“晰名物之殊，辨典礼之异”的《释名》，但是传世今本《释名》并无潢字。东汉末期，文献载体的主要材料是竹木，纸尚未普遍用作文献载体，很难会对纸进行染潢类的深加工。东汉末魏伯阳《周易参同契》第 32 章有“若檗染为黄兮”，不知是否指染纸，因为缣帛也可染黄。今天我们看到的关于染潢纸的可靠资料，最早见于三国魏孟康《汉书》卷九七下“赫蹄书”下注：“染纸素令赤而书之，若今之黄纸也。”潢纸可能就起源于魏时。至晋朝，染纸已经比较普遍，可能遍及南北。晋葛洪《肘后救卒方》“治卒伤寒时气温病方”提及“举身皆黄，急令溺白纸，纸即如蘖染者”。北魏贾思勰在《齐民要术》中详细说明了染潢的程序，可知方法已经相当纯熟：把黄蘖浸在水中，取得纯汁，再将泡过的黄蘖捣碎煮沸，倒入布袋，挤出汁液，如此反复三次，再将煮过的汁液和纯汁混合在一起，即得到一种黄色液体，以之染纸，可防虫蛀。他提醒道，如果弃掉取得纯汁的蘖渣，仅仅用纯汁，既过于浪费，也没必要，这样反复捣碎煮沸，不仅节省原料，而且汁液更明净。潢纸时去掉纸的白色即可，颜色不宜太深，因为日后会变得更暗①。晋代和南朝的户籍册都用黄纸书写，见《太平御览》卷六〇六引《晋令》：“国诸户口黄籍，籍皆用一尺二寸札，已在官役者载名。”这种技术在隋唐五代仍然广泛采用，黄纸成为这一时期官府文书、佛道经典和民间文献常用的纸张。根据唐徐坚《初学记》卷二一辑录的资料，东晋安帝司马德宗的太尉桓玄告示天下：“古无纸，故用简，非主于敬也。今诸用简者，皆以黄纸代之。”可见黄纸是被国家强制推行使用的纸张。这个诏令至少会在各级政府被严格执行，进而普遍地影响民间。当时佛道界抄写经典，即大多使用黄纸。今天存世的敦煌遗书中，佛家文献的载体以黄纸居多。到了唐代，黄纸的使用范围进一步扩大，中央的户籍总册使用黄纸，其他如皇帝敕制、起居注、官府文书（苏易简《文房四谱》卷四曰：“贞观中，始用黄纸写敕制。高帝上元二年诏曰：‘诏敕施行，既为永式，比用白纸，多有虫蠹，宜令今后尚书省颁下诸司诸州县，并宜用黄纸。’”）及科举考试后发榜用纸也是如此，专职染潢的行业随之出现。《唐六典》记载，当时崇文馆有装潢匠 5 人，弘文馆有装潢匠 9 人，秘书省有装潢匠 10 人。

直到宋代，官方官府文献收藏还普遍使用蘖染黄纸。嘉祐四年（1059）二月，朝廷设置馆阁编定书籍官 4 人，在印刷和抄写正本

① （北魏）贾思勰．齐民要术［M］．上海：商务印书馆，1939：57-58.

时，使用黄纸，“以防蠹败”①。沈括《梦溪笔谈》卷一“故事一”称：“嘉祐中，置编校官八员，杂雠四馆书，给吏百人，悉以黄纸为大册写之。自此私家不敢辄藏。”南宋时，秘阁及其他馆阁收藏的文献仍用蘗黄纸书写②。有时地方出版的文献也被朝廷要求专门以黄纸印刷一部呈交秘书省，这种行为已是开了后世呈缴本制度的先河（而且用纸还要特制）。南宋《建炎以来系年要录》卷五一称：“绍兴十四年，诏军应有刻板书籍，并用黄纸印一帙，送秘书省。”

明代黄蘗染纸技术较以前有了进一步发展，同时，又用橡斗及胭脂水染纸，只是黄纸的使用没有以前普遍。明代高濂《遵生八笺》卷一五“染宋笺色法”记载染纸的配方及程序：“黄柏一斤，槌碎，用水四升，浸一伏时，煎熬至二升止，听用。橡斗子一升，如上法煎水，听用。胭脂五钱，深者方妙，用汤四碗，浸榨出红。三味各成浓汁，用大盆盛汁，每用观音帘坚厚纸，先用黄柏汁拖过一次，复以橡斗汁拖一次，再次胭脂汁拖一次，更看深浅加减，逐张晾干，可用。”

黄蘗中含有小柏碱，能杀虫防蛀，延长纸的寿命。南宋赵希鹄《洞天清录集》有“染以黄檗，取其辟蠹”之说。同时，用黄蘗染过后纸张有一种清香气味，沁人心脾。再者，按照古代五行说，五行中的土对应于五方中的中央和五色中的黄，黄是五色中的正色，所以古代凡神圣、庄重的物品常饰以黄色，重要典籍、文书也以黄纸书写，自是题中应有之义。宋朝廷把黄纸作为朝廷收藏文献的专用纸张，民间不敢收藏大册黄纸文献，更说明随着封建社会中央集权的进一步加强，黄纸成为尊严和权力的象征。敦煌发现的大量公元5世纪至10世纪的以黄纸抄写的文献，至今保存完好，证实了蘗染纸确实具有防虫辟蠹的功效。经过染潢的纸卷在接近自然状态

① （宋）程俱著；张富祥点校．麟台故事校证［M］．北京：中华书局，2000：269.

② （宋）陈骙著；张富祥点校．南宋馆阁录［M］．北京：中华书局，1998：23-24.

下，大多保存良好，未经虫蛀。

唐代的“硬黄”是一种再加蜡处理过的加工黄纸，属于蜡质布纸。这种纸是将以树皮为原料抄好的纸张浸在黄蘖汁溶液中，或是在调和纸浆料时加入黄蘖汁而成。干燥后通过研光程序，使纤维紧密以便增加纸张强度。这种纸纸质厚重，外观呈黄色或淡黄色，不怕虫蛀，不受水浸，不易霉烂，不透墨汁，确实是纸中精品。其制法见于宋代张世南《宦游纪闻》卷五：“硬黄，谓置纸热熨斗上，以黄蜡涂匀。”赵希鹄《洞天清录集》之“古翰墨真迹辩”称：“硬黄纸，唐人用以书经，染以黄蘖，取其辟蠹。以其纸加浆，泽莹而滑，故善书者多取以作字。”这种方法很快得到推广应用。1900年5月在甘肃敦煌发现的中国古代藏经和画图印本《千佛图残片》，是朱色捺印在相当厚的特制黄纸上，这种纸似是硬黄，至今保存完好。唐代还有碧纸，也是一种药物浸染的纸。碧纸染汁的主要成份是蓝紫色的结晶体“靛蓝”，这是把马兰、木兰、兰草、槐兰等植物的茎叶制成浆状用以染纸，既美观，又防蠹。这种纸张用于抄写经典。

宋代的椒纸是用花椒汁液染制而成，能防虫蛀。一种观点说椒纸也用辣椒汁染制，应该是望文生义，恐怕不符合事实。因为宋代中国并没有辣椒。辣椒原产于中南美洲热带地区，原产国是墨西哥。15世纪末，哥伦布把辣椒从美洲带回欧洲，由此传播到世界其他地方，并于明末辗转传入中国，清初时种植尚不普遍。宋代的中国何来辣椒？花椒属芸香料果实，含香茅醛、水芹萜等多种生物碱，一般用作食用调味品，因它具有性热味辛之特点，也可供药用，有止痛杀虫功能。花椒自古以来都是清高、尊贵和多子的象征。以花椒汁液染纸，椒味能长年不散，纸色金黄且有斑纹，悦目赏心，且防蠹，制作成本也不高，被当时书坊所喜用。椒纸的产地，今天可知的有峡州（今湖北宜昌）（《欧阳修集》卷三九《夷陵县至喜堂记》称峡州有椒纸、漆纸以通商贾），还有福建。由此可见，一些研究者认为椒纸产生于南宋、甚至产生于南宋的建阳，都是不确切的。叶德辉《书林清话·宋印书用椒纸》称：“谓以椒染纸，取其可以杀虫，永无蠹蚀之患也。”南宋版《春秋经传集解》末页有刻印记："淳熙三年四月十七日，左廊司局内曹掌典秦玉祯等奏闻。《壁经》、《春秋左传》、《国语》、《史记》等书，多为蠹鱼伤牍，未敢备进上览，奉敕用枣木椒纸，各造十部。四年九月进览。"现存实物为南宋巾箱本《名公增修标注南史详节》。

"羊脑笺"是明宣德年间开始制造的一种纸，可以辟蠹，主要用于抄写佛经。"羊脑笺以宣德瓷青纸为之，以羊脑和顶烟墨窖藏，久之取以涂纸，研光成笺。墨如漆，明如镜。始自明宣德间，制以写经，历久不坏，虫不能蚀。今内城惟一家犹传其法。"①

根据文献记载，古代文献装订中有"东丹"笺的附叶。《藏书纪事诗》卷七"方功惠"条："庚子春，太守已捐馆，其家捆载遗书，至都门求售。过厂肆，见样本，一睹其装潢图记，即知为粤中装订，碧琳琅馆旧藏也。每册有东丹笺副页，可以辟蠹。"② 方功惠（1829—1897）是清代著名文献收藏家，巴陵（今湖南岳阳）人。他在广东为官时，在广州城北建文献收藏处所，称"碧琳琅馆"。这里所谓"东丹笺"，就是流行于广东的"万年红"。东丹即红丹，又名铅丹，是传统中药，系铅氧化物，气味辛辣，微寒，主要成份是四氧化三铅，在空气中稳定，有毒，能杀虫，可以防蠹，因此万年红纸可以存放很长时间。这种防蠹纸是明末在广东佛山（南海）一带创制的，清代颇为流行，今天存世的古籍不少装订有万年红纸。这种纸采用"红丹"为涂料，文献收藏家多在线装书的扉页和封底各装订一张，用以辟蠹，以保护文献的内部。

比较而言，古代使用地域最为广泛、使用阶层最为普遍、使用时间最为长久的防蠹纸是黄纸。椒纸主要在宋代、尤其是南宋的南方用于抄写和印刷文献，万年红只是明代后期以迄清代用于书籍的扉页和底页，似乎没有也不便用于抄写或印制书籍。其他纸张由于数量少，更不会普遍用于文献载体。因此，古代防蠹纸张，除了魏晋隋唐较普遍使用黄纸外，其他纸张在文献保护实际的应用上并不

① （清）沈初．西清笔记［M］．上海：商务印书馆，1936：13.

② （清）叶昌炽著；王欣夫补正．藏书纪事诗［M］．上海：上海古籍出版社，1989：711-713.

广泛，讨论古代文献保护方法时，不能认为这些纸张是文献载体的主流，而实际上，存世的绝大部分文献，都是未经染制的纸张；但是，作为技术发明，这些特制的纸在造纸史上毕竟是有很大贡献的，在古代文献保护过程中也是发挥了较大作用的。

二、古代染纸辟蠹技术的现实价值

古代的染纸，无论是其染料药物所具有的防蠹功能，还是存世的文献实物的良好状态，都证明了古代的染纸确实可以有效防蠹，而且染纸原料取自天然，技术并不十分复杂，染纸的原料、工序，多有文献记载，这些纸还都有实物遗存，今天，在我们从事古代文献修补时，应该使用这样的纸张，或者把这类纸张加以改进，以提高古代文献修复效果，甚至一些收藏的文献，也可以在扉页或底页上各加订一张这样的纸张，以利于文献保护。例如万年红，其制作方法未见文献记载，技术早已失传。1977 年，中国历史博物馆文物保护实验室对万年红的涂料进行了系统分析鉴定，测定结果确认，起防蠹功效的桔红色涂料主要是铅丹。铅丹（亦称红丹）主要成份是四氧化三铅（Pb_3O_4），蠹虫接触铅丹就会死亡。四氧化三铅在空气中化学性能稳定，可以较长时期防止蠹虫蛀蚀书籍。研究成果表明，同是明清时期刊印的线装书，在流传、收藏等基本条件相同的情况下，凡装订桔红色附页纸的，都未被虫蛀，保存情况完好，凡没有装桔红色附页纸的，多数被蛀。形成更加鲜明对比的，是刻于同治三年（1864）的《广东通志》，其附页的上端一截没有桔红色涂料，书的这一端已遭虫蛀，而其余有桔红色涂料的，就完整无损，可见这种红丹确实有辟蠹效果，对毛衣鱼（蠹鱼）确实具有显著的毒杀作用①。有些古代文献，虽然也有桔红色副页，但是其色料成份不是铅丹，只是装饰用纸，所以并不防蠹（这也就回答了一些人的疑问，即扉页或底页衬有红色纸张的文献仍然遭受虫蛀，很可能那红色只是普通的染料，而不是铅丹）。这

① 中国历史博物馆防蠹纸研究小组．对明清时期防蠹纸的研究［J］．文物，1977（1）：47-50.

个实验，可以帮助我们了解所谓万年红防蠹的根本原因。万年红的制造技术并不复杂，我们也可据以仿制，在古代文献中装订上这种万年红纸（其实，除在扉页、后封面装订外，甚至书籍内部也可根据每册书的厚薄分装几页，比如，每隔十数页装订一张），也可以在收藏古代文献的箱、柜中铺垫万年红纸，提高古代文献的自然寿命。其实，其他防蠹纸张，也不难仿制。

李龙如《图书保管“八防”》提出：“为了防虫，修补装订古籍时，应用潢纸、椒纸、万年红纸、烟草液纸等做书籍的封面、扉页和衬纸。还可以与造纸部门联系，在造纸时就加进有关药物，制造防虫纸，专供古书装订修补时用。”①

第二节　中国古代制墨避蠹技术及其现实价值

墨在中国文化中的重要性极为显著，享有盛誉，被奉为文房四宝之一。墨既具有实用价值，是书写、印刷时不可缺少的物料，也具有很高的欣赏价值和收藏价值，历来为文士所珍爱。中国制墨历史悠久，其起源或可追溯至三千年以前。西安半坡新石器时代遗址中的彩陶上有红色及黑色的花纹和符号。一块商代的陶片上有黑墨书写的“祀”字；在出土的殷墟甲骨上，曾发现涂有朱砂或近似黑墨的痕迹。

中国古代墨的原材料主要是以松、木燃烧所得的松烟。现在所见最早的实物，是1975年湖北云梦睡虎地战国末秦初墓中出土的一块圆柱形墨。从出土实物和古代文献相互印证，中国古代用墨，秦朝以前，以墨粉合水而用，秦汉始成墨丸、墨挺，后汉用墨模压制成各种形状，这种制墨方式一直延续至今。自汉魏以后，制墨名家辈出，品式繁多，技艺精湛。

汉代文献中有“漆书”的记载，近代也有学者相信中国文字的书写，是漆书在前，墨书较晚，但是出土文献没有一件漆书，表

① 李龙如．图书保管“八防”［J］．湘图通讯，1980（1）：32-36；（4）：22-26.

明古代用漆书写是不大可能的。汉代文献中记载的漆书，可能正如王国维所言，只是表示其色黑如漆而已："周末既有墨书，则汉时不应更有漆书。盖墨色黑而有光，有类于漆，故谓之漆书。且杜林所得《古文尚书》，云'卷'而不云'篇'，则其书当为缣帛而非简策，简策用漆，殊不足信也。"① 或者，漆只是古代墨的别称或代称。

中国秦、汉、魏、晋、南北朝时期的墨，有石墨、油烟墨、松烟墨之分。其中，石墨即石油燃烧所制的墨，油烟墨系燃油所获烟炱所制的墨，而松烟墨则是燃烧松木所制的墨。其质量，以松烟墨最高。

关于墨的制法，贾思勰《齐民要术》卷九中有如下一段记载："好醇烟捣讫，以细绢筛于缸内，筛去草莽若细纱尘埃。此物至轻微，不宜露筛，喜失飞去，不可不慎。墨一斤，以好胶五两，浸涔皮汁中。涔，江南樊鸡木皮也，其皮入水绿色，解胶，又益墨色。可以下鸡子白，去黄，五颗，更以真朱砂一两，麝香一两，别治细筛，都合调下铁臼中，宁刚不宜泽，捣三万杵，杵多益善。合墨不得过二月、九月，温时败臭，寒则难干。"

从这段关于"合墨法"的记述不难看出，南北朝时期的制墨工艺，已包括去杂、配料、舂捣、合墨等工序。到后世，制墨工艺更为复杂，要经过烧烟、收烟、加胶、加药、和烟、蒸剂、杵捣、捶炼、制样、入灰、出灰、去湿等十几道工序。

古代中国制墨时，要在墨烟中加入动物胶。动物胶以骨胶、皮胶，如鹿角、鱼鳔、牛皮为多，是一种蛋白质，其作用是使炭墨的微粒粘固在一起，既便于制成块状，也使字迹牢固。墨的配料包括防腐和改善气味的药材，也十分讲究。加入防腐药材是为了防止动物胶霉变，改善墨的气味、色泽或黏度。常用的防腐及改善气味的药材有龙脑、麝香、丁香、檀香、甘松、藿香、零陵香、冰片等。改善色泽以增光助色的药材有朱砂、雌黄、珍珠粉、金箔、银箔、

① 王国维著；胡平生，马月华校注．简牍检署考校注［M］．上海：上海古籍出版社，2004：49.

硫酸铜、银硃、秦皮、地榆、紫草、茜草、黄芦、黑豆、五倍子、胡桃、牡丹皮、薰草豆、石榴皮等，改善黏度使墨坚固的药材有梣皮、蛋白、生漆、紫矿、皂角水、巴豆汁等。

中国古代的墨是一项重要的发明，具有不变色、不褪色的特点。碳的化学性质在常温下很稳定，再施之于胶，经书写而成的字迹，能耐热、耐水、耐光，不易褪色，适合长期保存。

在今天的古代文献保护中，凡涉及使用墨时（例如题写文献名称、题跋、抄配、染纸），应该使用以传统方法和材料制作的优质墨，以免给历经劫难才存留至今的古代文献再次带来损害。

第三节　中国古代防蠹浆糊及其现实价值

浆糊是古代粘接书纸、裱补文献的一种重要材料。浆糊多由淀粉制成，而淀粉易生虫，文献装潢时使用普通的浆糊容易使文献遭受虫蠹。现存古代文献中就有很多被蠹鱼蛀得千疮百孔，字迹缺零，造成难以挽回的损失，这与使用不合格的浆糊有着一定的关系。但是，也有许多现存古代文献保存完好，粘接牢固，不蠹不霉，这跟古人发明使用的品质优良的药物浆糊有着一定的关系。古代的药物浆糊，使用了粘接性较强的原料并加入了植物性或矿物性药物，具有良好的防霉防蛀以及粘接牢固的作用，有利于古代文献的保护。

一、古代浆糊配方中防蠹技术的发现

纸张作为文献载体的最初几百年里，人们注意到纸张自身的防蠹问题（染潢），却没有注意粘结纸张的浆糊的防蠹问题。这当然需要一个认识过程，也需要长时期的实践探索。应该说，这个结果并不是容易发现的。在使用了没有防蠹能力、反而招引蠹虫的浆糊而大面积毁坏了文献之后，没有防蠹效果的浆糊对于文献的不良、甚至损毁作用才会被逐渐认识到。认识到这个问题后，还要考虑浆糊的防蠹以及如何防蠹问题。所以浆糊的防蠹问题似乎直到唐代才被注意到，应该说这是符合事物发展规律的。这个问题是唐代后期

的张彦远（815—907）首先关注到的。张彦远出生于三相世家，学识渊博，一生酷爱收藏文献，尤其是书画作品，在长期的收藏实践中，他发现了适合于浆糊防蠹的药物。他应该是经过了大量实践，对比了多种不同的药材，最后才选定的。张彦远认为，对于文献修复装潢使用的浆糊应有特殊的要求。他在《历代名画记》卷三“论装褙褾轴”中说：“自晋代已前，装褙不佳；宋时范晔，始能装褙……国朝太宗皇帝使典仪王行真等装褫，起居郎褚遂良等监领。凡煮糊，必去筋。稀缓得所，搅之不停，自然调熟。余往往入少细研薰陆香末，出自拙意，永去蠹而牢固，古人未之思也。”这段话显示出，早期装裱不佳的原因之一是没有制作出适用的浆糊。这里作者特别提出加入的“少细研薰陆香末”是“出自拙意”，“古人未之思也”，可知是作者的发明，目的是“永去蠹而牢固”。并且张彦远也注意到，可以通过去除面粉中的筋（植物性蛋白质）并调制糊剂到“稀缓得所”的程度，实现浆糊粘接的牢固性。这个发明对后世影响深远。南唐“煮糊用黄丹”，即在浆糊中加入适量的黄丹。这是根据宋陈师道《后山丛谈》卷二二的记载而知的。

二、防蠹技术在古代浆糊配方中的应用

宋代宫廷文献收藏机构使用的浆糊，根据《宋会要辑稿》职官一八之七的记载，秘书省谈及装潢事宜，“合用黄白池纸及装背绫绢之类，依料次下，合属库务供送”。装背所用物料为黄白摭竹、面糊，不知是否使用药物防蠹，或许因为抄写或刻印的书籍所用纸张都是黄纸，而没有制作防蠹浆糊。据《后山丛谈》卷二二的记载，赵彦若（元考）的浆糊配方则是以“寒食面、腊月雪水为糊”，“则不蠹”。元末明初陶宗仪《辍耕录》卷三九“粘接纸缝法”引《王古心先生笔录》：“方外交青龙镇隆平寺主藏僧永光，字绝照，访余观物斋，时年八十有四。话次问光：前代藏经接缝如一线，岁久不脱，何也？光云：古法用楮树汁、飞面、白芨末三物调和，以之粘接纸缝，永不解脱，如胶漆之坚。”这里所谓前代，当指宋代。

元代以后，浆糊的防蠹问题引起更多的重视，人们不断探索出新的防蠹药物。关于元代的浆糊配方，近人余嘉锡曾有过评价："考元《秘书监志》卷六，至元十四年二月，裱褙匠焦安庆计料到裱褙书籍物色内，有打面糊物料，如黄蜡、明胶、白矾、白芨、藜蒌（笔者案'蒌'当为'芦'字之讹）、皂角、茅香各一钱，藿香半钱、白面五钱，硬柴半斤，木炭二两。此后有画轴打面糊物料药品，与此相同，惟分量有异。此方配合尤精。盖本之张彦远用薰陆香、黄蜡之意而推衍之，必是宋秘阁相传之旧。"① 元无名氏《居家必用事类全集》戊集）称："法糊。瓦盆盛水。以面一斤掺水上，任其浮沉，夏五日，冬十日，以臭为度。沥浸面清水，煎白芨半两，白矾三分，去渣，和所浸面，打成浓糊。入桐油、黄蜡、芸香等各三钱重。就锅内打作一团，别换水，煮令熟。去水，倾置器内，候冷。日换水浸。临用，以汤调开。"

到了明代，随着科学技术的进步和文献出版、收藏事业的空前兴盛，文献的修复装潢逐渐演变成一种产业，重视浆糊的防蠹性能成为比较普遍的现象，关于浆糊配方的文献记载较前代大大增多。《新增格古要论》（明洪武间曹昭原著，天顺间王佐增补）卷九也记载了《居家必用事类全集》中的浆糊配方。

富有文献收藏和鉴别经验的文震亨（其曾祖父是文徵明，祖父是文彭）在《长物志》卷五记载"法糊"（即依照规定调制好的浆糊）则与此法近似："用瓦盆盛水，以面一斤掺水上，任其浮沉。夏五日，冬十日，以臭为度。后用清水蘸白芨面半两、白矾三分，去渣，和元浸面，打成（按疑有脱字），就锅内打成团，另换水煮熟，去水，倾置一器，候冷。日换水浸。临用，以汤调开。忌用浓糊及敝帚。"

周嘉胄《装潢志·治糊》述及浆糊的制作："先以花椒熬汤，滤去椒，盛净瓦盆内放冷，将白面逐旋轻轻糁上，令其慢沉，不可搅动。过一夜，明早搅匀。如浸数日，每早必搅一次。俟令过性，淋去原浸椒汤，另放一处，却入白矾末、乳香少许，用新水

① 余嘉锡．余嘉锡论学杂著［M］．北京：中华书局，1963：558-559.

调和，稀稠得中，入冷锅内，用长大擂槌不住手擂转，不令结成块子。方用慢火烧。候熟，就锅切成块子。用元浸椒汤煮之，搅匀再煮，搅不停手，多搅则糊性有力。候熟取起。面上用冷水浸之。常换水，可留数月。”冯梦桢《快雪堂漫录·造糊法》中记载，用面粉作原料，加入椒、矾及蜡末，浸出水汁后，加白芨汁，永不受霉湿。

高濂《遵生八笺·燕闲清赏笺》的“法糊方”，加配的药物就更多了：“白面一斤，浸三五日，候酸臭作过，入白芨面五钱，黄蜡三钱，白芸香三钱，石灰末一钱，官粉一钱，明矾二钱。用花椒一二两煎汤，去椒，先投蜡、矾、芸香、石灰、官粉熬化，入面作糊，粘褙不脱。又法：飞面一斤，入白芨末四两，楮树汁调，亦妙。”

明末清初方以智《物理小识》卷八“藏书辟蠹”条载：“糊则生蛀，以苦楝子末生面粘之。”该书卷八“装潢法”和“粘法”中还记载了其他几种浆糊配方，如“粘法”：“花椒汤去椒，以盆冷之。旋糁白面，令其慢沉，不可搅动。明早搅匀，或浸数日。每日一搅，淋去原浸之汤，却入白矾末、乳香少许，新水调和，冷锅旋擂，不令结块。方以慢熟之，切作块，以原汤浸椒汤煮之，搅匀再煮熟，取置盆内，用冷水浸其面。常换水，可留数月用之。碑帖外壳宜以芨、矾、蜡、椒、乳香，三伏后粘，厚而压之。盛器后须近人气，如床榻上待一年后，药性已定，其坚如石，永不蒸蛀矣。李如一曰：加楮汁更牢，或面和芨末入水，不可将水入面也。”

清代文献中也可见关于浆糊防蠹经验和方法的总结。孙庆增《藏书记要·装订》介绍：“糊用小粉、川椒、白矾、百部草细末，庶可免蛀。”周二学《赏延素心录》第五则：“糊法：用陈天水一缸，以洁白飞面入水，水气作酸，再易前水，酸尽为度。既曝干，入白矾少许，和秋下陈天水，打成团，入锅煮熟。倾置一缸，候冷，浸以前水，日须一易。临用入磁瓿，千杵烂熟，以前水匀薄，大忌浓厚。”乾隆年间平湖陆烜修补古书，浆糊中必入白芨，则岁久不脱①。

三、古代浆糊配方的防蠹原理

宋代以后，浆糊中掺入的防蠹药物越来越多，其目的是驱辟更多的虫类，另加入少量白矾以解决浆糊本身的腐霉问题（白矾含有硫酸钾铝，按照传统的理解，具有脱水防腐作用）。下面我们对古代浆糊配方的防蠹原理作一分析。

上述各种配方中的药物，都有较好的辟虫效果。薰陆香是橄榄科植物卡氏乳香树渗出的树脂，含有蒎烯和二戊烯挥发油类和乳香酸。藜芦含有多种碱性物质，可杀虫。百部根是一种单叶子植物，其块根中含有百部碱、百部次碱、异百部次碱等多种生物碱，性微温，味苦甘，可驱虫抑菌。白芨是兰科多年生草本植物，有指状分节肥厚的块茎。块茎可入药，性微寒，味苦，有55%以上的黏液质，还含淀粉、挥发油等。川椒含有异茴香醚、茵牛儿醇和柠檬烯等挥发油，可以辟虫。苦楝子含有苦楝碱，可杀虫辟蠹。芸香含有茵芋碱，并含甲基正壬酮、桉油精挥发油以及芸香伞花内脂和花椒毒素，可辟虫。正是由于杀虫辟蠹成份的存在，上述药用植物被广泛应用于纸质文献的保护。生物碱具有强烈的生理活性，对于细菌有明显的抑制作用。而且，在常压下，绝大多数生物碱均无挥发性，作为防蠹药物，其性能良好而持久。挥发油多具有芳香气味或特殊气味，常温下可挥发，具有毒性，可驱虫、杀虫、抗菌。至于白矾，因为含有硫酸钾铝，具有脱水防腐作用，可以防止浆糊霉变。中国古代医学十分发达，自成体系。“我国古代的药物防蠹技术，是有充分科学依据的。它们所含的有效成份，对昆虫有显著的毒杀作用，是可靠有效的杀虫剂。”② 当多种药物同时使用时，其辟虫和防止浆糊本身腐霉的效果无疑会更为显

---

① （清）叶昌炽著，王欣夫补正．藏书纪事诗［M］．上海：上海古籍出版社，1989：537.

② 周宝中．古代保护纸质文物的药物防蠹技术［J］．中原文物，1984（4）：87-92.

著，功能会更为多样。

古代各种药物浆糊配方中普遍使用的小麦面、白芨面是浆糊的基本原料，起粘接作用，即唐代张彦远所谓的“牢固”或僧永光所谓的“永不脱解，如胶漆之坚”。倪灿《明史·艺文志》序称：“秘阁书籍，皆宋元所遗，无不精美，装用倒摺，四周外向，虫鼠不能损。”曾作为明代官修书目《内阁藏书目录》的主要编者的张萱，在《疑耀》卷五“古装书法”条称：“今秘阁中所藏宋版诸书，皆如今制乡会进呈试录，谓之蝴蝶装。其糊经数百年不脱落。”但是他“不知其糊法何似”，认为或许就是释永光所介绍的方法。这都是强调宋元时期的蝴蝶装和包背装纸叶粘接的牢固。周嘉胄《装潢志·手卷》也称：“余装卷以金粟笺，用白芨糊折边，永不脱，极雅致。”

四、古代浆糊配方在当代的应用和讨论

古代的浆糊配方，由于具有增加浆糊的粘接牢固和防霉防蛀的作用，故直至今日，在古代文献装潢修复中仍继续沿用，或经过略加改进后使用。相反，对于那些没有继承传统防蠹浆糊的人，学者们提出了严厉的批评：“遗憾的是，现在装裱时，对这一非常有利于保护书画的措施有所疏忽，所用的糊不加任何避蠹剂，往往致使刚刚裱好的书画，未经几时，就被虫子咬得遍体鳞伤。”①

现代很多古代文献收藏单位自制浆糊所配入的药物都是以古方为基础的。例如，李龙如提出，“为了使修补装订书籍不霉、不潮、不腐、不生虫、不被老鼠啃，可以使用‘五防浆糊’或在浆糊里掺配别的药剂”。所谓“五防浆糊”是“在修补装订古籍的浆糊里掺以白矾（防腐）、雄黄（防蚁）、皂角（防鼠）、百部根（防蠹，还能防其他虫）、石灰末（防潮）。将这种浆糊刷在一张白纸上，经过一段时间还不腐、不臭、不霉、不被虫蛀、老鼠不吃，

---

① 冯鹏生．中国书画装裱技法［M］．北京：北京工艺美术出版社，2003：118.

故取其名曰‘五防浆糊’，专供修补古籍用。这种浆糊对人的健康无影响，对书籍无损害”①。奚可桢表述了基本相同的看法②。林列认为，“用小粉、川椒、白矾、百部草细末，掺入浆糊，用于补书，亦可用白芨粉代替浆糊”③。周苏阳谈及《唐诗藻》的修复，“最后用传统的浆糊制法对书进行裱页……这部书没有放入书库，只放在一般橱里，现已八年了，没有再生霉，也没有被虫蛀。只是制糊时放入少许明矾”④。

但是，也有人认为古代的浆糊配方并不是尽善尽美，这主要是浆糊中某些成份可能不利于纸张的保护。例如，古代浆糊配方普遍使用白矾，而白矾是酸性物质，会对纸张起不良影响。邱晓刚撰文对周苏阳文中提及的制糊时放入少许明矾的目的提出了疑问。邱文认为，所谓明矾的脱水防腐作用，应该是对于浆糊本身，而不是对修复后的古代文献。古代制糊时加入白矾，是为了使制作好的浆糊存放的时间长一点，尽量使浆糊不要在短时间内变质、发酵、生霉；将制成的浆糊尽量用完，不要造成粮食的浪费，因为古代粮食的宝贵是可想而知的。加入明矾只是对浆糊本身起到一定时间的保护作用，而并没有考虑对纸张的不良影响⑤。这样的看法似乎有一定道理。高濂《遵生八笺·燕闲清赏笺》“法糊方”：提出放入石灰末一钱，明矾二钱。《西谛书话》记载元末明初无名氏《墨娥小录》中有两种“糊法”也提出放入石灰。明矾是酸性物质，石灰是碱性物质，使其酸碱中和，浆糊才不至于呈现酸性毁坏纸张，因此使用明矾时应该慎重。古代的造纸过程中也始终没有酸性物质带

---

① 李龙如．图书保管“八防” [J]．湘图通讯，1980（1）：32-36；（4）：22-26.

② 奚可桢．中国古籍的药物学保护技法述论［J］．图书馆杂志，2003（5）：75-77.

③ 林列．谈谈图书的保护问题［J］．福建省图书馆学会通讯，1984（4）：48-49.

④ 周苏阳．古籍修复三例［J］．江苏图书馆学报，1997（5）：43-44.

⑤ 邱晓刚．再谈古籍修复中的浆糊问题［J］．江苏图书馆学报，1999（6）：22-23.

入和产生，纸张呈中性或偏碱性。杨晓黎等人也认为，“虽然矾具有一定的防腐功能，但其 pH 值在 4.26 以下，显然这样低的 pH 值对纸张有损害，加之白矾的防虫效果几乎没有，故目前在制作浆糊时已不使用矾作为添加剂了”①。

还有一种改良古代浆糊配方的方法是杂用古代使用过的多种药物，并结合现代科学成果，使之具有更多的功能。例如，2005 年 10 月 20 日广西科技信息网介绍了一项专利《裱褙药物浆糊；裱褙药物浆糊制造方法；裱褙药物浆糊的用途》（专利号：00131606），该专利创制的裱褙药物浆糊是除去面筋、麸皮以及杂质的小麦面浆及脱离子水为主要原材料的基础上，配以蜂胶、蜂蜡、食盐、明胶、白芨等原料，使浆糊具有广谱抗菌、抗氧化、杀虫、防湿、防霉、防腐、防脱狡功效，提高胶粘质量；佐以明矾、芸香草、藜芦、皂角、必栗香、百部根、藿香、茅香、丁香、升麻等中药材，使浆糊同时具备毒杀蚊、蝇、蚤、虱、蠹诸虫及驱逐鼠、蠹虫等功能作用；辅以乙二醇单乙醚、聚乙烯吡咯烷酮、羧甲基纤维素钠等化工原料，使浆糊能在寒冬或严寒地区的低温条件下正常使用②。

今天配制浆糊的基本原料主要就是古人实践过的去掉面筋和杂质的面粉，因为这样的面粉没有暴性。在考虑浆糊粘接性强的同时，古人还注意到不能因为粘接而导致书纸变形。如果浆糊黏性差，粘接作用自然会在短时间内消失，所修补的书页会自动脱落，修补的作用大大降低，但是，如果浆糊黏性过强，水分会收缩干燥，很容易在纸面上形成核桃状的皱纹，这就是浆糊的暴性。“暴性浆糊是修复古籍的大忌，特别是对那种年代久，书叶弹性差，或已糟朽的古籍，如果修补时用了暴性浆糊，不但恢复不了古籍的原貌，而且这种被暴性浆糊损坏的古籍，以后再修时就无法揭开，乃

① 杨晓黎．略论图书馆善本古籍的修复［J］．图书馆工作与研究，2002（6）：20-23.

② 黄华信．裱褙药物浆糊　裱褙药物浆糊制造方法　裱褙药物浆糊的用途［P］．http：//2008.gxsti.net/gxsat/kjzy/zscq/zdzlxm/35150.shtml［2009-11-15］.

至造成不可弥补的损失。”① 古代文献装潢要具有可逆性，而暴性浆糊就使这种可逆性大大降低。古人长时间的实践证明，用小麦淀粉制作的浆糊，浆性柔和，粘性适度，在修补古代文献时，可以达到柔软平整的效果，材料易于获得，制作也简单。至于白芨粉，可能主要是考虑到它既能调制成糊状，也具有防蠹的效果。不过，古人的经验和今天的实践证明，如果是不提取面筋的大粉浆糊，装褙出的古代文献结实、厚层，但是再装褙时就难以揭开。用白芨水制作的浆糊已将糊与纸粘为一体，则尤其难揭；而且时间一长，纸面就会出现横竖断折的现象，揭起来就更加困难了。周嘉胄《装潢志·揭》说：“书画性命全关于揭。绢尚可为，纸有易揭者，有纸薄糊厚难揭者。糊有白芨者尤难。恃在良工苦心，施迎刃之能，逐渐耐烦，致力于毫芒微渺间，有临渊履冰之危，一得奏功，便胜淝水之捷。”

可见，现在使用的古代文献装潢修复用浆糊，绝大多数都是修复人员依据古代配方，或者对古代配方略加改进自行调制的，实践和科学实验证明，这些配方具有良好的效果。在吸取前人经验的基础上，加以改进，既能消除其可能有的某些不合理的地方，也能利用今天的试验条件和药物知识，因地制宜，配制出更科学的防蠹防霉的浆糊，以为古代文献保护服务。

① 杨晓黎．略论图书馆善本古籍的修复［J］．图书馆工作与研究，2002（6）：20-23．

第四章

中国古代药物防治文献蠹虫方法及其现实价值

在文献收藏中，依靠药物防蠹，历史悠久，药物种类繁多，施药方法多样，在材料和方法上，自成体系。无论是古人使用的药物的药理，还是古人长期实践的结果，都证明这些药物对文献的保护是卓有成效的。中国古代以植物药物为主体的文献防蠹方法和材料，在世界文献保护史上是独一无二的，是中国文化传统和中国医学所抟塑的，具有特殊的价值。这种以物理方法防治文献蠹虫，完全适应了古代文献自身的物理性特征，具有重大的启示意义。

虫蠹对古代文献的危害是慢性的，但是危害程度很大。中国蠹虫种类众多，分布地域广泛，在适宜于蠹虫生活的条件下（具有一定的温度、湿度和营养），蠹虫即可孳生和大量繁殖。古代文献的纸张是植物纤维，又以浆糊粘结，很适合蠹虫的营养生活条件，对文献的保护造成很大的威胁。“这些害虫，它们的痕迹比它们本身更容易为人发现，平时不常见到，除非在那些遭受潮湿空气以及不常翻动的书中。”“在它们悄无声息的行程中，有一些在一本书中向四方八面钻了许多洞。”①

老鼠和白蚁也常常在文献收藏库房繁殖，损坏文献。古人在文献收藏过程中也发明了防治鼠蚁的方法和材料。

第一节　古代药物防治文献蠹虫方法源流

如前所述，汉代在简策上涂液，已是使用药物防止文献蠹虫的先导；在纸张作为文献载体初期的魏晋时期，已经使用了芸草用以防蠹。宋洪刍《香谱》卷上引三国魏鱼豢《典略》称“芸香辟纸鱼蠹，故藏书台亦称芸台”，这里明确说明芸香所辟的是纸（纸质文献）中的蠹虫。这是中国古代文献首次记载的药物防蠹。芸香是生长在南方的一种植物，其防蠹功效应该很早被南方民间所知，并被用于日常防蠹；而在北方的魏朝知道这一植物，并且用以防治纸质文献之蠹，而且以防蠹药物名称作为国家藏书处所的代称，应该有一个过程，这个过程可能起源于汉魏之际。因为纸质文献正是在这一时期逐渐流行的。而产于南方的植物被应用于位于北方的国家文献收藏处所，应该是南方私人文献收藏者首先使用，而后传播到北方的。

两晋南北朝以后，有关文献防蠹药物的记载就逐渐增多，越来越多的防蠹药物被发现和使用。《艺文类聚》卷八一“芸香”条引晋郭璞《仓颉解诂》称：“芸蒿。似邪蒿。可食。辟纸蠹。”魏晋文学家，东郡白马（今河南滑县）人成公绥（231—273），有《芸香赋》（《艺文类聚》卷八一）：“携昵友以消遥兮，览伟草之敷英。慕君子之弘覆兮，超托躯于朱庭。俯引泽于丹壤兮，仰汲润乎泰清。繁兹绿蕊，茂此翠茎。叶芰苁以纤折兮，枝阿那以回萦。象春松之含曜兮，郁蓊蔚以葱青。”可见魏晋时芸香草已为北方所熟

① ［英］赫利·亚尔地斯．书的护持和糟蹋［A］．［奥地利］斯蒂芬·茨威格，等著；叶灵凤译．书的礼赞［C］．北京：生活·读书·新知三联书店，1998：69-75.

知。北魏文献记载，书橱中放置麝香、木瓜①，可以辟蠹，可知魏晋南北朝文献辟蠹药物主要为芸香、麝香和木瓜。唐代的文献没有记载使用哪些药物辟蠹，至于诗文中道及的芸香（例如，杜甫《八哀诗·故著作郎贬台州司户荥阳郑公虔》中的“晚就芸香阁，胡尘昏坱莽”，常兖《晚秋集贤院即事》中的“墨润水文茧，香销蠹字鱼”，姚合《偶题》中的“迟日逍遥芸草长，圣朝清净谏臣闲”，杨巨源《酬令狐员外直夜书怀见寄》中的“芸香能护字，铅椠善呈书”），或者派生出的“芸台”、“芸局”、“芸省”、“芸阁”等秘书省、秘书监之别名，指代书籍的“芸编”、“芸帙”，指代藏书处所的“芸署”、“芸台”和读书室的“芸窗”等，当是唐代文人借用传统的雅称（后人借用传统的称谓入诗篇，是常见的），不能视为运用芸草防蠹的实录，但是我们也缺乏唐代没有采用芸草防蠹的确证。宋人梅尧臣《和刁太傅新墅十题·西斋》中有“请君架上添芸草，莫遣中间有蠹鱼”之句，亦当作此解。《梦溪笔谈》卷三记载：“古人藏书辟蠹用芸。芸，香草也。今人谓之七里香者是也。叶类豌豆，作小丛生。其叶极芬香，秋后叶间微白如粉污。辟蠹殊验。南人采置席下，能去蚤虱。予判昭文馆时，曾得数株于潞公家，移植秘阁后，今不复有存者。香草之类，大率多异名，所谓兰荪，荪，即今菖蒲是也。蕙，今零陵香是也。茝，今白芷是也。”② 张邦基《墨庄漫录》也载：“文潞公（彦博）为相日，赴秘书省暴书宴。令堂吏视阁下芸草，乃公守蜀日，以此草寄植馆中也。”③ 可知博识如文彦博，尊贵如帝王家，都没有使用芸草保护收藏的文献，他们只是在秘阁院里种植几株芸草，隐含仿照古时称秘阁为“芸台”之雅意；而且沈括称古人藏书用芸辟蠹，也可以看出唐宋时期文献收藏没有使用芸香辟蠹。南宋邵博《邵氏闻见后录》卷二九云：“芸草，古人用以藏书，曰芸香是也。置书帙中即无蠹，置席下即去蚤虱。叶类豌豆，作小丛，遇秋则叶上微白，

① （北魏）贾思勰．齐民要术［M］．上海：商务印书馆，1939：58.
② （宋）沈括．梦溪笔谈［M］．上海：商务印书馆，1937：16.
③ （宋）张邦基．墨庄漫录［M］．北京：中华书局，2002：173.

如粉汗，南人谓之七里香。”邵博晚于沈括大半个世纪，此条明显是抄袭《梦溪笔谈》，仅个别文字稍异。清王毓贤《绘事备考》（文渊阁四库全书本）卷一：“又天章、龙图、宝文三阁后有图书库，亦藏贮图画书籍，每岁伏日曝晾，焚芸香辟蠹。”作者对于这个资料没有注明出处，不知从何而来，今天存世的文献似没有宋代使用芸香以辟文献之蠹的记载，何况是焚烧芸香这种比较特殊的辟蠹方法①。又有人引用宋代孙奕《示儿编》（笔者按：原文未注明出自何版本，本书参考的是文渊阁四库全书本卷一六）“芸香辟书蠹。鱼石子亦辟书蠹”证明宋代使用芸香辟书蠹②，其实是没有注意到这两句话下面的注文。前者注引《笔谈》，即《梦溪笔谈》，后者注引《秘阁闲录》，可见这并不是宋代文献保存中使用芸香以辟蠹虫的证据，反而证明了宋代在文献收藏中没有使用芸香辟蠹。似乎直到明嘉靖间，宦游地域甚广，其中也包括广西的范钦继承古老的传统，在浙江天一阁使用芸香。谢堃《春草堂集》卷三二：“范氏天一阁藏书甚富，内多世所罕见者。兼藏芸草一本，色淡绿而不枯，三百年来，不生蠹，草之功也。”一本就是一株，一株芸草能使一楼收藏的文献不生蠹，绝非事实，但是，天一阁使用芸香辟蠹，或实有其事。（但是也有人认为，广西香草属报春花科多年生直立草本植物，主产两广、两湖等地，尤以广西大瑶山为最。这种香草有“灵香草”、“零陵香”、“薰草”多种别名，却没有“芸香草”的别名。芸香草属禾本科多年生草本植物，主产云、贵、川、陕、甘等地，二者在外观上差异甚大，而相同之处是都含有挥发油成份，有一定香味，但芸香草的香味无论是持久性、浓烈性还是杀虫性都远远不及灵香草。既然范钦是在广西得到的这种香草，那么应该是灵香草无疑。天一阁之所以用“芸香草”名字，可能

---

① 人们无数次地重复同样的错误，这就是后人往往把当世习以为常的事物理所当然地认为古已有之，并不自觉地流淌在笔端。如果王毓贤的这则资料出处可疑的话，也很可能是他把清代习以为常的焚烧芸香辟蠹的做法，想当然地认为宋代也有。

② 王志慧．中药技术在档案保存中的作用［J］．兰台世界，2010（11）：10-11.

是浙江人听广西人发音“芸”“灵”不分，并且查找了植物本草又确有一个“芸香草”①。）而天一阁采用芸香防虫还有一个传说：范钦早期的藏书也曾因虫蛀问题损失惨重，后来他偶然发现惟独有一部《书经新说》第六卷在残损的古籍中完好无损，经仔细观察，发现书中夹有一株小草。范钦记起这小草是他在广西宦游读书时夹进书中作为书签用的。后来他得知这种小草叫“芸香草”，广西人常把它放在衣柜里防止虫蠹衣物。

宋元时期文献辟蠹的药物，主要是皂角（皂荚）、麝香和樟脑。根据宋陈师道的记载，王文献公（溥）家以皂荚末置书叶间②。元代无名氏《居家必用事类全集》卷六、明洪武年间编撰天顺年间增补的《新增格古要论》卷九（此卷原注为新增，此条系据前书而来）都提到，麝香和樟脑都可以驱辟书柜中的蠹虫③。

明代中期后，根据多种文献记载，除了使用七里香花、樟脑外④，文献保护药物又陆续使用了香蒿、花椒、烟叶、荷花瓣、艾叶、兰花、芥菜、肉桂等，以及清初使用的矿物药物如雄黄、石灰，甚至晚清的西洋药水、药粉，显示出文献保护技术发展的与时俱进。烟草自明代万历年间（16 世纪下半叶至 17 世纪初）始传入中国南方，至清康熙时南北种植才较普遍，很快被文献收藏家作为文献防蠹药物使用。

其实，因为蠹虫种类很多，生活习性、药物的适口性及对不同药物的适应性不同，所以没有哪一种药物可以防治所有蠹虫。因此古代，尤其是明代中后期至清代，使用文献保护药物往往不止一种，而是兼用多种，以期发挥不同药物的作用，防治不同蠹虫，更好地达到防霉防虫防鼠防蚁的目的。例如，清代文献收藏家的心得是：“装潢得法，亦贵珍藏。盛以画囊，置木箱内，悬之屋梁透风

---

① Sisyphus Yao. 天一阁与灵香草［J］. douban［2009-03-01］.

②（宋）陈师道. 后山谈丛［M］. 上海：商务印书馆，1936：17.

③（明）曹昭著，王佐增. 新增格古要论［M］. 上海：商务印书馆，1939：176.

④（明）高濂. 遵生八笺［M］. 北京：人民卫生出版社，1994：120.

处。南方蒸热，伏候宜取晒晾，以樟脑、芸香、花椒、烟叶等贮箱内，又贵时常取挂，则无霉蛀之患。”①

第二节 古代防治文献蠹虫药物的使用方法

文献防蠹药物的加工，比较简单易行。一般就是直接使用植物的叶子或果实（晾干后），或者就是研成碎末。研成碎末的药物，一般是包裹在纸张或布制袋中。至于其他药材，也不再进行加工而直接使用。

文献防蠹药物的使用方法以夹放于文献内部或者铺设在文献周围最为常见。一般文献收藏者是把药物夹放于文献内部，这既有利于保存药物中的药性，也可以驱除或防止文献内部的虫害。古代文献保护所使用的药物，尤其是草药，都适合夹放于文献内部。至于铺设在收藏的文献周围，例如，“柜顶用皂角炒为末，研细，铺一层”，这是把药物铺在书柜顶上；“恐有白蚁，用炭屑、石灰、锅绣（锈）铺地”，或者“橱下多置雄黄、石灰”②，这是把药物铺设在地面上；“橱内多放香烈杀虫之药品”③，这是在橱内施放药物。也有在文献收藏室内用炭炉烧薰草药的④。烟熏时，植物中的杀虫有效成份可以通过燃烧在短时间内全部挥发到空气中，同时燃烧这些植物还会产生大量二氧化碳，改变文献收藏室内的空气构成，氧气浓度大大降低，进一步提高药效，具有良好的防蠹效果。焚烧药用植物以辟蠹虫，最早的可靠记载见于明代中期的文献。明代长洲（今苏州）文献收藏家俞弁（1488？—1547）为抄本《灵异记》八卷撰写的题跋中称：“生平酷好书，僻性恹城居。洗杓尝鸱酒，焚芸辟蠹鱼。”⑤ 该题跋所署时间为己卯（正德十四年，

---

① （清）邹一桂．小山画谱［M］．文渊阁四库全书本：卷下“藏画”。

② （清）孙从添．藏书记要［M］．上海：古典文学出版社，1957：46.

③ （清）叶德辉．藏书十约［M］．上海：上海古籍出版社，2005：53.

④ （清）石成金．传家宝［M］．北京：线装书局，2008：142.

⑤ （清）黄丕烈．士礼居藏书题跋记［M］．北京：书目文献出版社，1989：168.

1519年）端阳后二日。其中“焚芸辟蠹鱼”当非虚指，因为前此或作者本人若无焚香辟蠹之举，诗人兼文献收藏家断不会无中生有，依靠想象入诗，况且是题跋。熟悉题跋的读者都知道，题跋的内容基本上是实录；我们相信，即使不是作者自己所为，至少当时已经实践过依靠焚烧芸草之类的药物产生的烟雾来驱辟文献中的蠹鱼了。关于早期焚烧芸草辟蠹的记载，可以查考到的尚有两例，一是上面引述的王毓贤《绘事备考》，该书卷一提及宋代官府文献收藏机构焚芸香辟蠹。前已说明这段文字可信度不高。明末张岱《夜航船》卷八也称：“芸香草能辟蠹，藏书者用以熏之，故书曰芸编。古诗：‘芸叶熏香走蠹鱼。’”这表示作者是相信通过焚烧芸草的方式驱避文献中的蠹鱼的。所谓“古诗”，当是宋朝甚或唐五代。但是宋元时期未闻以芸草辟蠹者，或为唐五代诗篇。未明出处，待考。这就可以证明中国中古时期就有焚芸草辟蠹的传统。至于焚烧药物的工具和方法，清康熙年间石成金《传家宝》“收书不生蠹鱼蛀虫法”条目中有详细的记载：“于伏日晒书之后，堆满柜厨，预留火炉空处。用炭火一炉，烧起芸香，即闭柜门，使香烟熏绕，则虫蠹自不生矣。”① 注意这里还特意点明了熏烧的时间，即伏日，而且是晒书之后。这是通过晒书和焚烧芸草两种方法来驱避蠹虫，可以保证在一段时期内不再滋生蠹虫。当然，使用这种方法要注意防火。此法也可能是自古沿传而来。

第三节　防治文献蠹虫药物的作用机理

上述药物之所以被古人用来防治文献蠹虫，主要是因为这些药物具有防治蠹虫的作用机理，再者也是因为这些药物安全，即对人不会产生伤害。这些药物都能挥发出强烈刺激气味，或者分泌出抗虫杀菌的物质，从而达到驱虫辟蠹的功效，其药物有效化学成份如表4-1所示。

---

①（清）石成金．传家宝［M］．北京：线装书局，2008：142．

表 4-1　　　　文献防蠹药物有效化学成份图表

药名	别名	来源	主要有效化学成份		
			生物碱	挥发油类	其他
黄蘗	黄柏	芸香科植物黄蘗树皮	小蘗碱（$C_{20}H_{19}O_5N$） 棕榈碱（$C_{21}H_{23}O_5N$） 黄柏碱（$C_{20}H_{24}O_5N$）	黄柏酮（$C_{26}H_{30}O_7$）	棒状花椒酰胺
花椒	香椒；川椒；红花椒	芸香科植物花椒果实	茵芋碱（$C_{14}H_{13}NO_4$） 青椒碱（$C_{17}H_{23}NO$）	柠檬烯 枯醇 香叶醇	有机酸 香豆精类
青椒	香椒；山椒；崖椒	芸香科植物青椒果实及根皮	小蘗碱（$C_{20}H_{19}O_5N$） 茵芋碱（$C_{14}H_{13}NO_4$）	异茴香醚 牻牛儿醇	
胡椒	白胡椒；黑胡椒	胡椒科植物胡椒果实	胡椒碱（$C_{17}H_{19}O_3N$） 胡椒脂碱（$C_{17}H_{19}NO_3$）	水芹烯 丁香烯	吡啶（$C_5H_{11}N$）
辣椒	香椒；大椒	茄科植物辣椒果实	辣椒碱（$C_{18}H_{27}NO_3$）		辣椒黄素 龙葵甙
茱萸	吴茱萸；茶辣	芸香科植物吴茱萸果实	吴萸次碱（$C_{18}H_{13}OM_3$） 吴萸碱（$C_{18}H_{17}ON_3$）	吴萸烯（$C_{10}H_{16}$） 吴萸内酯（$C_{26}H_{30}O_8$）	
芸香	臭草	芸香科植物芸香全草	茵芋碱（$C_{14}H_{13}NO_4$）	甲基正壬酮 桉油精（$C_{10}H_{18}O$）	芸香伞花内酯（$C_{19}H_{38}O_{11}$） 花椒毒素

续表

药名	别名	来源	主要有效化学成份		
			生物碱	挥发油类	其他
芸香草	山茅香;七里香	禾木科植物芸香全草		胡椒酮（$C_{10}H_{16}O$）香叶醇（$C_{10}H_{18}O$）香叶醛（$C_{10}H_{16}O$）	
苦楝子	楝树;紫花树;楝枣子;翠树;森树	楝科植物楝树根皮	苦楝碱	苦碱苦酮（$C_{30}H_{46}O_4$）	川楝素（$C_{30}H_{38}O_{11}$）
百部	百部草;百部根	百部科植物百部根块	百部碱（$C_{17}H_{25}O_4N$）百部次碱（$C_{19}H_{31}O_5N$）		
青蒿	蒿子;香蒿	菊科植物黄花蒿全草		黄花蒿酮（$C_{10}H_{16}O$）倍半萜烯醇（$C_{15}H_{24}O$）桉油精（$C_{10}H_{18}O$）左旋樟脑（$C_{10}H_{16}O$）	东莨菪碱（$C_{17}H_{21}NO_4$）
萵苣	金盏;山萵苣	菊科植物山萵苣全草	莨菪碱（$C_{17}H_{23}NO_3$）	萵苣苦内酯	
肉桂	玉桂;牡桂;菌桂;筒桂	樟科植物肉桂的皮		桂皮醛（C_9H_8O）乙酸桂皮脂 桂皮酸乙酯	

续表

药名	别名	来源	主要有效化学成份		
			生物碱	挥发油类	其他
木瓜	贴梗海棠	蔷薇科植物贴梗木瓜果实			皂苷 黄酮类 有机酸
皂荚	大皂角	豆科植物皂荚树果实			三萜皂甙 鞣质
银杏	白果	银杏科植物银杏树茎干和种仁		白果酮 ($C_{15}H_{20}O_2$) 芝麻素 ($C_{20}H_{18}O_6$)	白果酸 ($C_{22}H_{34}O_3$) 莽草酸 ($C_7H_{10}O_5$)
狼毒	山萝卜;断肠草	瑞香科植物狼毒根			狼毒素 有机酸 甾醇
白芷	川白芷	伞科植物白芷根		白芷素 ($C_{17}H_{18}O_7$) 白芷素毒草	香豆精类
零陵香	黄零陵香	豆科植物黄香草木樨全草		伞花内酯 ($C_9H_6O_3$)	尿囊酸 ($C_4H_8O\ N_4$) 香豆精类
烟草		茄科植物烟草的全草	烟碱 ($C_{10}H_{14}N_2$)		
樟脑	树脑	樟科植物樟树木材、枝叶经蒸馏而得的结晶		左旋樟脑 ($C_{10}H_{16}O$) 桉油精 ($C_{10}H_{18}O$) 黄樟醚 ($C_{10}H_{10}O_2$)	
薰陆香	马尾香;乳香	橄榄科植物卡式乳香树渗出的树脂		蒎烯 二戊烯	乳香酸 ($C_{30}H_{48}O_3$)

续表

药名	别名	来源	主要有效化学成份		
			生物碱	挥发油类	其他
檀香	白檀木	檀木科植物檀香茎干		白檀醇($C_{15}H_{24}O$)檀香萜酮($C_{11}H_{16}O$)	檀香酸($C_{24}H_{22}O_8$)
麝香	香脐子	雄麝香囊内的分泌物		麝香酮($C_{16}H_{30}O$)甾体激素雄素酮	
雄黄	鸡冠石;石黄	矿产			硫化砷(ASS)
雌黄		矿产			三硫化二砷(AS_2S_3)
铅丹	黄丹;红丹	纯铅制得			四氧化三铅(Pb_3O_4)
白矾	明矾	天然明矾提炼的结晶			硫酸钾铝[$KAl(SO_4)_2 \cdot 12H_2O$]

[此表据周宝中《古代保护纸质文物的药物防蠹技术》(中原文物,1984年第4期)改编]

第四节　古代药物防治文献蠹虫方法的现实价值

千百年的实践证明，古人在文献收藏过程中采用上述药物进行辟蠹杀虫是比较有效的。这些药物分布广泛，采集、加工比较简易；对人身和环境没有危害；对文献本身不会产生危害（毒副作用）；成本低，价格廉。这些药物中的许多品种至今仍以不同的方式被加工，并广泛使用于古代文献收藏单位，是典型的绿色环保药品。现在的广西、浙江、广东、福建、天津、江苏、河南等的80

多个省、市、县图书馆多年来都使用灵香草防蠹，效果非常显著。灵香草具有防虫、驱虫的特效功能，无任何副作用，被国内一些专家称为驱虫之王。

有的研究者提出了以下问题而对这些药物的使用及其效果有所怀疑：一是其中的一些药物药性时间不长，二是其中的一些药物杀虫效果有限或者不能杀虫，三是古代文献收藏数量有限，便于施放或经常更换药物，而今天大中型古代文献收藏单位收藏古代文献数量众多，施放既为不易，不断更换更是困难。这些担心是正常的，也是负责任的。但是，我们认为，这些困难是不难克服的。其实，除了某些药物的配方有一定的技术含量外，施放和更换的方法都比较简单，过程也不复杂，完全可由古代文献收藏单位的专门工作人员完成，也可以在某个时期临时集中配备足够的人手完成。至于有些药物药性时间不长，我们认为，世界上不存在一劳永逸的事情，何况面对随时滋生的虫鼠？而且这些药品药性都在半年以上，有的可长达一年或数年，药性过后完全来得及更换。这些药物经济成本不高，其价格是绝大部分文献收藏单位负担得起的。这些药物中的大部分，只要使用得当，经常更换，是有一定杀虫辟蠹效果的。当然，其中的有些药物，例如樟脑，尤其是天然樟脑，含有对于人体有害作用的成份，可以不再使用。还有，不同的药物所驱辟的虫类不同，不能指望一种或两种药物能驱辟所有的虫类。文献害虫种类很多，南北有异，不同的虫类对不同的药物反应是有差别的，因此，应该多种药物同时施用，以发挥不同药物的不同作用。比如，挥发性与中毒性的药物同时使用，以达到驱灭与诱杀相结合的效果；不同的药物置放在不同的地方，以全方位地驱辟虫类。可以在地面上铺设药物，也可以在书架上或书柜里放置药物，还可以在书页中夹放防虫植物叶子或植物制成的药物。短暂的文献防蠹不是很困难，困难的是长期防蠹，以及防止各种虫类的侵袭。在这方面，古人确实都有丰富而宝贵的经验。我们今天继承和改进前人文献保护所使用的药物，就是通过比较、选择，选取其中杀虫或辟蠹效果较强的药物，经过进一步加工，以裨实用。甚至可以把几种功能作用不同的药物在一起加工，使其发挥不同的作用，达到防潮防虫防鼠防蚁的效果。古代使用的文献保护药物，是同时起到防治两种功效的。有人以收藏的古代文献中因为使用了这些药物而仍有蠹虫就否定这些药物及其方法的作用，是不正确的。那可能或者是使用不当，或者是没有及时更换失效的药物所致，使用这些药物本来就不是一劳永逸的方法。我们不能指望治愈了一次感冒就以为永远不会再患感冒了，我们也不能因为还会感冒就不治感冒了。即使一些所谓的现代防蠹方法，难道就是一劳永逸的方法？一劳永逸的方法只有一种，那就是这些古代文献彻底不复存在，所以试图寻找解决文献蠹虫问题的一劳永逸的方法只能是痴人说梦。借用古人“校书如扫落叶，旋扫旋生”的说法，古代文献防蠹也是如扫落叶，旋扫旋生，这是最正常的事情。经过治理之后不再生虫，反倒不正常了。文献防治蠹虫本来就是生虫——防治虫——再生虫——再防治虫的不断的连续的过程。

相反，在现存古代文献收藏中采用化学药物等保护方法，可能会起到暂时的甚至很明显的效果，但是也可能会对古代文献和人体造成较大的甚至永久的伤害，也不符合绿色环保宗旨。我们生活中不乏这样的经验，短期有效的东西，往往会带来恒久的副作用；效用越高，副作用往往越大。试图寻找一种或数种彻底根除文献蠹虫的方法，只能是梦想。只要古代文献还有存留，哪怕只有一种，人类就要和文献蠹虫不停地搏斗。

第五章

中国古代防治文献霉变方法及其现实价值

霉变给古代文献带来的危害很大，潮湿会给霉菌的生长带来适宜的环境。霉菌的繁殖力很强。在古代文献收藏处所里，放置于墙根、窗边和角落里的古代文献最易潮湿，也易发霉。古代文献的封面、书脊或外缘上因为有浆糊、大量水分和氧气的关系，也易霉变。当灰尘附着于古代文献表面时，潮湿的环境会使灰尘黏结于古代文献上，而使古代文献成为砖块样的东西，更利于霉菌的生长。所以，古代的文献保护在防治文献霉变方面比较注意，发明了一些方法。这些方法，首先以晾晒为主，其次是经常翻检文献，再次是在文献收藏处所的建设及其库房设计中，注意通风透光，最后是在文献收藏库房放置一些吸潮物品。可见，文献的防治霉变确实是一项系统工程，需要多种技术和方法的结合。

第一节　古代文献晾晒

《穆天子传》卷五记载穆天子巡游时晾晒途中携带的“蠹书”，可知周朝已经知道通过晾晒的方法来防治文献的潮湿、蠹虫和霉变。我们认为，作为最容易发现也是最经济、实用的方法，在古代，文献的晾晒应该与日常生活中其他物品的晾晒一样，是最早也是比较普遍的行为，以至于至迟在汉代，文献晾晒已经成为习俗，至少是北方的习俗。东汉后期崔寔《四民月令》称农历七月七日晒文献（“晒经书”），文献就不会遭受虫蛀。晾晒文献固定的时间为七月七日，这个时间应该是北方的。崔寔出生于河北，又在京师洛阳为官多年，《四民月令》的时序坐标当是洛阳或者以洛阳为中心的北方。农历七月七日是北方夏日将去而秋天将至的日子，多晴少雨，气候温热，适合于晾晒包括文献在内的物品。

臧荣绪《晋书》记载，司马懿不想接受曹操的任命，假托患有风痹。七月七日那天曝晒家藏文献，不料突降大雨，情急之下起身收拾文献，恰巧被曹操派去监视的令史看到。而其他文献的记载是被一婢女看到，司马懿妻子杀之以灭口。而另一个晒腹中书的典故更显示出文献晾晒的普遍化。《世说新语》“排调篇”第二五记载：“郝隆七月七日出日中仰卧，人问其故，答曰：‘我晒书。’”

北魏《齐民要术》首先全面讨论了文献产生蠹虫的原因（“五月湿热”）、晾晒的必要性（“书经夏不舒展者，必生虫”）、晾晒的时间（农历五月十五日至七月二十日之间）、次数（每年“三度”）、场所（“大屋下风凉处，不见日处”）、晾晒后如何收藏（“热卷，生虫弥速”，即应该凉透再收藏）以及晾晒应规避的气候（“阴雨润气”）等问题，足见当时文献晾晒已经积累了丰富的经验，而且在今天看来，方法也是非常科学的。

唐代关于晾晒文献的记载较少，但是作为传统，文献晾晒活动应该不会停止。张彦远《法书要录》卷三载武平《徐氏法书记》：“平一龆龀之岁见育宫中，且睹先后阅法书数轴，将拓以赐藩邸，时见宫人出六十余函于亿岁殿曝之。”南卓《羯鼓录》：“至东阳，因曝书见之，乃详列而竟焉。”唐代似乎已经产生了专门晾晒文献的工具，例如文学家陆龟蒙有“晒书床”，他在《袭美以公斋小宴见招因代书寄之》诗中写道：“早云才破漏春阳，野客晨兴喜又忙。自与酌量煎药水，别教安置晒书床。”①

需要说明的是，唐代的床与南宋以后出现的可以躺卧的床不同，其模样相当于今天的小折叠椅，其座面由棕绳连接，所以也称“绳床”。对这个晒书床的形制我们不得而知，既然称床，想来当同当时坐的床差不多，或许为了晾晒的方便，而把棕绳改为木板也未可知，这是历史上专门的晾晒文献的工具了②。

根据郭若虚《图画见闻志》卷五的记载，五代梁刘彦齐，“所藏名迹，不啻千卷。每暑伏晒曝，亲自卷舒，终日不倦”。

真正把文献晾晒活动搞得轰轰烈烈的是宋代，那就是朝廷的曝书会。宋朝廷举行的文献晾晒不仅是文献防霉蠹的措施，更成为综合性的文化聚会。从宋代有关史料来看，文事昌盛的宋代，朝廷的曝书会已经制度化了。兹以南宋为例略示说明：第一，曝书会由秘书省主持，由临安府具体承办。在正常的岁月里，每年举行一次（宋蔡绦《铁围山丛谈》卷一云：“秘书省岁曝书则有会，号曰曝书会。”）。时间多选择在农历七月五、六、七三日。晒书时间有时可达两月之久。例如，绍兴十四年五月七日，朝廷采纳秘书郎张阐的建议：“本省年例，入夏曝晒书籍，自五月一日为始，至七月一日止。”③ 第二，曝书会有专款，数额从三百贯到一千贯不等。第三，参加曝书会的官员有身份限制，当然其基本身份都是文官。如绍兴十三年（1143）赴会者的身份是侍从、台谏、正言以上及前馆职、帖职；而淳熙五年（1178）赴会者的身份是侍从、给舍、

---

① （清）曹寅，等．全唐诗［M］．北京：中华书局，1960：卷624.

② 古代还有读书床。黄丕烈《士礼居藏书题跋记》卷六（书目文献出版社，1989年）有“《张来仪文集》一卷（旧抄本）”题跋：“即如《广韵》，小学书之一种也，而中有‘榥’字，注云‘读书床’也，人尽忽焉。义门（按即何焯，学者称义门先生）因得是集而读之，而校之，且几疑‘榥’之为‘幌’。而朱校‘木’旁作‘巾’旁；幸下文又有‘幌’字在，方悟‘榥’字之非误。”可知古代尚有“读书床”。元代诗人蒋捷（宜兴人）《竹山词》“尾犯·寒夜”中有“夜倚读书床，敲碎唾壶，灯晕明灭”之句。

③ （宋）陈骙著；张富祥点校．南宋馆阁录［M］．北京：中华书局，1998：22.

台谏、正言以上及馆职、前馆职、帖职、寄职，凡 48 人。第四，安排酒食宴会并有赏赐，与会者的名衔刻石留念。“乃具盛筵，邀见在三馆者宴集。秋日暴书宴，皆得预席。”① “两浙转运司计置碑石，刊予会者名衔”，秘书省所设房舍之“拜阁待班之所”，“内设金漆椅、棹四，外设青布缘荻簾。后有便道通史院，内藏绍兴十六年、十七年、十八年、二十九年、三十年暴书会、乾道七年丞相济国公《群玉题名》石刻在焉”②。

宋代私人晾晒文献也比较普遍。一些文献收藏家记载了他们晾晒文献的情况。宋代学者邵雍有《曝书吟》：“虫蠹书害少，人蠹书害多。虫蠹曝已去，人蠹当如何?”③ 这首诗把虫蠹和人蠹（人蠹既指人对文献的毁坏，更指著书的人制作的有害世道人心的作品。作为理学大家的邵雍，此诗绝非仅仅为了书中蠹虫）做了对比，认为人蠹远害于虫蠹。邵雍还有一首《蠹书鱼》诗：“形状类如鱼，其心好蠹书。居常游箧笥，未如在江湖。为害千般有，言烹一物无。年年当盛夏，晒了又如初。”④ 显示出文献收藏者尽管努力晾晒文献，但是面对猖獗的蠹虫，仍然无奈的心情。我们从中也可知道，身处中原的邵雍，不仅年年晾晒收藏的文献，而且晾晒文献的时期是在盛夏。

在民俗方面，宋代规定六月初六为天贶节，是日民间多晒文献衣物等。根据《宋史·真宗纪》的记载，这个节日是由真宗诏定的。

元代官方的晾晒文献，有王士点撰《秘书监志》卷六的记载：“至元十五年五月十一日，秘书监照得：本监应有书画图籍等物，须要依时正官监视，仔细点检曝晒，不致虫伤浥变损坏。外据回回

---

① （宋）洪迈．容斋四笔［M］．上海：上海古籍出版社，1990：618-619.

② （宋）陈骙著；张富祥点校．南宋馆阁录［M］．北京：中华书局，1998：12.

③ （宋）邵雍．击壤集［M］．文渊阁四库全书本：卷 11.

④ （宋）邵雍．击壤集［M］．文渊阁四库全书本：卷 14.

文书就便北台内，令鄂都玛勒一同检觑曝晒。"① 元代私人曝书的资料不多。汲县王恽《王氏藏书目录序》（李修生等《全元文》卷一八五）中称："至元四年秋七月曝书于庭，与儿子孺校而帙之，则各从其类也。"

明代政府晾晒文献活动不多。北京收藏文献最多的政府机构文渊阁，位于邃密之地，制度卑狭，窗牖昏暗，白天查阅文献，也需列炬，抽阅甚难，处于"置高阁，饱蠹鱼"的境地②。而司礼监经厂收藏的版片和文献，霉蠹也很严重，"有蛀如玲珑板者，有尘霉如泥板者"③。不过，明朝各级政府对于档案类文献的管理比较重视，例如南京后湖收藏的黄册在每年 4~10 月间晾晒；皇史宬也有晾晒文献之举："六月六日，本非令节。但内府皇史宬晒曝列圣实录、列圣御制文集诸大函，则每岁故事也。"④ 南北国子监的曝书，据明俞如楫《礼部志稿》卷四六载："每岁三伏日，如宋朝曝书，给酒食费之类。先期奏请翰林院，量委堂上官一二员偕僚属，赴国子监晒晾书籍，而查算毕事，封职扃钥，岁以为常。南监钥则付南京翰林院掌印管收掌，其曝书给酒食，亦如此之例。"但是明代朝廷不重视文献收藏过程中的管理，确实带来严重的后果⑤。

至于私人晾晒文献，明代所留下的记载也不少见。从明代一些关于文献收藏家的论述来看，文献晾晒仍然应该是普遍的行为。例如，隆庆间信阳王祖嫡（1531—1592）《师竹堂集·奉旨拟撰词曲序》："伏日曝书，偶见此稿，谨录而恭识之。"浙江侯一麟《龙门集》卷三"适园杂诗"五首之四："芝圃堪行药，芸窗且曝书。"成化年间江苏昆山陆深《江东藏书目录》自序称："正德戊辰夏六月，寓安福里，宿疴新起，命童出曝。"⑥ 万历间福建连江陈第

---

① （元）王士点．秘书监志［M］．文渊阁四库全书本：卷 6.

② （明）沈德符．万历野获编［M］．北京：中华书局，1959：卷一.

③ （明）刘若愚．酌中志［M］．北京：北京古籍出版社：卷 18.

④ （明）沈德符．万历野获编［M］．北京：中华书局，1959：619.

⑤ 王国强．明代目录学研究［M］．郑州：中州古籍出版社，2000：35-36.

⑥ （明）胡应麟．少室山房笔丛［M］．北京：中华书局，1958：25.

《世善堂藏书目录》题词称："今岁闲居西郊，伏去凉生。课儿仆辈晒晾入簏。"钱谦益也是经常晾晒文献。在钱谦益为《湖山类稿》五卷《汪水云诗钞》一卷《补遗》一卷《旧宫人诗词》一卷《附录》一卷的题跋中有"夏日晒书"之语，时间署为崇祯辛未（1631）七夕，其晒书时间当早于是日①。谢肇淛《五杂俎》指出晾晒文献的举措值得提倡，但是他强调必须把晾晒后的文献阴凉之后才能放入书箱，如果文献在溽热的状态下收藏，不仅起不到防蠹的效果，反而滋生蠹虫②。

明代书院文献收藏较丰。郑廷鹄（1505—1563）《白鹿洞志》卷一一收有白鹿洞书院山长李资元嘉靖十五年（1566）所作的《白鹿洞学交盘册序》，序称："凡于四季，遇湿气则加曝晒，有尘垢则加展拂，照类收拾，使经久不坏。"

清代朝廷晾晒文献也未形成制度。清朝廷曝晒文献始于康熙元年（1662）。据陈康祺《郎潜纪闻初笔》卷二记载："秘阁曝书，以每年三月六日，自康熙壬寅始也。"乾隆四十一年（1776）六月谕旨文渊阁"所有阁中书籍，按时检曝"。然而不久，乾隆帝又认为，"各书装贮匣页用木，并非纸背之物，本可无虞蠹蛀。且卷帙浩繁，非一时所能翻阅，而多人抽看曝晒，易至损污，入匣时复未能详整安贮，其弊更甚于蠹蛀"，"嗣后止须慎为珍藏，竟可毋庸曝晒"。（见中国第一历史档案馆编《纂修四库全书档案》"谕内阁文渊阁著交提举阁事一人专管并全书嗣后毋庸曝晒"）于是，文献晾晒工作奉命停止。可以看出，这篇官样谕旨述说的不再晾晒文献的理由是：书籍存放在匣里，不用担心蠹虫，这是说保管条件好，不必晾晒；卷帙浩繁，工作量大，这是说晾晒大量的文献费工费时；曝晒时人多手杂，容易损污文献；晾晒后装入匣中难以保证妥帖，危害远远大于晾晒。后两条理由是说晾晒可能会带来不利的后果，反而不利于保存。这些理由固然都说得通，但是，仅凭木制匣

① （清）黄丕烈．士礼居藏书题跋记［M］．北京：书目文献出版社，1989：248.

② （明）谢肇淛．五杂俎［M］．北京：中华书局，1959：271.

子断难长期防蠹，为了防蠹蛀而实施晾晒，后三条理由都是不难克服的。这个做法不免因噎废食之讥。然而，到了同治六年（1867）十一月二十四日，文津阁上书皇帝要求晾晒文献（见中国第一历史档案馆编《纂修四库全书档案》附录一“热河都统麟庆奏文津阁书籍抖晾需费请旨照例开销片”）：“此次修理文津阁工程完竣，所有《四库全书》六千八百五函，现已移交妥协，其中沾受潮湿共计二十六函，亦饬抖晾干燥，一律收庋讫。惟查文津阁所藏书籍，从前每届夏季，遵照文渊阁事例抖晾一次，嗣因余平归公，抖晾人等茶水一切无项可给，遂即停止。迄今几二十年，诚恐日久不行抖晾，书籍渐至蠹敝。应请自同治七年为始，仍复抖晾。旧例所需人夫茶水，为数无多，即由该管衙门公项支给，归于年例开销，以资经久。”该奏折得到同治皇帝的批准。

清代私人晾晒文献则比较普遍。清初，江苏常熟毛晋之子毛扆有曝书之举①。曹寅《楝亭诗抄》卷二《和芷园消夏十首·曝书》：“十五年间万卷藏，中年方觉曝书忙；遥怜挥汗缤缁处，时有微风送古香。”瞿氏铁琴铜剑楼藏书平日有人管理，每年必选择合适的日子晾晒一次。传世宋高宗赵构赐岳飞《起复诏》有“嘉庆庚辰曝书日，文澜阁司事钱塘应沛敬观”题跋。黄丕烈也经常夏日曝书。黄丕烈影抄宋本《北山小集》四十卷跋：“闰六月八日，天晴曝书，展玩一过。”② 清代有一部以曝书命名的作品集，即钱泰吉《曝书杂记》。还有一部文集名曰《曝书亭集》，曝书亭是朱彝尊读书、晾晒文献的亭子，其藏书目录《曝书亭著录》序云：“池南有亭曰曝书，既曝而藏诸，因著于录。”其孙朱稻孙有《曝书》诗云：“秘阁心劳久，沙隄手泽传。一经余旧业，七录此重编。（原注：先文恪赐书，兵后尽失，大父于甲申乙酉间，复为搜辑）简蚀神仙字，签题甲乙年。三冬期尽读，忍废《蓼莪》

---

① 瞿良士．铁琴铜剑楼藏书题跋集录［M］．上海：上海古籍出版社，1985：320.

② （清）黄丕烈．士礼居藏书题跋记［M］．北京：书目文献出版社，1989：241.

篇。”可以看出，朱氏子孙仍然恪守祖辈晾晒文献的遗风。《清稗类抄》“鉴赏类”录有常熟顾文宁《曝书有感》诗云：

“玄蝉噪熏风，嘒嘒庭前木。晴窗白昼长，赤日盛炎熇。不暇傲羲皇，且抱残编曝。芸馥当风散，衣鱼随手扑。破损感年深，校阅怜毫兔。不惜倾囊购，不辞胝手录。夸人未全贫，堆床尚连屋。世缘已渐忘，爱此犹骨肉。身后无可授，生前不能读。展看三太息，将入阿谁目？有聚应有散，此理筹之熟。自笑尚忘疲，检点乃归椟。”

这首诗描写出了一个老儒晾晒文献时的感慨，也实录了晾晒文献时的一系列文献保护的举止：一个蝉声如雨的晴朗夏日，藏书被搬移到室外，书册被一个个摊开，夹在书中的芸香香味随风飘散，书中的蠹鱼被一个个扑灭。晒书人一册册翻检着自己在节衣缩食过程中购买和抄写的书籍，在往事的回忆中，忘却了疲倦。

钱塘袁枚《小仓山房诗集》卷三三“消夏八首之曝书”：“问富数书对，收藏却最难。趁兹三伏好，分作几回摊。线脱忙教换，云遮怕未干。蠹鱼应一笑，未必子孙看。”点明了作者习惯于三伏晴天晾晒文献，晾晒文献时，晒书人仔细检阅收藏的文献，有散乱的当即找人换线修补，天空有云遮蔽阳光时，生怕不能晒透文献。

文献晾晒的具体方法，或是从纸质文献出现后才讲究的。北魏《齐民要术》以北方气候为依据，认为应该在农历五月十五日至七月二十日之间进行文献晾晒，每年晾晒 3 次，晾晒的地点应该选择在“大屋下风凉处，不见日处”，晾晒时要避开阴雨潮湿的气候，换言之，即选择晴朗干燥的天气，而晾晒后如果马上收藏，不仅达不到灭虫的效果，相反，只会加速害虫的滋生，正确的方法是等晾晒的文献凉透后再收藏起来。可以看出，这里几乎对文献晾晒的各种方法都考虑到了。尤为难得的是，作者提出要在“不见日处”晾晒文献，其理由是阳光可导致纸张颜色变暗。公元 5 世纪的作者当然不可能知道紫外线对于纸张损害的严重性，但是他记载的阳光可导致纸张颜色变暗确实是纸张长期遭受紫外线照射的结果，这个经验极有价值。到了清代，“抖晾”一词频繁出现于有关文献中。清代富察敦崇的《燕京岁时记》载："京师于六月六抖晾衣服书籍，谓可不生虫蠹。"如上所引述的，清代文津阁要求抖晾藏书的奏疏数次提到抖晾。《清稗类抄》"鉴赏类"称："文敏所蓄书画、碑帖、墨本等物，盛夏时必由夫人手自抖晒，极力防蠹鼠，岁以为常。"光绪二十四年（1898）《大梁书院藏书藏书目·藏书阅书规则》规定："所存各书，每至伏日，酌量抖晾一次。"①

这里的"抖晾"十分传神，也很正确。抖晾即选择晴朗的日子，在干湿度适宜的地方，轻抖并阴晾文献，或者将文献展放开来（书画悬挂在墙上），让风轻轻吹拂掉上面的灰尘和湿气，而不是在阳光下曝晒。宋代的文献收藏家提倡晾晒书脑，也是不直接晾晒书页。宋费衮在《司马温公读书法》中记载，司马光所收藏的文献，每年在上伏（即夏至以后的第三个庚日为初伏的开始日期）及重阳间，选择天气晴朗的日子，把文献铺设在案几上，曝晒书脑，"年月虽深，终不损动"②。而《藏书记要》也说要曝晒书脑③。曝晒书脑的原因，最直接的可能是书脑是纸张粘贴或打孔装订处，纸页粘连或紧贴在一起，容易泛潮或吸潮，比起其他部位，也更难以晾干。所以晾晒文献时，书脑最需要晾晒，而只要书脑部分晾干，其他部位自不待言。再者，曝晒书脑，书籍重叠着倾斜铺设在案几上，也可避免灰尘进入书页。

孙从添《藏书记要》认为，文献晾晒须在伏天，或者在秋初；按照书柜数目依次晾晒，一柜一日；晾晒用板 4 块，约 0.7 米宽，5 米长，高凳搁起，放到阳光下，将书脑放上面，两面翻晒；晾晒后，连板抬到风口凉透后再搬到楼上。遇到雨，台板连书入屋内阁起最为方便。在板上摊开文献时，须要趁早凉时光，因为如果天气

---

①（清）顾璜，等．大梁书院藏书目［A］．李希泌，张椒华．中国古代藏书与近代图书馆史料（春秋至五四前后）［C］．北京：中华书局，1982：72-75.

②（宋）费衮．梁谿漫志［M］．文渊阁四库全书本：卷 3.

③（清）孙从添．藏书记要［M］．上海：古典文学出版社，1957：46-47.

热了，汗手拿放文献，痕迹就会沾到文献上①。

清代梁鼎芬《书藏四约》规定丰湖书院收藏的文献每年按季晾晒一次（即农历二月二十二日、五月二十二日、八月二十二日、十一月二十二日，均晒至二十五日），选择晴日无风天气，要按次布晒，收时勿乱，要两面翻晒，晒凉透后，方可收回。中江书院规定“每年六、七月，专管者觅精细人晒书一次”②。叶德辉注意到南北时令气候不同，文献晾晒时间应该不同。他认为北方适合农历六月六日或七夕曝书，而此时的南方正值酷暑，过于枯燥，随时而至的暴雨也可能会祸及文献；朝曝夕收，文献中吸收的热量在橱内数日不会消失，于文献保存不利。南方的农历八九月，秋高气清，且有西风杀虫，适合晾晒文献。总之，“南北地气不同，是不可不辨者也”③。

文献晾晒，在文献保护上，可以产生以下效果：第一，防霉变；第二，驱蠹虫；第三，除潮湿；第四，去灰尘。

紫外线会加速文献的老化，所以，对于文献长时间的、直接接受阳光照射的做法是不可行的。除了贾思勰和其他数人，古代大多数文献收藏家似都没有注意到文献不能接受强烈的阳光照射，而是采取了直接曝晒文献的办法，这是不可取的。贾思勰的认识在当时条件下，并不是以科学实验而得出的数据为基础的，而只是个人观察或古老相传的经验；根据贾思勰的记载，曝晒后的文献，只会引起纸张颜色变暗，这个结果也不会引起其他文献收藏者的兴趣，因为，这种影响短时期内是不容易观察出来的。这可能是千百年来无数的文献收藏单位没有采取贾思勰推荐的方法的原因。上面介绍的抖晾文献的方法，司马光的晾晒书脑的方法，可能也受到贾氏的影响，而文震亨《长物志》谈及藏画方法，也提到“四、五月，先将画幅幅展看，微见日色，收起入匣，去地丈余，庶免霉白”，可

---

① （清）孙从添．藏书记要［M］．上海：古典文学出版社，1957：46-47.

② （清）梁鼎芬．书藏四约［M］．清末乐群堂刻本：藏书约.

③ （清）叶德辉．藏书十约［M］．上海：上海古籍出版社，2005：53.

能也接受了贾思勰的部分经验，而在实践上，这样的方法在有些情况下也是可行的。

古人所创造的文献晾晒方法至今仍然值得借鉴：

第一，文献晾晒的基本方法是晾，即抖晾，或者阴晒，而不是直接曝晒。一般情况下，如果直接曝晒文献，阳光中的紫外线对文献的损毁更直接缩短文献的寿命。

第二，晾晒时期。根据不同地区的气候特点，选择合适的时节晾晒文献。南方可选择在阳历 10 月至 11 月，北方可选择在阳历 6 月至 10 月。晾晒要选择晴朗干燥的日子。

第三，晾晒次数。每年最少晾晒 1 次，有条件最好能晾晒 2—5 次。

第四，晾晒地点。选择阴凉通风处，干燥或凉爽的空气可以逐渐带去文献中的水分，并且保持文献的平整。

第五，在清晨凉爽时把文献摆放在晾晒板上，以免手上和身上的汗液沾染或滴落在文献上。晾晒过程中，双手轻轻抓着书脑，使书页朝下，轻抖数次，抖落文献上的灰尘和蛀虫，也可把文献依次翻检。

第六，文献的晒，是阴晒，晾晒，而不是直接在阳光下曝晒。一些湿气较重甚至被水浸湿的古籍，可以略微曝晒书脑。曝晒的方法，是把文献一本一本地立在木板上，把书脑部分砌开，叠成鱼鳞状，向着阳光。待略干后，一页页揭开，再行晾干。不能一下子晒干，晒的时间长了，不仅造成文献板结，而且紫外线会严重损毁文献。这是说，两害相权取其轻。

第七，把晾晒后的文献收起，待凉透后再上架入柜。

第二节　古代文献翻阅

在古代，晾晒文献过程中不断的搬运、摆放、翻动，也是伴随着翻检文献的过程，而且很多文献收藏家在晾晒文献时，会翻检自己的藏品。古代很多文献都记载文献收藏家在晾晒文献时发现了一些遗忘的文献，通过阅读后，而感慨良多。除了文献晾晒时的批量翻检外，对于收藏的文献，平常也需要勤于翻阅。流水不腐，户枢不蠹。古人经过长时期的摸索，得出一条十分重要的文献保护经验，那就是文献需要经常翻阅。经常翻阅文献可以避免虫蠹，去除潮气和灰尘，减少或避免文献霉变①。早在汉代，人们就认识到律令文献长期放置库房而不利用容易遭受灰尘蠹虫。唐代张彦远《历代名画记》卷二提出，“凡书画时时舒展，即免蠹湿”。明代一位经验丰富的文献收藏家甚至认为，每天翻检是避免文献蠹蛀的惟一良方②。另一位文献收藏家认为，由于文献收藏较多，个人不可能全部、经常翻阅，那么，这些文献就会饱受虫鱼之苦。别的读书人来翻阅这些文献，可以使被翻阅的这部分文献免遭虫蛀，这成为他乐意把收藏的文献提供外人利用的原因之一③。而天一阁收藏的文献在明末清代抱持秘惜为藏的观念，除了每年一次的晾晒文献，数百年中，深闭固拒，只有黄宗羲、全祖望、袁枚、钱大昕、阮元等少数名公巨匠登阁阅览文献，所以虫蛀惨重。早在乾隆三年(1738)，全祖望《鲒埼亭集外编》卷一七《天一阁碑目记》中就说：“独有一架，范氏子弟未尝发现，询之乃碑也……惜乎鼠伤虫蚀十之五。”④ 这是说天一阁藏品中的金石拓片从未被范氏子孙翻检过，所以蠹蚀尤为严重。清代同样强调对于收藏的文献要时常翻检阅览，只要打开文献就对文献起到了保护作用⑤；他们深信，勤于检阅远胜于防蠹药物⑥。成都文殊院藏经阁收藏文献甚丰，虽处潮湿多雨多虫之地，阁中没有放置任何药物，收藏的文献虽然年深月久，却不蛀不霉，保存完好。其原因就是该寺院每年举办一次扫经活动，即每年挑选一个风和日丽的日子，把全部经书搬到室外，僧侣们净手焚香，一边念经一边用羽毛轻掸经书的每一页，直至把

① 林列．谈谈图书的保护问题［J］．福建省图书馆学会通讯，1984(4)：48-49.

② （明）谢肇淛．五杂俎［M］．北京：中华书局，1959：271.

③ （明）徐𤊹．徐氏笔精［M］．文渊阁四库全书本：卷6.

④ （清）全祖望．鲒埼亭集外编［M］．四部丛刊本：卷17.

⑤ （清）孙从添．藏书记要［M］．上海：古典文学出版社，1957：45.

⑥ （清）梁鼎芬．书藏四约［M］．清末乐群堂刻本：藏书约.

经书通翻一遍，翻动的过程就是破坏蠹虫安定的生存环境的过程；他们用羽毛清扫书页，还可以驱除文献内部害虫的虫卵，清除文献上的灰尘。文献校勘的过程也是翻检文献的过程，因为校勘除了经常翻阅底本外，还要翻阅该书的其他版本以及其他相关文献。叶德辉在《藏书十约》“校勘”部分认为校勘的好处有八个，其一就是“日日翻检，不生潮霉，蠹鱼蛀虫，应手拂去”①。

书画也是如此。明文震亨《长物志》卷五“藏画”认为，书画收藏要注意“平时张挂，须三五日一易，则不厌观，不惹尘湿”②。《赏延素心录》第六则说：“更须县（悬）挂宝爱，约四五日一易，既不病画，亦不损裱。”③ 清邹一桂《小山画谱》卷下“藏画”也说：“贵时常取挂，则无霉蛀之患。”书画之“时常取挂”，如同书籍的时常翻检，能够防霉防尘防蠹。

在古代，文献收藏家翻检自己的藏品，是经常的，因为他们平时阅读的，是这些文献，做研究需要查找利用的，是这些文献，晾晒的，也是这些文献，独自摩挲或与人共赏的，还是这些文献。至于收藏家为收藏的文献编制目录，也是多次全部翻检。祁承㸁在明万历四十八年（1620）撰写的《庚申整书小记》中说道，他与儿辈约定，每五年编辑一次藏书目录，就把目录的编制视为经常的行为了。日常翻检也可以随时发现随时消除文献的潮霉蠹蛀。一旦他们知道文献经常翻检极为有利于文献的保护，他们一定会经常翻检自己费尽辛苦、节衣缩食才得到的藏品，这不仅是责任心问题，也是出于对个人拥有的藏品的爱惜。而且，对于一个收藏数百或数千种文献的人来说，全部翻检一遍似乎也不是太困难的事情。传统文化离我们越来越远，隔膜越来越深，兼之一些当代古代文献收藏单位过分秘惜自己的藏品，甚至只提供缩微胶卷，而且，对于一般读者而言，新整理出版的古代文献完全可以替代古代的版本，古代文献在今天的利用率不可避免地越来越低，绝大部分古代文献经年未

① （清）叶德辉．藏书十约［M］．上海：上海古籍出版社，2005：50．

② （明）文震亨．长物志［M］．文渊阁四库全书本：卷5“藏画”．

③ （清）邹一桂．小山画谱［M］．文渊阁四库全书本：卷2“藏画”．

被翻检，极不利于古代文献的保护。今天的古代文献收藏单位的管理者，大部分是被动地应付着读者，在乏人问津的阅览室中考验着自己的耐心，有多少人有着古代文献收藏者那样对自己藏品的责任心和爱惜心呢？上层管理者又有谁懂得古代文献需要经常翻检而以此要求古代文献管理者呢？今天的古代文献管理者既很少会翻检藏品，而现当代的古代文献收藏单位以藏为主的管理理念和与之配套的管理方法，又处处限制读者的利用，其结果正如研究者所表述的那样，“我们平时注意到，受虫害的古籍多是少借出或未借出者，相反那些读者常来查阅的古籍则往往并不长虫”①。这就是说，我们越珍惜存世的古代文献，往往越不借阅或限制借阅，越加速着古代文献的损坏。保管和利用两者真是一个难以克服的怪圈。我们把古代文献，尤其是其中的善本，当作文物来保护，这种做法很对，但是，我们也不要忘记古代文献自身的特殊性，有时候越是珍藏，越是不翻阅，可能会带来意想不到的恶果。其实不仅是古代文献如此，试看很多物事，越是不用，反而损坏越快。古代文献不提供社会利用，并不意味着永远束之高阁。难道永远——如果可能的话——地密封起来，就是我们保护古代文献的最终目的吗？如果我们不提供利用，那么，至少工作人员还是应该知道并且做到适时翻检，即由专业人员所操作的保护性翻检，尽量延长古代文献的寿命。

经常翻检既然有良好的保护古代文献的功效，而且也简便易行，我们就应该继承并发扬这个优良传统。对于收藏古代文献数量不太多的单位来说，只要管理者认真负责，勤于此事，经常翻检是不难做到的。对于收藏古代文献数量较多的单位来说，可以临时调配工作人员，在古代文献管理者指导下，在短时间内翻检一遍。如果把收藏的古代文献每年能翻检三五遍，那么，其效果可能比置放药物或其他措施还要好，——当然，日常的翻检也不能完全代替药

---

① 林子雄．华南地区古籍善本保护与保存［A］．中国国家图书馆．中文善本古籍保存保护国际研讨会论文集［C］．北京：北京图书馆出版社，2002：72-80.

物及其他措施。

不过，文献翻阅也要讲究恰当的方法。不正确的翻阅方法可以导致文献的损毁，正确的翻阅方法则有利于延长文献的寿命。《颜氏家训》“治家第五”称：“济阳江禄，读书未竟，虽有急速，必待卷束整齐，然后得起，故无损败，人不厌其求假焉。或有狼籍几案，分散部帙，多为童幼婢妾之所点污，风雨虫鼠之所毁伤，实为累德。吾每读圣人之书，未尝不肃敬对之。”从正反两方面告诫人们掌握正确的检阅文献的方法。《齐民要术》卷三则叙述得更为细致具体：“凡开卷读书，卷头首纸，不宜急卷；急则破折，折则裂。以书带上下络首纸者，无不裂坏；卷一两张后，乃以书带上下络之者，稳而不坏。卷书勿用鬲带而引之，非直带湿损卷，又损首纸令穴；当衔竹引之。书带勿太急，急则令书腰折。骑蓦书上过者，亦令书腰折。”根据宋费衮《梁谿漫志》卷三的记载，司马光收藏文献万余卷，晨夕阅读数十年，每种文献都保存完好，好像未经触动过。司马光曾告诫儿子翻阅文献的正确方法：“至于启卷，必先视几案洁净，藉以裀褥，然后端坐看之。或欲行看，即承以方版，未尝敢空手捧之，非惟手汗渍及，亦虑触动其脑。每至看竟一版，即侧右手大指面衬其沿，而覆以次指面，捻而夹过，故得不至揉熟其纸。每见汝辈多以指爪撮起，甚非吾意。今浮屠老氏犹知尊敬其书，岂以吾儒反不如乎？当宜志之。”这个方法被明清很多文献收藏家奉为准则。

明胡应麟《少室山房笔丛》载赵孟頫的一篇跋语：“聚书藏书，良匪易事。善观书者，澄神端虑，净几焚香，勿卷脑，勿折角，勿以爪侵字，勿以唾揭幅，勿以作枕，勿以夹刺。随损随修，随开随掩。后之得吾书者，并奉赠此法。”① 这篇题跋被后世很多文献收藏者奉为准绳，广为传颂。

至于文献阅读，尤其是公共文献收藏处所的阅读，也要注意阅读中的保护。清光绪二十一年（1897）《安徽于湖中江书院藏书目》收录《募捐书籍并藏书规条》，其中有一条说：“诸生借阅，

① （明）胡应麟．少室山房笔丛［M］．北京：中华书局，1958：64.

掌书者先将书页当面数清，如有脱页，即于书头上盖戳记。收还亦须当面过数，倘有缺损，须借书补钞。（恐有懒于照钞，将书撕下，或有忌人知之者，会课时尤宜防。）若妄加圈点批评，亦须面斥，以后不准借书。"① 清光绪二十四年（1898）《大梁书院藏书藏书目》收录的《藏书阅书规则》说，诸生应该效法古人爱护藏书，以使院中藏书可以常存："而便人无非便己，倘或视为官家之物，狼藉几案，朱墨涂乙，甚且分散部帙，剽窃画图，则未入官时，居心行事，已不堪问，实非鄙人之所敢知也。"② 清光绪二十五年（1899）《兴化文正书院藏书凡例》："藏书期垂久远，观书诸生，须知珍惜，倘有墨污，擅加丹黄，以及卷叶缺少破损折皱，由斋长点检后，照原书计价赔罚。如有保状，保人亦一例议罚。"③ 阮元嘉庆十四年（1809）《杭州灵隐书藏记》和嘉庆十八年（1813）《焦山书藏记》都规定"寺僧有鬻借霉乱者，外人有携窃涂损者，皆究之"④。

古代文献收藏家的实践和论述给我们提供了经常翻检和阅读是保护古代文献最好的方法之一的理念，而且也指示了正确的翻检和阅读方法，这些都是值得我们今天加以继承和发扬的。与古代文献有关的工作人员不仅需要掌握正确的翻阅文献方法，也负有教育读者掌握正确的翻检古代文献的方法的责任，尤其重要的，要在阅览室为读者提供有利于保护古代文献的阅读环境和设备。

---

① （清）中江书院．安徽于湖中江书院藏书目［A］．李希泌，张椒华．中国古代藏书与近代图书馆史料（春秋至五四前后）［C］．北京：中华书局，1982：69-72.

② （清）大梁书院．大梁书院藏书目［A］．李希泌，张椒华．中国古代藏书与近代图书馆史料（春秋至五四前后）［C］．北京：中华书局，1982：72-75.

③ （清）文正书院．兴化文正书院藏书目［A］．李希泌，张椒华．中国古代藏书与近代图书馆史料（春秋至五四前后）［C］．北京：中华书局，1982：75-77.

④ （清）阮元．杭州灵隐书藏记［A］．李希泌，张椒华．中国古代藏书与近代图书馆史料（春秋至五四前后）［C］．北京：中华书局，1982：81-83.

第三节　古代文献收藏处所通风透光

通风透光可以减少古代文献收藏库房内的潮湿，从而减少蛀虫和霉菌。通风透光涉及多种因素和技术。为了使文献收藏处所能够通风透光，古人在文献收藏处所的位置选择及其高度、库房设计、文献柜（箱，架）排列等方面发明并采取了种种措施。

建造文献收藏处所时，古代多选择在空旷阜隆之地，其中一个原因就是这样的地理环境利于通风透光。南方文献收藏家多把文献收藏处所建造为两层楼，一般寺观藏经楼也是二层，并且把文献收藏在二层，也是如此。根据《（开庆）四明续志》（宋吴潜修，梅应发、刘锡纂）卷四的记载，宋代庆元府（今宁波）架阁库楼在开庆元年（1259）重新建设的时候，就是“书庋上分，吏舍下列”的二层楼建筑。其目的是防止档案受潮霉烂：“楼在设厅之东西庑。案牍充栋山积，岁久弗葺，淋炙日甚。大使丞相谓两司：‘文书官籍，以考旧比，委之颓檐败阁，以便去籍者之奸，可乎?’开庆元年七月，更而新之。总二十有六间。其择材钜，其用工精。书庋上分，吏舍下列。自今插架整整，图籍之储得其所矣。凡费钱三万一百一一贯三百文，米七十石一斗。”明代嘉靖时期，苏州孙楼建有文献收藏处所“丌册庋”。在其《百川集》“《丌册庋记》”一文中，作者先是叙述他对于文献的珍藏：“贯中以韦，护表以茧，类叠于椟，藏亦珍矣。”这是给收藏的文献进行装订并提供一个适宜的小环境，但是，在作者看来，这还远远不能抵挡文献的敌人，作者还希望文献收藏有一个理想的处所：“思夫鼠蠹莫之能啮，湿暑莫之能浥，曷若爽而垲之。登之重屋之上，陈诸疏棂之中，楼之其庶乎?”作者认为，要想抵御虫鼠的蛀啮，湿暑的侵袭，最好是在高隆而且干燥的地方建筑文献收藏处所，而且是二层楼；而且楼上有窗户，可以通风透光。当他有了条件后，就建设理想的文献收藏处所了：“南向为楼者三楹，高二十尺，衡二十有九尺，纵半之。右之偏复为一楹，以阶下上，于是移所藏而藏焉。"① 祁承㸁在家信中表达了理想的文献收藏处所的样式："下一层离基地二尺许，用阁栅地板，湿蒸或不能上……前面只用透地风窗，以便受日色之晒……而此楼之制，既欲其坚固，又欲其透风。须我与匠人自以巧心成之。"②《藏书十约》称："楼居尤贵高畅，盖天雨瓦湿，其潮气更甚于室中也。"③

文献收藏库房的设计主要是有适当数量和大小的窗户能够满足空气对流的要求，要能方便开闭。明代南京后湖收藏黄册的库房东西相向，每间库房前后都有窗户，便于通风，也适宜早晚日晒，防止湖内湿气侵蒸。皇史宬在南北两面墙上开辟石窗，对流的空气可以及时排出室内的潮湿。天一阁系二层硬山式结构，楼上比较干燥，用以贮书，前后有窗，有利通风。就是书橱，也是前后有门，两面书橱，便于透风。有些寺观藏经楼采用扫经、翻经等方法，即在天气温和的季节，开窗通风，打扫柜橱，翻动经卷，除潮去虫④。明代就有人指出，文献收藏库房要通风采光⑤。另外，为了便于通风透光，库房一般要求比较宽敞，尽量减少间隔；房间过小，墙角过多，都易引起潮湿，而且不易排出湿气。孙从添认为，"四面窗棂须要透风"，并要求"窗小棂大"⑥。叶德辉指出，"书楼宜四方开窗通风，兼引朝阳入室。遇东风生虫之候，闭其东窗。窗橱俱宜常开"⑦。清末《仙源书院藏书目录初编·初议公集书籍

---

① （清）叶昌炽著；王欣夫补正．藏书纪事诗［M］．上海：上海古籍出版社，1989：214-215.

② 黄裳．银鱼集［M］．三联书店，1985：277.

③ （清）叶德辉．藏书十约［M］．上海：上海古籍出版社，2005：52.

④ 李景仁，冯慧芬．图书、档案保护常识［J］．图书馆杂志，1983（4）：55-56；43.

⑤ （明）谢肇淛．五杂俎［M］．北京：中华书局，1959：271.

⑥ （清）孙从添．藏书记要［M］．上海：古典文学出版社，1957：45.

⑦ （清）叶德辉．藏书十约［M］．上海：上海古籍出版社，2005：52.

章程》："每月专管须开各书厨晾开一两次。"① 明清两代南方文献收藏家已然注意到因为温湿度的变化，文献收藏库房的四季管理方法应该随之调整，尤其是窗户，封闭和开启应该注意时节，以调节库房温湿度，防治潮湿和霉蠹。明代高濂说："收书于未梅雨时，开阁厨晾燥，随即闭门。"这是通过闭门的方法防治湿气的侵入②。清代叶德辉也说："春夏之交，宜时时清理，以防潮湿。四、五月黄霉，或四时久雨不晴，则宜封闭。六、七月以后至冬尽春初，又宜敞开。"③

库房内文献柜、架的排列，要力求疏朗和整齐，有利于通风透光。胡应麟二酉山房收藏文献的柜子 24 个，高及屋顶，尺度若一，摆放应该是比较整齐而疏朗的④。孙从添认为，"书架宜雅而精，朴素者佳。下隔要高。四柱略粗，不可太狭，亦不可太阔。约放书二百本为率。安置书架，勿近于窗并壁之处"⑤。所谓"下隔要高"，是使放置于架上的文献离地面尽可能远些，所谓"勿近于窗并壁"，是不让书架靠近窗户和墙壁。靠近窗户，容易被雨水淋湿，招惹灰尘，同时也遮挡了风道；而靠近墙壁，则文献容易吸收墙壁中的潮气，这些都是为了防止或减少文献受潮霉变。孙从添还认为，"书放柜中或架上，俱不可并，宜分开寸许。放后亦不可放足。书要透风，则不蛀不霉"⑥。《书藏四约》认为，"书箱布列不可太密，宜疏行以通气（大箱两个一行，小箱三个一行，取书方宜）"⑦。叶德辉认为，"列橱之法，如宁波范氏天一阁式，四库

① （清）仙源书院．仙源书院藏书目录初编［A］．李希泌，张椒华．中国古代藏书与近代图书馆史料（春秋至五四前后）［C］．北京：中华书局，1982：77-79.

② （明）高濂．遵生八笺［M］．北京：人民卫生出版社，1994：110.

③ （清）叶德辉．藏书十约［M］．上海：上海古籍出版社，2005：53.

④ （明）王世贞．二酉山房记［A］．（明）王世贞．弇州山人续稿［C］．文渊阁四库全书本：卷 63.

⑤ （清）孙从添．藏书记要［M］．上海：古典文学出版社，1957：46.

⑥ （清）孙从添．藏书记要［M］．上海：古典文学出版社，1957：46.

⑦ （清）梁鼎芬．书藏四约［M］．清末乐群堂刻本：藏书约.

之文渊阁、浙江之文澜阁即仿为之。其屋俱空楹，以书橱排列，间作坎画形，特有间壁耳”①。这些富有经验的文献收藏家都强调文献柜、架排列要整齐疏朗。

至于书画，则要经常悬挂在通风处。宋赵希鹄《洞天清录集·挂画》称：“择画之名笔，一屋止可三四轴，观玩三五日，则诸轴皆见风日，决不蒸湿……极暑则屋中必蒸热，不宜挂壁。大寒于屋中渐著小火，令如二月天气候，挂之不妨。”② 清邹一桂《小山画谱》卷下称：“装潢得法，亦贵珍藏。盛以画囊，置木箱内，悬之屋梁透风处。”③

通风透光方法是古代文献收藏家发明的文献保护的有效方法。今天，很多古代文献收藏单位利用现代化的仪器设备使书库基本上达到了恒温恒湿的条件；其实如果条件许可，阅览室同样应该恒温恒湿，否则，读者阅读时，当处于恒温恒湿的文献库房中的古代文献被置放于非恒温恒湿的阅览室时，又该怎么办呢？但是，很多中小型古代文献收藏单位的库房还不具备恒温恒湿的条件，这样，古代所创造的文献库房通风透光的文献方法就仍然值得我们借鉴。例如文献收藏处所位置的选择在空旷阜隆之处，有适当数量和大小的窗户在开启时能够使空气对流以排除室内湿气，文献柜、架在制作规格上要整齐划一，摆放要疏朗，不要在靠近墙角和窗口处摆放，等等，至今仍然适用④。

---

① （清）叶德辉．藏书十约［M］．上海：上海古籍出版社，2005：52-53.

② （宋）赵希鹄．洞天清录集［M］．文渊阁四库全书本：挂画.

③ （清）邹一桂．小山画谱［M］．文渊阁四库全书本：卷2“藏画”.

④ ［英］赫利·亚尔地斯《书的护持和糟蹋》（收入叶灵凤译《书的礼赞》，生活·读书·新知三联书店，1998年，第69-75页）也谈道：“当一本书的封面装订受了潮湿，发生微斑时，它们应该用柔软的毛刷仔细地加以揩擦——更不应忘记将书打开，揩拭书面的外面、里面和边缘——并且放在通风地方，彻底地经过风吹之后，然后始放回原处……空气流通乃是最好的防止（藏书）潮湿办法，为了便利空气有充分的地位可以流动，书架每层木板的里边和书架后背最好应该留有半寸的空位。”

第四节 古代文献收藏处所放置吸潮物品

在文献收藏库房放置吸潮类物品吸收潮气以防治或减少潮湿，古代文献收藏家所做的尝试并不多。根据文献记载，明代天一阁主人范钦似乎在文献库房地面上放置过英石以吸潮。首先记载此事的是曹寅。乾隆三十九年（1774）六月，时任杭州织造的曹寅奉高宗命查看天一阁建筑及书架款式，他在奏章中写道："天一阁东偏一间以近墙壁，恐受潮气，并不贮书……橱下各置英石一块，以收潮湿。"① 据曹寅的奏折，曹寅不仅前往查看，而且其信息也来自范氏后人范懋柱，当属不虚。清代学者袁枚《到西湖住七日即渡江游四明山，赴克太守之招》中也称："久闻天一阁藏书，英石芸草辟蠹鱼。近日椟存珠已去，我来翻撷但唏嘘（自注：厨内所存宋板秘抄俱已散失。书中夹芸草，橱下放英石，云收阴湿之物也）。"② 该诗是作者80岁时游四明及天一阁时所作，被多家文献引用以证明天一阁使用了芸香和英石。这组诗下还有一首诗："戣亭尺牍善收藏，三百年人聚一堂（自注：鄞县范戣亭孝廉藏前明尺牍千余家）；采到袁丝真有幸，涂鸦也侧两三行。"可见他还与范氏后人有过接触。之后一年，袁枚另有一诗，诗题《挽范戣亭孝廉》，诗云："久闻天乙阁，藏书胜酉穴。想向蒲侯借，因到鄮架侧。君家诸族人，灿若屏风列。蠹鱼见我来，蠕蠕尽逃匿。芸草知我来，余香未消灭。启椟无一遍，但见灰尘积。"在《藏书纪事诗》中，叶昌炽是相信这个说法的。他提到其同年王胜之，王说天一阁干燥不蚀，就是因为芸草、英石③。冯贞群《鄞范氏天一阁书目内编》十卷附四的照片和书橱字排列示意图注文说：阁中左

---

① （清）曹寅．弘历谕军机大臣传谕寅著亲往天一阁看其房间制造之法及寅著覆奏文［A］．李希泌，张椒华．中国古代藏书与近代图书馆史料（春秋至五四前后）［C］．北京：中华书局，1982：38-39.

② （清）袁枚．小仓山房诗集［M］．光绪十九年（1893）刻本：卷36.

③ （清）叶昌炽著；王欣夫补正．藏书纪事诗［M］．上海：上海古籍出版社，1989：187.

室，列有五橱，专藏《古今图书集成》，橱门画双龙，尊乾隆皇帝所赐书，下置英石以避潮湿，前设一案一椅，其他房间则没有。该目录还附有冯氏《芸草避蠹英石收湿说》：“嘉庆壬戌《目》中有霉蛀之本，则芸草、英石收湿之说实未足信，岂以时久而失其效耶？”① 冯氏推测是不是时间长了英石就失去了效用，但是也无明证。而首先对此提出质疑的是现代文献学家赵万里。赵万里 1933 年撰《重整范氏天一阁藏书记略》，说：“细察图的建筑方式和其他宁波住宅并无多少不同之点。”“故老相传……柜子下镇着浮石，可以吸收水分。这完全是神话。浮石不知从郭外哪个山里搬来的一种水成岩的碎块，并无什么吸收空中水分的能力。”② 骆兆平《漫谈天一阁保护的历史经验》称：“考英石产于广东英德县，是一种石灰岩石块……我们请教过地质工作者，并作了实验，证明它并无吸潮作用。”③ 上述争论的焦点有二，一是天一阁有没有放置英石，二是英石能不能吸潮。在笔者看来，我们很难相信一个如此慎重保守的文献收藏处所会随意放置一块既无观赏价值也无实用价值的石块，结合多人记载，天一阁应该放置有英石。我们今天知道英石或许不能吸潮，但是古人未必知道。实在地说，即使英石能够吸潮，橱下各置一块，如果不经常更换（吸潮的物品必须待其水分饱和时予以更换，才能发挥其作用），其吸潮作用也是有限的。另外，根据姚椿《樗寮日记》稿本，天一阁厨下“皆置小石峰，云是密严物，可避蠹”④，那就更难以考证了。从天一阁保护文献的实际效果来看，人们有些推测也是正常的。

而清初的孙从添《藏书记要》和清末的叶德辉《藏书十约》都主张在地面上放置石灰，这里应该是生石灰。据他们说石灰可以

---

① 冯贞群．鄞范氏天一阁书目内编［M］．重修天一阁委员会，1940.

② 赵万里．重整范氏天一阁藏书记略［J］．国立北平图书馆馆刊，1934（1）：103-109.

③ 骆兆平．漫谈天一阁藏书管理的历史经验［J］．图书馆研究与工作，1980（3）：14-15.

④ （清）叶昌炽著；王欣夫补正．藏书纪事诗［M］．上海：上海古籍出版社，1989：190.

达到防虫蚁的目的，而客观效果上生石灰也确实能达到防治潮湿的目的。生石灰是吸附剂，试验结果表明，1 公斤生石灰能吸附空气中大约 0.3 公斤水分。或许英石确实不具备吸潮的功能，那么范钦尽管有在文献收藏库房内放置物品以吸潮的愿望，却可能误用了防潮的物品，而生石灰确实具有较强的吸潮能力，但是必须经常更换或晒干后重复使用。

在文献收藏库房内放置吸潮物品，尽管作用有限，而且古代使用的防潮物品很少，但是这种理念在今天也是有价值的。

第六章

古代文献遭受火厄的历史及防火措施

文献载体是有机物，容易燃烧。实际上，无论是竹制还是木质的简册，还是缣帛，都是易燃材料，而纸，则是最常用的火媒。可见，古代中国文献的绝大部分软性材料载体，都会随时被吞噬于火焰之中。《齐东野语》卷十二“书籍之厄”称：“世间凡物，未有聚而不散者，而书为甚。”在其举例中，火灾就是书籍遭受厄运的方式之一。

古代文献遭受火厄大致有四种情况：一是政治原因而导致的焚书，其始作俑者是秦孝公时期在秦国变法的商鞅，秦始皇继而在全国焚灭诗书。二是战火，这里既有士卒或打劫者直接纵火的行为，也有延烧的结果，例如新莽末期，天下散乱，长安兵起，在宫殿遭受焚毁的同时，所藏文献，并罹厄运。明代倭寇进犯东南沿海，见诸文献记载的，就有五六家藏书被火焚烧。三是自己焚烧文献，其间的原因比较复杂，例如侯景渡江，梁元帝萧绎不愿让七万卷藏书落入敌手，自焚了事；元代江南三大藏书家之一的庄肃，其后人听说朝廷派员来检阅藏书，害怕兵遁图谶干禁，主动焚毁藏书。有些作者自焚不满意的作品，尤其是早期作品；朱淑真死后，其父母迁怒焚烧其诗篇。四是由自然原因引起的火灾而导致的文献焚毁。其中第一种原因和第三种原因，都是不能或不必预防的（当然把文献保护起来不上交官府另当别论），第二种原因，可以部分预防，可以预防的就是第四种因素了。本章讨论的，主要就是自然原因引起的火灾对于文献的损害历史，及其保护措施。

第一节　古代文献遭受火厄的历史

一、私人文献收藏火厄简史

我们有理由相信，文献遭受火灾有着悠久的历史，自文献产生之日起，文献拥有者就要不断地同火抗争。但是，直到东晋葛洪以前，文献遭受自然之火受到损毁的，并无文献记载。这并不奇怪，因为文献收藏在这时期尚不是重要的文化现象，藏书之家有限，发生火灾更难为人所记载。

葛洪《抱朴子·外篇》卷五〇自叙称："洪……生晚，为二亲所娇饶，不早见督以书史。年十有三，而慈父见背，夙失庭训。饥寒困瘁，躬执耕穑，承星履草，密勿畴袭。又累遭兵火，先人典籍荡尽，农隙之暇无所读，乃负笈徒步行借。"这里提及"先人典籍荡尽"的原因是"兵火"，并非自然之火。不知是被士卒纵火，还是被战火延烧，抑或是又兵又火。但是葛洪《西京杂记》跋则称："洪家世有刘子骏《汉书》一百卷(《御览》卷六〇二所引作'《汉言》百卷'），无首尾题目，但以甲乙丙丁纪其卷数。先公传云（原作'先父传之'，稗海本、抱经堂本、正觉楼本并作'先公传云'，据改)：'歆欲撰《汉书》，编录汉事，未得缔构而亡。故书无宗本，止杂记而已。失前后之次，无事类之辨。后好事者以意次第之，始甲终癸为十帙，帙十卷，合为百卷。'洪家具有其书，试以此记考校班固所作，殆是全取刘氏，有小异同耳。并固所不取，不过二万许言。今钞出为二卷，名曰《西京杂记》，以裨《汉书》之阙。尔后洪家遭火，书籍都尽，此两卷在洪巾箱中，常以自随，故得犹在。刘歆所记，世人希有，纵复有者，多不备足。见其首尾参错，前后倒乱，亦不知何书，罕能全录。恐年代稍久，歆所撰遂没，并洪家此书二卷不知出所，故序之云尔。洪家复有《汉武帝禁中起居住》一卷、《汉武故事》二卷，世人希有之者，今并五卷为一帙，庶免沦没焉。"① 这里则明确说出"洪家遭火，书籍都尽"。鉴于《西京杂记》以及署名葛洪难以获得学界的广泛认同，该跋更是真伪莫辩，难有定论，所以这个记载难以作为信史。

可靠的文献记载中，第一个收藏文献被自然之火焚毁的人是南朝齐沈驎士（一作麟士）。《南齐书》卷 54 称："驎士负薪汲水，并日而食，守操终老，笃学不倦。遭火，烧书数千卷。驎士年过八十，耳目犹聪明，手以反故抄写，灯下细书，复成二三千卷，满数十箧，时人以为养身静默之所致也。"《南史》卷七六对于该事作了几乎相同的表述。这是遭受自然之火，书籍被焚，而后重新聚集文献的史料。

以藏书遭受火厄，首先引起后人无限感慨者，是北宋中期宋氏父子藏书。宋绶（991—1040），字公垂，赵州平棘（今河北赵县）人。大中祥符元年（1008）赐同进士出身。仁宗时为兵部尚书，参知政事。谥宣献。藏书二万卷，以校勘精审著称于世。其藏书来源，主要得自其外祖杨徽之（谥文庄）和毕士安（谥文简）。绶子敏求（1019—1079），字次道，赐进士出身，官至龙图阁直学士。父子藏书三万余卷，慷慨借书于他人。洪迈《容斋续笔》卷一五"书籍之厄"："宋宣献家兼有毕文简杨文庄二家之书，其富盖有王府不及者。元符中一夕灾为灰烬。"陆游《渭南文集》卷二八"跋京本《家语》"称："本朝藏书之家，独称李邯郸公、宋常山公，所蓄皆不减三万，而宋校雠尤精。不幸两遭回禄之祸，而方策扫地矣。"可知宋氏父子藏书两遭火灾，损失巨大。

晁公武《郡斋读书志》自序："公武家自文元公来，以翰墨为业者七世，故家多书。至于是正之功，世无与让焉。然自中原无事

① 向新阳，刘克任．西京杂记校注［M］．上海：上海古籍出版社，1991.

时，已有火厄，及兵戈之后，尺素不存也。”至于具体的火厄时间，晁公武叔父晁说之《嵩山文集》卷一六《刘氏藏书记》[作于政和五年（1115）乙未七月十一日戊寅]中云：“予家则五世于兹也，虽未敢与宋氏争多，而校雠是正，则未有自让。乃去年冬，火亦告谴。”洪迈《容斋续笔》卷一五“书籍之厄”：“以道（晁说之）自谓家五世于兹，虽不敢与宋氏争多，而校雠是正，未肯自逊。政和甲午之冬，火亦告谴。”知这次火灾降临于政和四年（1114）之冬。

王明清《挥麈后录》卷七“叶少蕴书火于弁山，李泰发藏书火于秦”条：“靖康俶扰，中秘所藏与士大夫家者，悉为乌有。南渡后，惟叶少蕴少年贵盛，平生好收书，逾十万卷。寘之霅川弁山，建书楼以处之，极为华焕。丁卯年，其宅与书俱荡一燎。”按丁卯年为绍兴十七年（1147）。《直斋书录解题》卷一八著录《石林总集》一百卷《年谱》一卷：“叶梦得……居在卞山，奇石森列，藏书数万卷。既殁，守者不谨，屋与书俱烬于火。”按叶梦得卒于戊辰年，1148 年。两条记载叶梦得藏书被火时间不一，未知孰是。比较而言，叶氏藏书被火时，王明清 20 来岁，而 40 年后，陈振孙才出生，应该以王氏记载为是。结合下面王氏记载的李氏藏书也是毁于丁卯年，王氏当不会误记。

王明清《挥麈后录》卷七“叶少蕴书火于弁山，李泰发藏书火于秦”条：“李泰发家旧有万余卷，亦以是岁（丁卯）火于秦。岂厄会自有时邪？”李光（1078—1159）字泰发。越州上虞（今浙江上虞）人。徽宗崇宁五年（1106）进士。

《直斋书录解题》卷八《遂初堂书目》条：“（尤袤）藏书至多，法书尤富。尝烬于火，今其存亡几矣。”魏了翁跋《遂初堂书目》：“予生晚，不及拜遂初先生。宝庆初元冬，得罪南迁。过锡山，访前广德使君，则书厄于火者累月矣。为之彷徨不忍去。因惟国朝以来，藏书之盛鲜有久而弗厄者，斯理殆不可晓。”知火厄时间为宝庆元年（1225）。

周密《齐东野语》卷一二“书籍之厄”列举了各藏书家藏书的结局：“宋室承平时，如南都戚氏，历阳沈氏，庐山李氏，九江陈氏，鄱阳吴氏，王文康，李文正，宋宣献，晁以道，刘壮舆，皆号藏书之富。邯郸李淑五十七类二万三千一百八十余卷，田镐三万卷，昭德晁氏二万四千五百卷，南都王仲至四万三千余卷，而类书浩博，若《太平御览》之类，复不与焉。次如曾南丰及李氏山房，亦皆一二万卷，然后靡不厄于兵火者。”这里所谓“厄于兵火”，其实大多厄于自然火灾。

以上所举，皆宋代著名藏书家藏书被火灾吞噬的记载，可知宋代被火焚烧的文献，断不止此数。随着印刷术的勃兴，私人藏书成为宋代重要文化现象，藏书家众多，藏书数量大增，但是，藏书散佚也很严重，其中，火灾是重要的毁坏文献的因素。魏了翁跋《遂初堂书目》：“因惟国朝以来，藏书之盛鲜有久而弗厄者，斯理殆不可晓。”这段简短的话，写于南宋末年，是作者考察了自宋代建立至作者题写该跋，其间近两个半世纪的私人藏书事迹而总结的，似乎是某种规律性的提示。的确，与其他时代对比，宋代私人藏书事业勃兴，藏书家数量和藏书规模大增，但是，由于之前的文献注重纸墨浆糊等内在质量的保护，文献损毁情况不是很严重，火灾的防护意识尚不是很强烈，防护方法还较少。明清时，鉴于文献内在质量的下降而导致的保存的不易，也鉴于历史的经验教训，藏书家的防火意识才大大增强，并努力寻求保护方法。

元明二代，藏书毁于火灾者记载较少。明初，有著名藏书家浦江郑氏，数代藏书，查慎行《人海记》卷下“书籍之厄”条称郑氏藏书八万卷，毁于火。

明李东阳序倪谦《倪文僖公集》记载倪谦藏书被焚：“公居南京，有火厄，手掇旧稿数帙以出。青谿复力检得之，虽颇散佚，尚多不能尽录。”又倪谦子倪岳跋：“先少保文僖府君……平生制作极富，成化庚寅回禄之变，岳方归省于家，仓卒之际，挈一笥以出，及归，他已无及。由是先世所藏，荡然一空。惟先君文稿，幸在笥中得存。岳即收拾散亡，今为百七十卷，抄录数本，与诸弟共藏之。”这次火灾除了倪谦文稿得以大部幸存外，藏书全部化为灰烬。

浙江嘉兴姚绶序元张伯雨《句曲外史集》3卷《补遗》3卷《集外诗》1卷，记载其藏书被焚："钱唐张伯雨先生，元季硕儒，逃名于方外，其制作与古人相伯仲。予尝私淑其真行书，购求真迹，或卷或轴，长篇短章，又有其手书诗文稿各一帙，总若干篇，宝若拱璧，藏之云东山人馆。成化丁未六月，火尽焚其所积图史，而先生之迹俱逝者十之八九。先生平生诗文甚多，梓行者尠，余所得一篇仅百余首，乃徐良夫作序者。又余幼时，先君子命抄录五七言八十余首，今皆不存。余兹暇日，爰就相知士大夫家，搜访其所作若诗若文杂著，并余家煨烬之余所仅存者，番书于册，名曰《句曲外史集录》，俟既富而类析之，寿梓以行。"

明代中期时，最著名的藏书焚毁事件当数边贡藏书。边贡，字庭实（一作廷实），号华泉，历城（今山东济南）人。弘治九年（1496）进士，官南京户部尚书，藏书数万卷，尤以金石古文为特色。"一夕，毁于火，仰天大哭曰：'嗟乎！甚于丧我也。'病遂笃。"① 李开先《闲居集·曝书》诗："边刘并及余，癖好在收书。"下有注："边尚书华泉，刘太常西桥。"又注："边在家失火。"清马履泰《秋药庵诗集》卷二《历下杂诗》："一夕烟横势郁攸，玉啼宝唾浩难收。古今聚散俱如此，何事催心万卷楼。"注云："边华泉自焚万卷楼后，惋愤成疾而殁。"

丰坊（更名道生）字存礼，鄞县（今浙江宁波）人。嘉靖二年（1523）进士，授礼部主事。全祖望《天一阁藏书记》记载丰坊藏书："丰氏自清敏后，代有闻人，故其聚书之多，亦莫与比。迨熙子道生，晚得心疾，潦倒于书淫墨癖之中，丧失其家殆尽。而楼上之书，凡宋椠与写本，为门生辈窃去者，几十之六。其后又遭大火，所存无几。"

清初毁于火灾的文献，以钱谦益藏书最为著名。叶昌炽《藏书纪事诗》卷四记载钱谦益藏书事迹，叹道："绛云未逐劫灰红，江左图书日正中。一自新宫三日哭，闲缗贝叶唱宗风。"这是说，

---

① （清）钱谦益．列朝诗集小传［M］．上海：上海古籍出版社，1983：315.

绛云楼藏书甲于江左，不戒于火，钱谦益在《赖古堂文选》序中自称“为新宫三日之哭”，悲伤之余，遂“息心栖神，皈依内典”。

曹溶《绛云楼书目题辞》记载此事最详：“虞山宗伯，生神庙盛时。早岁科名，交游满天下。尽得刘子威、钱功父、杨五川、赵汝师四家书。更不惜重资购古板本，书贾闻风奔赴，捆载无虚日。用是所积充牣，几埒内府，视叶文庄、吴文定及西亭王孙或过之。中年，构拂水山房，凿壁为架，庋置其中。晚岁居红豆山庄，出所藏书，重加缮治，区分类聚，栖绛云楼上，大椟七十有三。顾之自喜，曰：我晚而贫，书则可云富矣。甫十余日，其幼女中夜与乳媪嬉楼上，剪烛灺落纸堆中，遂燃。宗伯楼下惊起，焰已弥天，不及救，仓皇走出，俄顷，楼与书俱尽。余闻骇甚，特过唁之。谓予曰：古书不存矣。宗伯每及一书，能言旧刻若何，新板若何，中间差别几何，验之纤悉不爽，盖于书无不读，去他人徒好书，束高阁者远甚。然大偏性，未为深爱古人者二端：一所收必宋元板，不取近人所刻及钞本，虽苏子美、叶石林、三沈集等，以非旧刻，不入《目录》中；一好自矜啬，傲他氏以所不及，片楮不肯借出。尽有单行之本，烬后不复见于人间。余深以为鉴。”

关于绛云楼焚毁的准确时间，也记录在钱谦益在《宋史》四九六卷（明刊本）所作的题跋中：“（庚寅）十月初二日夜，半野堂火，时方雷电交作，大雨倾盆，后楼前堂，片刻煨烬，乃异灾也。读《隋经籍志》，知书籍所聚，遑遑遭厄。宋元之缮本，研精五十余年，转辗困阨，遭值兵燹，肆力靡休，告成书于望古稀之晨，而一旦为火焚却，此为何者也，伤哉！先是朔日午时，日食几既，昼晦星见，至次日风雷雨电，不减盛夏，海溢，漂溺人畜，崇明更甚，亦异灾之不轻者矣。”①

这段题跋，明确记录了绛云楼的焚毁时间是庚寅（清顺治七

① 瞿良士．铁琴铜剑楼藏书题跋集录［M］．上海：上海古籍出版社，1985：31.

年，1650年）十月初二日夜；“后楼前堂”是指后（绛云）楼前（半野）堂，可以纠正当时和后人记载的楼堂位置的错误①。

钱谦益《有学集》卷四六跋“旧藏宋雕两《汉书》”：“赵吴兴家藏宋椠两《汉书》。王弇州先生鬻一庄，得之陆水邨太宰家，后归于新安富人。余以千二百金从黄尚宝购之。崇祯癸未，损二百金，售诸四明谢氏。庚寅之冬，吾家藏书尽为六丁下取，此书却仍在人间。然其流落不偶，殊可念也。今年游武林，坦公司马携以见示，谘访真赝。予从臾劝亟取之。司马家插架万签，居然为压库物矣。呜呼，甲申之乱，古今书史图籍一大劫也。庚寅之火，江左书史图籍一小劫也。今吴中一二藏书家，零星捃拾，不足当吾家一毛片羽。见者夸诩，比于酉阳羽陵，书生饿眼，见钱但不在纸裹中，可为捧腹。”此段话证明曹溶所说的钱氏自矜藏书之富，不屑于其他藏家，于此跋也可见。

关于这次火灾，还有一个流传很广的故事。《人海记》卷下“牧斋《明史》”条：“钱蒙叟撰《明史》二百五十卷，辛卯（按当为庚寅）九月晦甫毕，越后日，绛云楼火作，见朱人无数，出入烟焰中，只字不存。”叶名澧《桥西杂记》也称：“顾黄公言，虞山当绛云楼火时，亲见有绯衣者，指挥烈焰上，乃大叫曰：‘天能烧我屋内书，不能烧我腹内书。’指其所撰《国史》也。”

黄宗羲最喜收书，至老不倦。他的丰富藏书，也不能免于火灾。郑性《南雷文约》序称：“康熙癸巳，先生家火，遗书仅存五分之一。丁酉，悉归余。”全祖望《鲒埼亭集·二老阁藏书记》也记载黄宗羲藏书：“垂老遭大水，卷轴尽坏。身后一火，失其大半。”

---

① 如叶昌炽《藏书纪事诗》卷四“钱谦益受之”条云：“（查慎行）《人海记》：‘钱蒙叟撰《明史》二百五十卷，辛卯九月晦甫毕。越后月，绛云楼火作，见朱人无数，出入烟焰中，只字不存。’昌炽案，绛云楼灾在庚寅，查云辛卯，误也。海虞瞿氏所藏《宋史》，有牧斋题字云：‘庚寅十月初二日夜，半野堂火，片刻煨烬。’据此，则绛云楼下，即半野堂所在矣。”这里，叶氏误会了绛云楼和半野堂的位置。陈寅恪《柳如是别传》（上海古籍出版社，1980年）第807-812页考证颇详，可参。

郑氏二老阁藏书，乾隆五十一年（1786）也毁于火灾。谢振定《知耻斋文集·赠郑简香徵君序》称："寒村先生之曾孙简香，以孝廉方正，就徵至省垣，访余于南屏。余亟问所谓二老阁者，故无恙；而其所藏书，半轶于四库采辑写本还真之日，后又不戒于火，虽有存也者，仅矣。"

历史上也有藏书自燃的实例。王士禛《居易录》云："杭州孝廉高式清，说其乡张氏，藏书甚富。造楼中庋置，甲乙悉有次第。于小舟通之，晡后即禁往来。一日，忽有烟气出楼窗，大惊。往视之，则门户如故，比登楼，烟亦不见。如是者再。为细检视，烟自书橱中出。开橱，则凡天文奇遁之书，悉为灰烬，惟空函存焉，余无恙。"

周密《齐东野语》卷一五"腹笥"条载："雪川南景德寺，为南渡宗子聚居之地。大殿皆椤木为之，经数百年，略不欹倾，俗传以为神匠所为，佛像尤古。咸淳辛未三月，火忽起自佛腹，其中藏经数百卷，多五代及国初时人手写，皆硾碧纸，金银书。间有舍利、珠玉、金银钱之类，多为宗子所得。尝见一仆得金银书《心经》一囊，凡十卷，长仅二寸，卷首各绘佛像，亦颇极精妙。后经笥一旦遂空，亦竟莫知火起之由，岂释氏所谓劫火者乎?"当也是自燃。这是积物自燃，其原因，或者是曝书后未经透凉即上架堆积，余热不散，焗成暗火，或者是由于藏书之处灰尘太多，通风不好，而造成静电起火。

二、政府文献收藏火厄简史

也许不完全是巧合，历史上最早记载官方文献收藏毁于火灾的仍然是宋代。根据《太平御览》卷六一九所引，宋真宗大中祥符八年（1015）四月二十三日夜间，荣王元俨宫失火，延烧内藏左藏库朝元门、崇文院、秘阁等处，三馆秘阁藏书所剩无几。真宗遂诏令以重金求书。程俱《麟台故事·省舍》载，荣王宫失火之后，将崇文院临时迁入右掖门外，谓之崇文外院；秘阁作为内院原地保留，而三馆迁出，致使崇文院一分为二。

明代官方藏书遭受数次火灾。英宗正统十四年（1449），南京文渊阁发生火灾，所存内署藏书，悉遭大火，“凡宋元以来秘本，一朝俱尽矣”①。永乐十九年（1421），迁都北京时，修撰陈循曾取南京文渊阁所贮书籍，自一部以至百部之多者，各取其一，运往北京，共有百柜之多②。《文渊阁书目》就是为这批运往北京的图书而编制的书目。《文渊阁书目》记载一书而有数部，惟完阙不同、版本不一，当均属“一部”之数。那么，留存于南京的文渊阁藏书，数量仍很可观，而且版本贵重。说南京内署藏书在这次火灾中全部化为灰烬，可能有些言过其实，因为弘治五年（1492）邱濬上《访求遗书疏》称“仍敕南京礼部、翰林院官查槩永乐中原留内府书籍，有无多寡全欠，据数奏知，量为起取存留，分派凑补”，揣其语意，南京文渊阁似还有烬余之书，只是其详情北京方面已不可尽知。

《永乐大典》在流传过程中，命运多舛。其正本下落之所以成为历史之谜，也与数次回禄之灾不无关系。全祖望《鲒埼亭集》外编卷一七《抄永乐大典记》记载了明中期另外一次宫廷藏书遭受火灾的情况。世宗嘉靖四十一年（1562），祝融光顾禁中（北京紫禁城奉天门、午门和三大殿），世宗亟命救出《永乐大典》，其他藏书多被焚毁。之所以特意先抢救《永乐大典》，是因为世宗特别喜欢该书，几案间总要放置一二册，以便随时阅览。

方以智《通雅》称“《永乐大典》……今散失矣”，这段文字后有方以智儿子方中履写的注文：“《永乐大典》藏于文楼，嘉靖中火，上亟命救得免，复命儒臣摹录，隆庆元年始竟。万历中因三殿火，书遂亡。”这是说，万历中的这次火灾焚毁了《永乐大典》正本。这次火灾还焚毁了明代当代史料。据孙承泽《春明梦余录》卷三〇记载，万历间纂修《国史》，当时开馆分局，“集累世之实录，采朝野之见闻，纪传书志，颇有成绪。忽遭天灾，化为煨烬。史事益属茫然矣”。这是明代当代史料的焚毁及

① （明）沈德符．万历野获编［M］．北京：中华书局，1959：补遗．

② （清）倪灿．明史艺文志序［A］．商务印书馆．明史艺文志·补编·附编［C］．北京：商务印书馆，1959．

其后果。实际上，万历间的纂修国史，只有焦竑分撰的《国史经籍志》流传下来。

清嘉庆二年（1797）十月二十一日黄昏，乾清宫突然起火，并迅速延烧左右两侧的宏德、昭仁两殿及后北的交泰殿。此次火灾，“天禄琳琅”中所藏善本全部被焚。按乾隆九年（1744），乾隆帝命内臣检阅宫廷秘藏，选择善本进呈御览，列于昭仁殿，赐名“天禄琳琅”，并亲书匾额及对联。《天禄琳琅书目前编》著录该处藏书计有宋版71部、金版1部、影宋抄本20部、元板85部，明版252部，共429部，是清代皇室珍籍典藏中最具文物价值和收藏价值的。这批文献中最贵重的一种是宋本《六臣注文选》，该书是赵孟頫藏书镇库之宝之一，赵撰写题跋：“霜月如雪，夜读阮嗣宗《咏怀》诗，九咽皆作清冷气。是书玉楮银钩，若与灯月相映，助我清吟之兴不浅。至正二年仲冬三日，子昂识。”（按应为至大二年，当系后人传刻致误）另有明代王穉登、王世贞、董其昌、张凤翼、汪应娄和清代爱新觉罗·弘历等人题跋。有一种说法，正本《永乐大典》也毁于此次火灾。

由上述可知，宋初国家藏书几乎尽毁于火灾，明代官方收藏的宋元版本、旧抄本以及当代史料、《永乐大典》，清代宫廷收藏的最具文物价值的善本，几乎都摆脱不了火厄的命运。

第二节　古代文献收藏中防治火厄的方法

火是人类生存的重要条件，促进了人类文明的发展；但是使用或保管不当，也会带来灾难。人们很早就认识到文献收藏必须防治火灾。古代文献收藏中创造了许多防治火厄的方法。

一、禁止火源进入文献收藏处所

《藏书记要》提出文献收藏库房要“小心火烛”①，这仍然不是最好的办法，因为只要火烛进入文献收藏处所，就很难防备，文

① （清）孙从添．藏书记要［M］．上海：古典文学出版社，1957：46.

献收藏处所最有效的防止火灾的方法是禁止火源进入文献收藏处所。

在出土的秦律《内史杂》中就规定："毋敢以火入臧（藏）府、书府中。吏已收臧（藏），官啬夫及吏夜更行官。毋火，乃闭门户。令令史循其廷府。节（即）新为吏舍，毋依臧（藏）府、书府。"意思是不准把火带进收藏器物或文书的府库。吏将物品收好后，由官府的啬夫和吏轮番值夜看守。经检查没有火，才可开闭门户。命令令史巡察其衙署的府库。若是新建吏的居舍，不要靠近收藏品物、文书的府库。汉代法律承袭秦制，这个规定应该是被继承下来的。此后的中国古代法律也往往以继承前朝为主，而进行损益。

陈骙《南宋馆阁录》卷六："绍兴十四年，张阐上奏：'本省自来火禁，并依皇城法，遇有合用火烛去处，守门亲事官一名专掌押火洒熄。除馆员直舍并厨司、翰林司、监门职级房存留火烛。遇官员上马，主管火烛亲事官监视洒熄。其余去处，并不得存留。'有旨，依。"

根据阮元的《宁波范氏天一阁书目序》，天一阁藏书之所以能够保存长久，首要的原因是："此阁构于月湖之西，宅之东，墙圃周迴，林木荫翳。阁前略有池石，与阛阓相远，宽闲静秘。不使持烟火者入其中。"①

嘉庆十八年（1813），阮元撰《焦山书藏记》，规定："纵有翻阅之人，照天一阁之例，但在楼中，毋出楼门。烟灯毋许近楼。"丰湖书院《书藏四约·藏书约》也规定在文献收藏处所禁食水烟②。

《藏书十约》提出灯烛和纸篓这些引火之物都不能靠近文献收

---

①（清）阮元．宁波范氏天一阁书目序［A］．李希泌，张椒华．中国古代藏书与近代图书馆史料（春秋至五四前后）［C］．北京：中华书局，1982：39-41.

②（清）梁鼎芬．书藏四约［M］．清末乐群堂刻本：藏书约.

藏库房，再者是室内“不设寒具”①，也就是不设取暖的火炉火盆之类，总之，断绝一切火源进入文献收藏处所，以免引起火灾。

二、文献收藏处所建筑防火

1. 建筑材料

在古代，文献收藏处所最好的建筑材料就是所谓石室金匮。石材不仅坚固，防潮，隔绝灰尘，而且能较好维持室内温湿度，当然，最大的作用是防止火灾。古代中国建筑以木植材料为主，火种、闪电甚至高温天气都可能引发火灾；更为可怕的是，木植结构建筑一旦发生火灾，就很难救治，而遭受火灾的文献，即使以水抢救出来，水本身又会给文献带来几乎是同样严重的损害。因此，避开木植材料，选用其他耐火材料，建筑文献收藏处所，是古人的一大创造。

中国很早就有建造石室金匮以收藏文献的传统。早在周朝，就利用自然石室收藏文献。《穆天子传》卷二：“天子北征，东还，乃循黑水。癸巳，至于群玉之山……先王之所谓策府。（晋郭璞注：言往古帝王以为藏书册之府，所谓藏之名山者也。）”根据司马迁《史记·太史公自序》：“周道废，秦拨去古文，焚灭诗书，故明堂石室金匮玉版图籍散乱。（《索隐》：石室金匮皆国家藏书之处）”可见周朝已经建造金匮石室了。

到了汉代，这个传统被继承下来。《太史公自序》称：“迁为太史令，紬史记、石室金匮之书。”《汉书》“高帝纪下”：“（高祖）与功臣刻符作誓，丹书铁券，金匮石室，藏之宗庙。”东汉时仍然沿袭这一制度，《隋书·经籍志序》称：“（东汉）石室兰台，弥以充积。”

另外，汉代建造了一座独特的建筑，地面以石铺就，下面引水通过。《三辅黄图》“阁”记载：“石渠阁，萧何造。其下砻石为渠以导水，若今御沟，因为阁名。所藏入关所得秦之图籍。至于成

① （清）叶德辉．藏书十约［M］．上海：上海古籍出版社，2005：53.

帝，又于此藏秘书焉。”

秦汉时期，藏书家也有利用和建造石室者。《太平御览》卷四九“荆州记”：“小西山上石穴中有书千卷。相传秦人于此而学，因留之。”王嘉《拾遗记》卷六记载：“曹曾，鲁人也……天下名书，上古以来，文篆刊落者，曾皆刊正，垂万余卷。及国难既夷，收天下遗书于曾家，连车继轨，输于王府……及世乱，家家焚庐，曾虑先文湮没，乃积石为仓以藏书，号曹氏书仓。”这是文献记载的最早藏书石仓的人。

此后十几个世纪，古老的金匮石室传统似乎被人遗忘了。但是，到了明代中期，一位颇有影响的高层官员不仅亲自实践，建造了一座石室用以收藏个人积累的文献，而且还上疏，建议国家建造一座金匮石室，用来收藏珍贵的档案文献，这就是丘濬。在自撰的《藏书石室记》(收录于《丘海二公合集》)中，丘濬自记自幼好学，然而家贫无书，不惜远涉数百里，转浼数十人，积久至三五年才能借到一种书，甚至常常为人所厌薄，也甘受之，他发誓，如果将来有条件，就多购书籍，藏于学宫，供本乡学子使用。后来日积月累，藏书日富，于宪宗成化六年（1470）归故乡琼州服阙，就竭尽平生所积，凿石为屋，不用寸木，于1473年落成藏书室。丘濬《大学衍义补》有“广图籍之储”条，后来又在弘治五年（1492）上《访求遗书疏》。他认识到书籍的作用是“今世赖之以知古，后世赖之以知今”，提出了数条关于加强政府藏书建设的建议，其中一条就是建立金匮石室：“自古帝王藏国史于金匮石室之中。以金石之为物，坚固耐久，非木土比。又能扞格水火，使不为患。有天下者，斲石以为室，锢金以为柜。凡家国有秘密之记，精微之言，与凡典章事迹，可以贻谋传远者，莫不收贮其中，以防意外之虞。其处心积虑，可谓深且远矣。后世徒有金匮石室之名，而无其实。典守虽设官，藏贮虽有所，然无御灾备急之具。嘉靖中遇灾，肃皇帝命救者先取《永乐大典》急迁之，其后遂命录二本。此书之存，肃皇之功也。不幸一旦有不测之事，出于常虑之外，遂使一代治体事功，人文国典，因而散失。后之秉史笔者，无所凭据，往往求之于草泽，访之于传闻。简牍无存，真赝莫辨。非但大功异政不得记载，而明君良臣为人所诬捏者，亦多有矣。是以古之君子，忧深思远者，恒于无事之时，为先事之虑。当平宁时，无故而为急切之语，亟若不识忌讳者，然原其心，则不失为忠爱之深也。仰惟我朝得国之正，三代以来所未有也。列圣相承，承平百余年。圣德神功，如天地日月，巍乎焕然。所以传之天下后世者，惟赖乎实录之书。今内阁所藏者，太祖高皇帝实录一部二百五册，宝训十五册，太宗文皇帝实录一部一百三十四册，宝训十五册，仁宗昭皇帝实录一部二十一册，宝训六册，宣宗章皇帝实录一部一百六十册，宝训十册，英宗睿皇帝实录一部三百六十一册，宝训十二册，宪宗纯皇帝实录一部二百九十三册，宝训十册。今流传民间者多矣。要之本无秘事，不若听其流传也。与夫藏在内阁，每朝又各一部，此外别无他本。夫既无金石藏书之具，又无名山藏副之制，臣愚过虑，欲乞朝廷于文渊阁近便去处，别建重楼一所，不用木植，专用甃石磊砌为之，如民间所为土库者，收贮紧要文书，以防意外之虞。乞敕内阁儒臣计议，督令内阁书办、中书舍人等官，遇其理办本等文书，稍有暇隙，不妨本职。分写累朝实录各一部，不限年月。书成，盛以铜匮，庋于楼之上层。凡内府衙门收藏一应干系国家大事文书，如玉牒之类，皆附焉。其制敕房一应文书，如诏册制诰敕书等项，草捡行礼仪注应制诗文等项底本，前朝遗文旧事等项杂录，亦令书办官员，遇暇陆续抄录，不限年月。书成，盛以铁匮，贮于楼之下层。凡内府衙门所藏文书，可备异日纂修一代全史之用者，如永乐以前文武官贴黄之类，皆附焉。如此则祖宗之功德在万世，永传信而无疑。国家之典章，垂百王，递沿袭，而有本矣。议者谓文书浩大，书办人员数少，岁月易迈，何时讫功。臣请楼成之后，先将合贮文书之见有者，权寘其中，待后陆续写完，新本易出，旧本仍贮故处，以备考用。太宗皇帝当多事时。犹聚众千百，纂集《永乐大典》，以备学者考究。以此方彼，孰重孰轻，伏乞睿照。”

明孝宗对这一建议表示肯定，并奖励了丘濬。但是，孝宗在位期间，这一建议没有付诸实施。嘉靖十三年（1534）七月，武定侯郭勋，吏部尚书、华盖殿大学士张孚敬等奉旨重修此前的明累朝实录和世宗的父亲兴献帝宝训、实录。张孚敬奏请建造一座金匮石室收贮宝训、实录。明世宗同意，并责成内阁会同工部诸臣到东华门外的南内选址，建造神御阁。明世宗亲自确定神御阁一如南京斋宫阁制，阁内外全用砖石砌就，阁中设石匮，分上下两层，上层放置御容，下层收藏宝训、实录。后来，考虑到夏季时石匮潮润，谕旨改用铜匣代替石匮。明嘉靖十五年（1536）7月落成，世宗赐名为皇史宬。

皇史宬占地8460平方米，建筑面积3400平方米。整石垒砌，南北墙厚分别为6米，东西墙厚分别为3米，是谓石室。地面筑有1.42米高的石台，其上排列外包铜皮雕龙的樟木柜，是谓“金柜”。

明释传灯法师撰《天台山方外志》，卷七著录有“石室藏书”71种。这里所谓“石室藏书”，当非虚指①。

周永年《儒藏条约三则》称：“吾乡神通寺有藏经石室，乃明万历中释某所为。其室去寺半里许，以远火厄，且累石砌成，上为砖券，今将二百年，犹尚牢固，是可以为法也。”

孙庆增《藏书记要》总结道：“古有石仓藏书，最好，可无火患，而且坚久，今亦鲜能为之。”②

明代地方政府在文献收藏处所建筑上也注意防火。建于明世宗嘉靖七年（1528）的太平府档案库，通过凿池蓄水、布地以沙、覆沙以板、多窗透风等手段，以防火、防鼠和防潮③，就是突出的例子。

除了以石头作为建筑材料外，也有在建筑颜色上防止火灾的。清代文渊阁仿效天一阁规制，分上下二层，面阔六间，各通为一，寓含“天一生水，地六成之”。其构造则为水磨丝缝砖墙，深绿廊柱，菱花窗门，歇山式屋顶，上覆黑琉璃瓦（在五行中，黑色象

---

① 王国强．明代目录学研究［M］．郑州：中州古籍出版社，2000：56.

② （清）孙从添．藏书记要［M］．上海：古典文学出版社，1957：46.

③ （明）林钺．太平府架阁库记［A］．古今图书集成·考古典［C］．中华书局，1934：卷68.

征水，取防火之意)，而以绿琉璃瓦镶檐头，屋脊饰以绿、紫、白三色琉璃，浮雕波涛游龙，油漆彩画以冷色为主，既典雅静谧肃穆，又能防火。

2. 建筑环境

为了预防火患，同时还要预防潮湿，文献收藏处所应该位于空旷之地，可以远离火厄。

官方收藏文献，例如明代黄册（也称赋役黄册），是政府为征调赋役而编制的户籍册，是国家征收赋役的根据，是国家最重要的档案，而且会越来越多。如此巨大数量的档案，又要使用方便，又需严密保管，必须选择在一个适当的地方。明洪武十四年(1381)，朱元璋选中玄武湖（后湖）作为明朝中央政府黄册的存放地，建黄册库。王士性《广志绎》卷二：“玄武湖大十数里，中洲为册库，以藏版籍。楼开东西牖，随日照之，得不蛀。初患鼠，赐督工老人毛姓者为土地乃安。非督册台省度支郎不得入其地。四山蘸翠，藕花满湖，香气袭人。月明之夕，游赏为最。”

清朝文渊阁阁前开凿方池，池上横跨石桥，池中引入金水河水，阁后则叠石为山，四周列植松柏，位置与其他建筑距离相对偏远些。

清宣统元年（1909）学部奏《筹建京师图书馆折》称：“至建设图书馆地址，必须近水远市，方无意外之虞。前经臣等于内城地面相度勘寻，惟德胜门内之净业湖与湖之南北一代，水木清旷，迥隔嚣尘，以之修建图书馆，最为相宜，尤足以昭稳慎。拟于湖之中央，分建四楼，以藏《四库全书》及宋元精椠。”①

提出建立“儒藏说”系统构想的周永年在《儒藏条约三则》中认为，保存儒藏的处所，“宜择山林闲旷之地，或附近寺观有佛藏、道藏，亦可互相卫护”。

---

①（清）清学部．学部奏筹建京师图书馆折［A］．李希泌，张椒华．中国古代藏书与近代图书馆史料（春秋至五四前后）［C］．北京：中华书局，1982：132-135.

至于私人收藏，例如明代中期范钦天一阁，该建筑是单独的一个院落，远离生活区，四周林木阴翳。明代金华人虞守愚收藏文献万卷，藏书之楼在池中央，不许客人进入①。其收藏的文献，终未遭受火厄，而是被子孙转让于胡应麟。清代王士禛仿照白居易居住龙门香山时建筑的文献收藏处所名称，建池北书库。《池北偶谈》序称："予所居先人之敝庐，西为小圃，有池焉，老屋数椽在其北。余宦游三十余年，无长物，惟书数千卷，庋置其中，辄取乐天池北书库之名名之。池上有亭，形类画舫曰石帆者，予暇日与客坐其中，竹树飒然，池水清澈，可见毛发。"

据清代彭士望《耻躬堂文钞》卷一《传是楼藏书记》："楼十楹。跨地亩许，特远人境，无附丽，启后牖，几席与玉峰相接。"

如果不能远离人烟，至少应该高墙别院，不能与内室、厨灶、衙署之地相连接。祁承㸁于天启三年（1623）在河南为官时，曾写信反复叮嘱家人："只是藏书第一在好儿孙，第二在好屋宇。必须另构一楼，迥然与住房书室不相联接，自为一境方好。""惟后用翻轩一带，可为别室检书之处，然亦永不许在此歇宿，恐有灯烛之入也。"② 具体来说，要"四围石砌风墙，照徽州库楼式"，如果不能达到这个标准，也必须另造一宅，用来专门收藏文献③。

《藏书十约》总结了文献收藏处所的环境："藏书之所，宜高楼，宜宽敞之净室，宜高墙别院，与居宅相远。室则宜近池水，引湿就下，潮不入书楼。"④

三、分散收藏

中国自古就有分散收藏文献的传统，除了机构分设、文献类

① （清）叶昌炽著；王欣夫补正．藏书纪事诗［M］．上海：上海古籍出版社，1989：259.

② 黄裳．银鱼集［M］．三联书店，1985：277.

③ （清）孙从添．藏书记要［M］．上海：古典文学出版社，1957：46.

④ （清）叶德辉．藏书十约［M］．上海：上海古籍出版社，2005：52.

型不同、利用者有别等因素外，防火也是重要的因素。秦汉时期，朝廷拥有的文献无不分散收藏。白居易《白氏长庆集后序》称："白氏前著《长庆集》五十卷，元微之为序，《后集》二十卷，自为序。今又《续后集》五卷，自为记。前后七十五卷，诗笔大小凡三千八百四十首。集有五本，一本在庐山东林寺经藏院，一本在苏州南禅寺经藏内，一本在东都胜善寺钵塔院律库楼，一本付侄龟郎，一本付外孙谈阁童，各藏于家，传于后。其日本、暹罗诸国及两京人家传写者，不在此记。"这就是在抄本时期，著作者为了防止兵燹或火灾，多处收藏，以免没有副本，一旦被火吞噬，而文献不传的悲剧。佛藏、道藏乃至明末清初提倡的儒藏，也都有多处收藏，以防包括火灾在内的各种政治、动乱和自然灾害。

明代丘濬《访求遗书疏》则借鉴历史经验，明确提出国家藏书应该分散收藏，以防不虞："自古藏书之所，非止一处。汉有东观、兰台、鸿都等处，唐有秘书监、集贤书院等处，宋有崇文院、秘书省等处。我朝稽古定制，罢前代省、监、阁掌书之官，并其任于翰林院，设典籍二员，掌凡国家所有古今经籍图书之在文渊阁者。永乐中，遣翰林院修撰陈循，往南京起取本阁所贮古今一切书籍，自一部至有百部以上，各取一部北上，余悉封识收贮如故，则是两京皆有储书也。今天下书籍，尽归内府。两京国子监，虽设典籍之官，然所收掌，止是累朝颁降之书，及原贮书板，别无其他书籍，其官几于虚设。请于内阁见存书籍内，查有副余之本，各分一本送两京国子监典籍厅收掌。仍敕南京内外守备大臣，会同南京司礼监、礼部翰林院官，查盘永乐中原留南京内府书籍，有无多寡全欠，具疏奏知，量为起取存留，分派凑补。其止有一本，无副余者，将本书发下国子监，敕祭酒、司业，行取监生抄录。字不必工，惟取端楷。录毕散各堂教官校对，不许差错。每卷末识以誊写监生、校对教官衔名。其师生只照常例俸廪，别无支给，挨次差拨如常。合用刊字、褶背、刷印匠作及纸笔之费，行各衙门量为拨办，不限年月。书成装订，陆续送两监典籍掌管。如此则一书而有数本，藏贮而有异所，永无疏失之虞矣。”又说：“藏书之所，分为三处。二在京师，一在南京，则是一书而有三本。不幸一处有失，尚赖有二处之存。”这是古代关于文献分散收藏的最透彻的议论。这里提及的“疏失”，当然包括了兵燹、水火，甚至盗窃。

李开先《闲居集·藏书万卷楼记》：“藏书不啻万卷，止以万卷名楼。以四库胪类不尽，乃仿刘氏《七略》，分而藏之。楼独藏经学实务，总之不下万卷，余置别所凡五。书，文明火象也，又天地精华，多则为祟，古之善藏者每分之，庶不灾于火。吾楼书不过万，以此。”这是以一处藏书过万卷，就为祸祟，会带来灾难，因此应分藏。

周永年“儒藏说”也有明确的分散收藏的理念：“惟分藏于天下学宫、书院、名山、古刹，又设为经久之法，即偶有残阙，而彼此可以互备，斯为上策。”这是以他处藏书可以补充某处损坏的图书为由而建议分藏。

四、救火措施

不带火源进入文献收藏处所，选择防火材料、在闲旷之地建造文献收藏处所，设置防火墙以免被外火延烧，都是有用的防火措施。但是，当不幸发生火灾，又该如何呢？没有更好的办法，只有以水浇灭。尽管水火相济给文献带来的毁坏几乎同样是毁灭性的，但是早点扑灭火灾，抢救出一些文献，尤其是档案，还是必要的。古人提倡在文献收藏内外设置水源。近水处的文献收藏处所，以水灭火当然便利，在文献收藏处所内部以水缸储备水，也很必要，尤其是当火势刚刚蔓延时，水就是有效的灭火物了。《宋会要辑稿·瑞异二·火灾》记载：“遗漏之始，不过一炬之微，其于救灭，为力至易。火势既发，亦不过一处，若尽力救应，亦未为难。至其冲突四起，延蔓不已，救于东则发于西，扑于右则兴于左，于是而始艰乎其为力矣。故后之无所用其力，皆起于始之不尽力，扑灭不救，至于燎原，此古今不易之论也。”所以宋代规定，政府文献收藏处所内必须预备水缸。宋代文献收藏处所设有专门防火机构(潜火司)，配有防火器材。陈骙记载秘书省规制，靠近秘阁书库、子库、经库，有一间房，称为潜火司，下注“防火器皆列于偏门外”①。

①（宋）陈骙著，张富祥点校．南宋馆阁录［M］．北京：中华书局，1998：12.

第七章

中国古代文献的装帧和修复方法及其现实价值

古代文献的装帧和修复是中华民族伟大创造的一部分。古代文献装帧的内容大致可分为装订形式、函套样式及其材料。这三者主要是出版者在文献制作时施之于文献之上和之外的，也可由文献收藏者自己或请人在收藏过程中自行改制或设定。文献修复则是由文献收藏者本人或请人进行的，而修复的方法则随单个文献而定，在基本的形式和材料趋同后，具体的操作和材料则具有强烈的个性色彩。文献装帧和修复是文献文化的组成部分，与民族文化、文献载体、出产材料、自然环境、审美趣味等密切相关，同时文献装帧和修复有利于文献保护，所以历来文献收藏者都很重视文献装帧和修复。中华人民共和国档案行业标准《档案修裱技术规范》（DA/T25-2000）由中华人民共和国国家档案局于2000年12月6日实施，中华人民共和国文化行业标准《古籍修复规范与技术标准》（WH/T14—2001）由中华人民共和国文化部于2001年1月1日实施，到2006年对此标准进行了修改，颁布了《古籍修复技术规范与质量要求》（WH/T23—2006）。这些行业标准，明确地规定了古代文献修复中的基本概念、技术规范和质量标准，为古代文献的修复质量提供了基本的保障，对于古代文献的保护和技术的传承有着深远的影响。

第一节　古代文献装帧

一、古代文献装帧历史

中国古代纸一般很薄，大多只能单面书写或印刷（宋代使用过的少量公文用纸有时用来在背面印书）；质地柔韧，适合舒卷，也适合配以柔韧的材料，比如书写用的毛笔，装订用的线和纸捻，黏结用的面粉浆糊。这个特征在很大程度上决定了中国古代文献装帧技术、材料和方法的特殊性。纸薄而柔韧，需要适度的文献装帧，也需要装帧的材料和方法与之匹配，既便于保存，也具有欣赏价值，作为文献而言，方是完璧。

古代文献收藏家十分重视文献的装帧，把装帧视为文献收藏工作的重要组成部分。“书不装潢，则破叶断线，触手可厌。余每得一书，即付匠人装饰。今日得之，今日装之，则不至积久意懒，听其丛乱。”① 古代文献装帧的目的，不仅为了美观整齐，更是为了通过装帧来保护文献，所谓“护帙有道”，要求“款式古雅，厚薄得宜，精致端正”②，“坚致整齐”③，说的都是这个意思。这种通过装帧以达到美观并保护文献双重效果的积极的态度，可能为部分文献收藏者所共有。

文献的装帧形态是随着文献的载体材料、制作方式、社会的经济状况及文化的发展和需要而变化的。中国文献装帧具有悠久的历史。出土材料证明，中国文献装帧可以溯源于先秦。1973 年，湖南战国楚墓出土《人物御龙帛画》，该画最上横边裹着一根很细的竹条，系有棕色丝绳。长沙马王堆一号汉墓出土的帛画上，T 形帛

① （清）叶德辉．藏书十约［M］．上海：上海古籍出版社，2005：46.
② （清）孙从添．藏书记要［M］．上海：古典文学出版社，1957：42.
③ （清）叶德辉．藏书十约［M］．上海：上海古籍出版社，2005：46.

画的顶部裹有一根竹竿，并系以棕色丝带，中下部的两个下角，都缀有青色细麻线织成的筒状绦带。这些特征，展示了先民的审美心理，也以实物的形式显示了起源时期的文献装帧形式和材料。早期编连简册的材料主要是绳子，编连的方法多种多样，同样讲究实用和美观。

唐代张彦远《历代名画记》卷三最早总结了早期文献装帧的发展过程："自晋代已前，装褙不佳；宋时范晔，始能装褙。"可见直到晋代，中国文献装裱技术尚处于初期阶段。而到了南北朝时期，装裱技术有了进一步发展："宋武帝时徐爰，明帝时虞和、巢尚之、徐希秀、孙奉伯，编次图书，装褙为妙；梁武帝命朱异、徐僧权、唐怀充、姚怀珍、沈炽文等，又加装护。"张彦远《法书要录》"叙张怀瓘、二王等书录"中叙述梁武帝所藏文献的装潢情况："以旧装坚强，字有损坏，天监中敕朱异、徐僧权、唐怀充、姚怀珍、沈炽文析而装之，更加题检，二王书大凡七十八帙七百六十七卷，并珊瑚轴、织成带、金题玉蹼。"唐代文献装裱的发展，我们主要从张彦远的相关论述中可以看出一些情况：第一，当时皇室和私人都重视文献装潢。以政府而论，《唐六典》记载"崇文馆有装潢匠五人"，可知国家文献收藏处所配置有专门的装潢匠，负责日常文献装裱。《历代名画记》卷三："国朝太宗皇帝使典仪王行真等装褫，起居郎褚遂良等监领。""多装以篓牙轴、紫罗褾，云是太宗时所装。"以私家而论，《历代名画记》卷三称："余自弱年，鸠集遗失，鉴玩装理，昼夜精勤。每获一卷，遇一幅，必孜孜葺缀，竟日宝玩。可致者必货敝衣，减粝食，妻子僮仆切切嗤笑。或曰：'终日为无益之事，竟何补哉？'既而叹曰：'若复不为无益之事，则安能悦有涯之生？'是以爱好愈笃，近于成癖。"第二，当时装潢技术相当高超，在药物和装潢材料上已积累丰富的经验。《历代名画记》卷三讨论了用皂荚清水清洗书画上的积年尘埃、制作防蠹而牢固的浆糊、选用纸绢、配置轴首材料等，并总结出装潢理念和作用："有收藏而未能鉴识，鉴识而不善阅玩者，阅玩而不能装褫，装褫而殊无铨次者——此皆好事者之病也。""夫人不善宝玩者，动见劳辱；卷舒失所者，操揉便损；不解装褫者，随手弃捐，遂使真迹渐少，不亦痛哉。”这是说，文献装潢不是可有可无的事，装潢不仅有利于一般古代文献的保存和流传，甚至可以起死回生，使接近毁坏状态的文献焕然一新。

其后，宋代米芾《论装裱》、元末明初陶宗仪《书画裱轴》、明代周嘉胄《装潢志》和清代周二学《赏延素心录》，都是讨论装潢的名著。一些讨论文献收藏的著作，例如《藏书记要》和《藏书十约》，也都讨论了文献装潢。

汉末至清末，古代中国纸质文献的装帧经历了卷轴装和册页装两种基本形式，而册页装又分为蝴蝶装、包背装和线装等装订形式。这些装订形式的演变，主要是往便于展读、存放，也便于装订的方向发展，同时伴随的还有装订材料的变化。

古代文献装帧的样式和材料，具有突出的特色：第一，适合了中国古代文化的意蕴。古代文献，无论是载体的质地，还是文字的直行书写，似乎都特别适合册页装。第二，装订所用的线，尤其是纸捻，和文献本身完全契合，浑然一体。事实上，没有任何装订所用的材料比纸捻本身更为坚固，更与文献本身浑然一体，并且有利于散乱后的再次装订。纸捻装订的方法始于包背装，这是用纸捻代替了从前的粘接，即在订口一侧穿入纸捻，把书页装订成册，然后再粘包背纸，就成为“包背装”。后来的线装，也有用纸捻代替丝绵线的。在这个意义上，中国古代形成了独特品质的文献装帧文化。

使用纸捻装订，也受到欧洲文献界的推崇。1996 年 11 月 4 日，意大利北部洪水泛滥，很多档案馆被淹没，大量珍贵文献遭受灭顶之灾。受灾最为严重的是佛罗伦萨档案馆，约有 200 万卷档案和数十万份手稿受损。“众所公认，一个重要事件改变了欧美的（书籍）装订者互动的方式。这个事件就是意大利佛罗伦萨的水灾。这个水灾淹没了许多档案馆、图书馆、博物馆与历史遗迹。许多修复各类艺术品的专家会聚于佛罗伦萨，费时数年，尽力抢救受损的物件。面临这样一个艰巨繁重而前所未经的修复任务，修复工作者发现他们必须共同合作，创作新法，这些书籍的思想与艺术才不至于淹没无踪。这次的损害，显露了书本的结构，显示了何种结构最坚实，使欧美的装订者创作了最接近原本状况的装订法。他们发现，最持久的装订，与中国的修复专家所见相同，是全纸张的装订。”①

二、古代文献装帧内容

古代中国最基本的文献装帧是把一张张单页粘接起来，卷轴装如此，线装书以外的册页装也是如此。例如经折装书，受到原始卷轴装书的影响，把一张张的纸粘接成长条，然后一正一反地反复折叠成长方形折子，前后分别粘接两块硬纸板或木板，作为保护文献的封面和封底。经折装书中出现的“折”在中国文献装订史上占有极其重要的地位，使得后来文献装订形式逐步完善。旋风装，比卷轴装书增加了将写好的书页按先后顺序自右向左错落叠粘的方式。蝴蝶装吸收了旋风装单页的特点，又吸收了经折装中正折的方法，书口与书口之间用浆糊粘连。这完全不同于卷轴装、旋风装、经折装中的粘接成长纸，是单页的粘连，是后来出现的线装书的前身。包背装的结构变得更为合理，翻阅时不再出现断开的现象。线装书结束了在书籍制作过程中用浆糊粘结单页的历史，改用丝绵线或纸捻装订。这种装订方式使得线装书牢固、美观，卷舒自如，翻阅方便，可以多次拆开装订，便于损坏的文献重新装帧。在文献修复时，还可以加衬纸、接边等，所以其流行达数百年之久②。由于中西文化的不同，中西文献之间的区别主要在于材质及对材质的不同风格处理。为了适应毛笔书写的需求，纸张质地薄而柔软，装订方法、装订形式和材料都形成一种精致、轻柔的风格。

当纸质文献出现不久，卷轴的外部就被裹以袠，也就是书衣。裹以书衣的目的主要是防止灰尘和破损，也能防虫，并使文献整齐

---

① ［美］罗南熙．古代遗产的现代保护——谁来修补装订中国古籍［A］．中文善本古籍保存保护国际研讨会论文集［C］．北京：北京图书馆出版社，2001：226-238.

② 杨永德．中国古代书籍装帧与中国文化［N］．人民日报（海外版），2004-04-02（8）.

美观，便于保存。有些文献收藏者对书衣的质料和颜色比较讲究。唐代将经、史、子、集四类文献以不同颜色的书衣来识别，明代毛晋把宋笺藏经纸或宣德纸染上不同颜色作为所收藏文献的书衣，钱曾则用自造的五色笺纸。《四库全书》书册装帧采用绢面包背装，即将书页正折，使版心朝外，书页左右两边都向书背，用纸捻订牢，然后用丝绢将书册前后连书背一并包裹糊连而成。为便于识别和检阅，《四库全书》书册装帧特别采用了分色包背装法，即使用青、红、蓝、灰四种颜色的绢面来区别经、史、子、集四部图书，一目了然。这就是乾隆帝在其诗文中多次提到的“经史子集四部各依春夏秋冬四色”装潢的办法。乾隆有诗专记此事：“浩如虑其迷五色，挈领提纲分四季。经诚元矣标以青，史则亨哉赤之类，子肖秋收白也宜，集乃冬藏黑其位。”

与文献装帧有关的方法，还有函套。函套是书册的外衣，可以保护整个书册。函套的出现，是文献装帧形式由卷轴式变为册页式的结果。函套所用的材料有很多，南北方差异很大。一般来说，函是用来装图书的，质料是木板，套是用硬纸或布制成的。函套的形式，可分为书套、木匣、夹板和纸匣四种。书套是以硬纸或木板为基本材料，外面敷贴一层布，折叠起来，呈方形，其空间完全随所包裹的书册大小厚薄形状而定。书套有四合套和六合套之分。四合套是围绕书册的四边，而露其上下两端。六合套是书册四周和上下两端都被包裹。这两种基本形式，可以有多种形状的设计，比如在开函的地方，挖成云形、环式或月牙式。木匣是把木板做成匣状，五面密合，留一端开闭，便于保护图书。更为讲究的，则另做上下两片夹板，置于文献上下，再连同夹板置于匣内。夹板是木匣的简制。它把两片木板裁成与文献大小相等，在板的两端各穿两孔，用布带穿过。把书置于两板中间，然后结上带子。纸匣指用纸板制成的函套。纸匣有双匣单匣之分。其基本形式是五面围绕文献，一面张口，现出书脊或书口的，是单匣；单匣外，在开口的一面套上一个较大的单匣，紧紧固定书籍的，是双匣。纸匣的外背，可以书写书名。总之，数百年的函套制作实践，形成了丰富多彩的函套文化，也是中国图书文化的重要组成部分。

根据古代文献收藏家的经验，中国北方的文献收藏适合布函，因为北方雨量较少，气温偏低，空气干燥，文献害虫相对较少，但是风沙较大；而多雨高温潮湿多虫的南方不适宜布函。南方比较普遍的做法是使用夹板，在今天仍然如此。例如，福建省图书馆所藏古代文献就全部使用夹板。湖南省图书馆发现凡有布函、布套的书，几乎都生虫①。至于夹板的材料，古人经过实践总结，认为以梓木、楠木为最好，这两种木材质坚而轻，不生虫，不走形，银杏木色黄致密，可以避潮防虫，也很理想，再次就是花梨、枣木、苦楝树和绸木等。

第二节　古代文献修复

古代文献修复不仅是技术性很强的工作，而且也关系到传统中国文化的传承、保存和利用。

一、文献修复历史

中国传统的文献修复技术历史悠久，技术精湛。不难设想，文献修复应该是伴随着文献的出现而产生的文献保护行为。孔子由于经常翻阅《周易》而导致装订简策的绳子多次断绝（即《史记·孔子世家》，称“韦编三绝”。多数人认为“韦编”中的“韦”是熟牛皮，现在有人则认为“韦”是纬的本字，与经相对，即横向编连的简策。按“三”为多次），不可避免地要进行修复（重新装订，或者当竹木简上的文字变得模糊甚至丢失几支简时，就要描摹、更换或补充新简）。而当帛书断裂或某处朽烂时，收藏家也会缝合或以大致相同质地的缣帛来补足。由于纸质文献更容易损毁，所以当纸张用作文献载体后，关于纸质文献的修复也就产生了。中国纸质文献的修复技术，萌芽于魏晋，发展于隋唐，昌盛于明清。作为文献保护最直接的措施，文献修复一直是古代文献收藏者最关

① 李龙如．图书保管“八防”［J］．湘图通讯，1980（1）：32-36；（4）：22-26.

注的内容之一，在文献资源短缺的时期，文献修复显得尤为重要。人们很早就注意到文献修复需要高超的技术，有的文献收藏家本人就具有高超的文献修复技术，常常自己修复文献（例如清代黄丕烈），而更多的人则求助于专职的文献修复工作者（例如清代叶德辉）。

关于文献修复较早也较系统的记载，是公元 5 世纪问世的《齐民要术》。该书卷三杂说第三十“染潢及治潢法”说，对于毁坏的文献，使用薄纸进行修复，修复之后，与原文献只是微有差别；如果不是举起向亮处照看，几乎没有修补的痕迹。此时，纸质文献刚刚流行两个世纪左右，而当时的人们已经创造出如此完美的文献修复理念和高超的文献修复技术，真是令人惊叹。北齐颜之推也提出借人之书，如果先有缺坏，应该及时补治①。可见当时文献修补观念和技术已经社会化了。

明清时期，文献装潢备受重视。明周嘉胄《装潢志》提出要“优礼良工”，建议提高文献修复者的社会地位，而良工的境界是“须具补天之手，贯虱之睛，灵慧虚和，心细如发。充此任者，乃不负托。又须年力甫壮，过此则神用不给矣”。他认为收藏家要“知重装潢”。他推崇王世贞“世具法眼，家多秘珍，深究装潢……一时好事，靡然响风，知装潢之道足重矣”。他认为装潢应该是文献收藏家的素养之一：“为人子者，不可不知医；宝书画者，不可不究装潢。”

郑廷鹄《白鹿洞志》卷一六有《整书事宜》，称：“修整书籍，每五年一大修、三年一小修。南康府呈委主洞教官，慎选博识谨笃洞生四名，查理损坏书籍若干本，动支洞租，招募书匠逐一修整。”

明末清初常熟的毛晋和钱曾都很重视藏书的装潢。钱曾《读书敏求记》，多记载版式装潢、纸张墨色。

清代很多文献收藏家也是文献修补和装潢家，其中尤以黄丕烈为代表。在《士礼居藏书题跋记》中，黄丕烈对文献的装潢、尤

---

① （北齐）颜之推．颜氏家训［M］．上海：商务印书馆，1937：19.

其是宋元文献的装潢有着许多详细、具体的记载和论述，而且有不少独得之秘。黄氏特别重视装潢，有时用于一书装潢的费用远远超过其购书的费用；他爱护古代文献如头目，常常把破旧残缺的古代文献，抄配成全书；他装潢修复古代文献时力求恢复或保存其原貌，即“整旧如旧”；对于收藏的虫蚀、水湿、残破的古代文献，都请良工装修；有些残缺的古代文献，他就用旧纸补上缺页，装修好以后就着手补抄，以求完璧。例如在《士礼居藏书题跋记》卷六“《张来仪文集》一卷（旧抄本）”的题跋中，他说：“至于书之霉烂破损，系经水浸蒸润，故裱托为之。”他接着说这种情况在古书中很常见：“此又何义门归舟落水故事，余所见宋本、元旧籍，其藏本往往如是，固不待中有义门手校朱文，而始信之也。”

孙从添《藏书记要》第五则“装订”详细讨论了装订的方法：“书面用古色纸。细绢包角，裱书面，用小粉糊入椒、矾细末于内。太史连三层裱好，贴于板上挺足，候干揭下压平用。须夏天做秋天用。摺书叶要摺得直，压得久，捉得齐，乃为高手。订书眼要细，打得正，而小草订眼亦然。又须少，多则伤书脑，日后再订，即眼多易破，接脑烦难。天地头要空得上下相趁。副叶用太史连，前后一样两张。截要快刀截，方平而光。再用细砂石打磨，用力须轻而匀，则书根光而平，否则不妥。订线用清水白绢双线订结，要订得牢，嵌得深，方能不脱而紧。如此订书，乃为善也……至于修补旧书，衬纸平伏，结脑与天地头并补破贴欠口，用最薄绵纸熨平，俱照补旧画法，摸去一平，不见痕迹，弗觉松厚，真妙手也。而宋元板有模糊之处，或字角欠缺不清，俱用高手描摹如新，看去似刻，最为精妙……凡书页少者宜衬，书页多者不必。若旧书宋元抄刻本，恐纸旧易破，必须衬之，外用护页方妙。”

明清时期，不同地域的文献修复因为风格和材料的差异而渐渐形成不同的流派。直到民国时期，还有沪派、苏派、扬派、京派、蜀派、徽派、岭南派、鲁派、津派等。

二、古代文献修复风格和理念

文献修复的技术和材料不断变化，在代代相传中不断发展，不同时代有不同的风格特征。古代文献的修复是一项专业性、技术性很强的工作，如修复的手段有补、裱、镶、装等十几种技术，但古代文献修复工作并不仅仅是一门单纯的操作技术，同时它还具有高度的审美艺术性。只有经过精心托裱和装饰才能充分体现其应有的艺术神韵，装裱技艺的高低和色泽选配的不同以及装裱形式的设计等，都会直接影响文献原件的艺术感染力；而一些已糟朽破碎的文献，一经精心修复，则犹如枯木逢春，重放光彩，因此而不至于湮没失传。

《齐民要术》明确说明修补文献用纸应和原文献匹配，不留痕迹，即“整旧如旧”。周嘉胄《装潢志》充分说明了文献修复的作用，他认为，需要修复的作品如同病人，好的文献修复者如同技术高超的医生，“医善则随乎而起，医不善随剂而毙”，他还表述了一个重要的修复原则，那就是“不遇良工，宁存故物”①。中国古代的文献装裱各个时期都有自己的风格特征，汉晋稚拙纯朴，六朝简洁精美，隋唐灿烂辉煌，宋代日趋精巧，金元简略，明清繁华多彩②。

三、古代文献修复方法和程序

修补古代文献有专门的技法。根据肖振棠等著《中国古籍装订修补技术》（书目文献出版社，1980 年）“古旧书籍的修补与装订”的介绍，文献修复的基本技法有书页去脏法、染书染纸法、配旧纸法、书页溜口法、不合规格的修补揭纸法、裱书页法、喷水倒平法、书页划栏法等。修补时需遵守一定的程序。例如修补线装书大约要经过折页、衬纸、接书背（书脑接宽法）、捶平、齐栏、压实、订纸捻、裁齐、锉平、包书角、装书皮、锥眼、订线、贴书签、写书根字等十余道程序方能完成。这里依据前人经验，就主要技法略作介绍：

---

① （明）周嘉胄．装潢志［M］．上海：商务印书馆，1939：1.

② 佚名．古籍修复常用方法［J］．http：//www.gucn.com［2009-01-02］.

去污法。灰尘是带有棱角的颗粒物，附有各种菌类，既会侵蚀古代文献纸张，在修裱古代文献过程中也会磨损纸张与字迹。当灰尘附着在古代文献上，或含有灰尘或泥土的水滴洒在古代文献上时，可采用毛质软排笔、马尾或丝拂轻轻扫（拂）去文献表面的灰尘，或慢慢刷去污斑上的浮土和易被刷下的泥迹；泥厚者可用小刀由泥斑中心顺着纸纹向外刮；如有破裂，则顺着纸张裂缝的方向刮。

修补法。修补法适用于虫蛀和鼠啮的古代文献。对于虫蛀文献的修补方法，先将要补的纸页打开，有字的一面向下放在隔板上，在蛀洞周围抹上浆糊，用精心选择的配纸对顺纸纹，按在蛀洞上，用左手按住，用右手依浆糊湿印把纸撕下即可。与虫蛀比较，鼠啮危害更大。鼠啮轻微的，其修补方法与虫蛀相同；鼠啮严重的，则需用同色同性纸接补，然后晾干，再捶平，齐栏，定册。

托裱法。此法主要针对霉烂和焦脆的古代文献。有些古代文献由于受潮日久，霉烂糟朽，或者受风吹、日晒、烟熏，变得焦脆，多用托裱法进行修复，即先用同色纸将破损处补齐，然后用排笔在纸页背后刷上浆糊，再裱上一层薄绵纸（纸幅要比原文献纸页略大），拂拭平整，逐页依此进行，全部裱好后再截齐装订（注意不要截到原文献纸张的边缘，以免损伤原文献，以及原文献上的其他信息）。

水洗法。水洗法是针对被水浸湿的古代文献。水湿会导致古代文献霉烂。霉烂的文献，纸页会发黄发黑。处理水湿的技巧比较复杂，主要根据水湿的程度而定。对于水湿比较严重的，要用碱水将要洗的纸页涤荡、洗刷；水湿不太严重的，可把要处理的纸页置于斜放的木板上，用碱水缓缓冲洗；水湿轻微但又留下了黄色污迹的，要用毛笔蘸上少许开水，在黄色污迹处划湿，再用吸水纸隔开、吸干；对于纸页粘连在一起的文献，可用蒸法使水蒸气浸入文献内，稍凉后，将纸页揭开，晾干、压平；污迹严重的，可用煮法，即把纸页放入溶有漂白粉的开水中，边煮边摇，然后取出放在凉水中，洗去漂白粉的味道，再晾干、压平①。

至于古代文献装裱程序，时间上无论古今，地域上不分南北，类型大致相同的文献，装裱程序也差不多；而文献类型不同，程序也不尽相同。例如条幅的装裱，要经过托心→方裁→拉配镶料→镶嵌→四裁→转边→粘串→配背→扶活→砑光→批串→配杆→钉绦圈→包头→上杆→系绦、封箍→扎带等十多道工序②。

其实，装潢和修复经常是同时进行的。因为大面积的修复往往伴随着重新装潢，而装潢也往往是在修复之后，毕竟，文献收藏者为装潢而装潢的并不是普遍的现象。例如清代黄丕烈于嘉庆二年（1797）农历八月以 160 两白银购得宋刊本《温国文正司马公文集》80 卷，即付装潢，历时两年多，直至嘉庆四年（1799）农历十一月才完工。装潢的费用，倍于购书价格。“初书装十四册，破烂特甚。买得后驱蠹鱼至数百计，且缺叶及无字处每册俱有，乃命工补缀，其缺叶皆误重于他叶之腹，其无字者皆浆黏于前后叶之背。始悟当时俗工所为，以致不可卒读。苟非精加装潢，则全者缺之，有者无之，不几使此书多遗憾耶。用著原委以见古书难得，即装潢亦当煞费苦心也。”③ 今天仍然如此，一种文献经过大面积修复后，必伴随着装潢。

第三节　古代文献装帧和修复方法的现实价值

我们处在一个发明层出不穷的年代，这些发明中的大部分无疑是有价值的，但是毋庸置疑，有些发明事实证明是无谓的，在未经充分的检验前使用这样的发明，会走不少弯路，甚至可能带来严重后果。有些文献修复新方法的使用，给文献，尤其是古代文献带来

---

① 冯鹏生．中国书画装裱技法［M］．北京：工艺美术出版社，2003：10.

② 冯鹏生．中国书画装裱技法［M］．北京：工艺美术出版社，2003：28-33.

③ （清）黄丕烈．士礼居藏书题跋记［M］．北京：书目文献出版社，1989：229-230.

大面积的灾难性的破坏。这个教训提醒我们，在修复不可再生的古代文献时，采用新材料、新技术时要十分慎重。很多新技术、新材料应用到古代文献修复过程，这些材料或技术当时使用效果可能很好，但对文献有没有负面影响，在短期内可能看不出来，因此推广和使用要特别慎重。尽管古代的诸多方法有一定局限，但是，我们切记，当我们整理古代遗物时，利用古代的方法，尤其是适当改造后的古代方法往往可能会更好，因为这些方法产生的背景适合于古代，而且大多被长期的实践证明是有良好功效的。

古代文献装帧的方法、样式和材料不仅具有独立的价值，而且也是文献修复过程中需要了解和借鉴的内容，因为古代文献在修复后就面临着按原式或改变原式装帧的问题，而古代文献的装帧方式恰好提供了样本。如果不了解古代文献装订的形式、材料及其方法，拆散了的纸页是无法高质量复原的。古代文献修复积累的经验在今天有巨大的参考价值。

关于文献修复的原则问题。文献修复，其根本目标是保护已经毁坏的文献，延长其生命，并且力求保持其修复时的原貌。在从事文献修复时，必须考虑一个基本的前提，那就是这个文献将来还会毁坏，还需要修复，即使不毁坏，如果有更好更适合的方法，也可能会再行修复，这就是在文献修复时要特别注意可逆性问题。所谓可逆性，是在古代文献修复工作中采取的任何一项修复措施都可以反复地重复使用。比如在古代文献中补的纸是可以随时拿掉重新补过，这一点非常重要。中国传统修复技术已经历了上千年的考验，历史证明它的可逆性非常强，是一项可靠的技术。再者，是修复后的文献，是一种新的形态，还是尽量保持修复时的已有状态问题，即整旧如旧和整旧如新问题。这个方面，中国近几十年来积累了失败的教训和成功的经验。如前所述，从北魏开始，古人就认识到文献修复的痕迹不能显示出来，即应当和原件一致，也就是“整旧如旧”。一些高明的修复者，往往能匠心独运，不着修复痕迹，使经过修复的文献在外观上尽量保持原貌，从而保证文献的资料价值、文物价值不因修复而受损，就是遵循整旧如旧的指导思想。

所谓整旧如旧，就是本着以保持古代文献原貌为基础的修复技术，修复材料和修复过程都着眼于“最少干预”。当文献所有者发现文献破损时，首先想到是怎样恢复其原貌，即尽量保持其原有特点。但是“旧”的概念不是一成不变的，因为收藏在各单位的古代文献，经过千百年的递藏，其中许多并不是原封不动保存至今。我们今天所见到的文献，在历史传流过程中，多数已经有所改变。这些改变有自然因素也有人为因素。前者是纸张因各种自然因素变暗、变脆、开裂，或者出现霉斑、虫蛀等现象；后者则是由于破损而被持有者加以修补，但是这种修补不是在保持原貌的基础上进行的，如随意用手头可利用的原料修补，或者用品质不佳的修复材料操作，或者虽然保持资料的完整性，但是经过修复已经改变了原有的装帧形式。这里的“整旧如旧”，不是恢复古代文献的初始面貌，而是该次修复前的面貌。“在修复古旧书画的过程中，一定要本着修旧如旧的原则，尽可能地保留原来的装潢形制，切不可画蛇添足，改变原貌。尤其在修复时要特别注意原件上的印鉴、题识，哪怕是一点点墨迹，都不能随意处理掉，力求使这些鉴定中的重要佐证不被销毁、湮灭。”①

尽管中国在公元5世纪就有文献修复的“整旧如旧”实践和认识，但是“整旧如旧”真正作为古代文献修复的原则，并且产生很大影响的，其思路可以追溯到1950年。该年5月14日，赵万里在《赵城金藏展览座谈会》上说：“过去本馆装修的观点是将每一书完全改为新装。此办法始而觉得很好，其后则发现它不对。一本书有它的时代背景，所以自（民国）廿三年后决定不再改装，以保持原样。所以装修一书有时用不上太多材料。馆藏《赵城藏》即保持其原来面目。”② 在实践上，《赵城金藏》也是中国第一次大规模地采用“整旧如旧”原则修复的古籍。但是，赵万里只是说“保持原样”，并没有说“整旧如旧”。作为一个概念表述，“整

① 冯锦生．中国书画装裱技法［M］．北京：工艺美术出版社，2002：86.

② 赵万里．赵城金藏展览座谈会纪要．www.nlc.gov.cn/service/wjls/pdf［2009-02-08］.

旧如旧”其实源于文物的修复。西方修复文物时早就注意到整旧如旧。而中国，梁思成在1952年率先提出“古建筑维修要有古意，要有‘整旧如旧’”的理念①。1964年，在考察了河北正定后，梁思成写了《闲话文物建筑的重修与维护》一文，详细论述了“整旧如旧”命题：“我还是认为把一座古文物建筑修得焕然一新，犹如把一些周鼎汉镜用桐油擦得油光晶亮一样，将严重损害它的历史、艺术价值。”“我认为在重修具有历史、艺术价值的文物建筑中，一般应以‘整旧如旧’为我们的原则。”②

而在古代文献的修复中，较早表述“整旧如旧”这个概念的似是陈恩惠③。在《谈谈善本图书的保管工作》一文中，作者提出：“装修古书在可能的条件下，应保存它的原样，也就是‘整旧如旧’而不是‘整旧如新’。因为未改过装的古书，往往有的在它的本身上就存在着可供参考之处……此外，如卷轴装、蝴蝶装、梵夹装、包背装、线装等，在装修时都应尽量保存它的原样。”而几乎同时，吴皇斌也表达了相同的意见：“装修质量的最高要求有整旧如新和整旧如旧两种。所谓整旧如新，即经过精细修补装订起来同新书一样。所谓整旧如旧，即原装原样，修补后看不出修补的痕迹，价值高、珍贵的古籍，为了保持它原来的风格，必须整旧如旧，不宜整旧如新。”④ 这个表述已经很清楚了。而且这个表述见诸老修复师之口，应该有一些实践背景。

整旧如旧也包含了最小程度干预原则。最小程度干预并不是不对古代文献进行干预，不存在不对古代文献干预的修复。“最小程度干预的这个度就是数据或经验所提示的上下限或者说阈值，在操

---

① 晋宏逵．对不可移动文物保护原则的探讨［N］．中国文物报，2005-09-23（8）．

② 晋宏逵．对不可移动文物保护原则的探讨［N］．中国文物报，2005-09-23（8）．

③ 陈恩惠．谈谈善本图书的保管工作［J］．北图通讯，1979（2）．

④ 吴皇斌口述，王玉全整理．古书装修技术［J］．四川图书馆学报，1979（3）：103-112.

作中超过这个阈值就应视为过度处理。”① 例如，在修补时，能用片纸就不用整页纸，能用修补解决的就不要用托裱；在用水时，能用细水雾的就不要浸泡，能数小时闷润就可以揭粘的就不要隔夜浸泡，这都是最小程度干预的具体体现。

关于整旧如旧的具体操作，是一个比较复杂的问题，涉及很多方面。肖振棠、丁瑜《中国古籍装订修补技术》在“整旧如旧装修法”中谈及保持旧观的衬纸法、溜口和书角的修补法、书皮和护页的修补法、扣皮法、包书角、书签修整法、订线和打眼、书套修整法②，详细而具体，可以参考。

关于古代文献修复的措施问题。前人创造出文献修复的许多有价值的经验和方法。除了基本方法、程序和观念大致相同外，不同时期、不同地域、不同流派的文献修复者在细节上不可避免地有所差异。“长期以来，由于地域气候不同，传统习惯有别，在修复古代书画方面，沿用着不同的工作程序和操作技法。近几十年来，艺术流派之间，各自取长补短，促进了装裱技艺水平的提高，为抢救祖国文物做出了显著贡献。”③

关于古代文献修复的装帧形式问题。文献的修复，主要是按照原文献的样式，一般不作改变。因此，文献修复一个基本知识就是了解古代文献的装订形式，这样既有利于把需要修补的文献拆开而不损坏纸张和装订的地方，也便于回复原来的装订形式。修补古代文献，既要有所创新，更要保留古代文献原有的时代风格。因此对古代文献各种不同形式的修补方法必须全面掌握。善本书的装修方法还有金镶玉法，又称穿袍套，或称惜古衬。有些善本书由于流传年代久远，书页受到损坏，或书品过小，以至边栏外的批注顶天挨地，也有的稿本未经裁切，毛茬纸边长短不齐，这些都宜采用金镶

① 张美芳，张松道．文化遗产保护技术管理理论与实践［M］．长春：吉林文史出版社，2009：63.

② 肖振棠，丁瑜．中国古籍装订修补技术［M］．北京：书目文献出版社，1980：70-75.

③ 冯锦生．中国书画装裱技法［M］．北京：北京工艺美术出版社，2002：79.

玉法。其优点是装订完后，书籍的天头和地脚以及书背等三面都是衬纸，使书页不易损坏；书本大小不一致时，也可以镶衬得一般大小，既能保护书籍，又能使原书焕然一新。金镶玉法有几种不同的操作方法，不一一列举。

古代文献修复常用工具、材料和设备有：案子、补书板、毛笔、浆糊碗、浆盆、排笔、裱板、镊子、棕刷、板刷、晾纸架、喷水壶、压书板、石板、启子、剪子、锥板、方顶铁锤、锤书石板、铜簝、钳子、铜（铁）丝、裁板、尺子、刀子、轧子、锥子、敲槌、针、书皮用料、丝线、锦、绫、绢、锦绫、棉绫、砑石、石蜡、纸张测厚仪、水槽、压书机、切纸机、多用冲孔机、木墙、工作间；而古代书画装裱的基本工具及设备有：排笔、针锥、镊子、排刷、浆刷、板刷、隔糊、起子、轧子、尺板、手卷棒、刀子、砑石、蜡板、手卷刀、纸壁（大墙）、案子①。

古代文献修复用纸均为手工纸，按原料分为麻纸、皮纸、竹纸、草纸、混料纸。这些工具、材料和设备都是前人发明使用并流传下来的。

古代文献修复常用术语，诸如补、托、裱、排、镶、衬、揭、接、装、修复，至今也仍在沿用。

前人直接传承下来的经验，以及后人通过前人修复实物遗存而摸索的修复知识，都是极其宝贵的财富。文献修复属于手工技艺，主要是父子或师徒相传。文献修复者给后人留下的，主要是修复后的文献实物，其间的修复过程以及何以如此修复，就随着修复一种文献的结果呈现而湮没无闻了。而且，手工技艺很难复制，几乎每一种修复成果都是独特的。但是，后人可以通过研究这些实物成果，来寻找出其修复的材料，揣摩出前人文献修复的理念和过程；并通过实物的比较，得知前人文献修复的材料质量的高低。冯鹏生《中国书画装裱技法》一书中有一节专门论述“古代装裱对现代装裱的启示”，谈到在讲究用绢的色彩，选择相应的形制，讲究轴头

① 冯鹏生．中国书画装裱技法［M］．北京：北京工艺美术出版社，2003：28-33.

的装饰和古画重裱要慎重等问题时，认为古人都创造了优良的方法，积累了丰富的经验，值得今天借鉴①。

这些经验和方法大部分被传承下来了，并且经过不断改进。但是，有些传统的方法本身也在历史过程中有所改变，我们要有所分析，发扬传统中优秀的内容，改进或舍弃传统中不合理的内容。关于装裱古文献用的浆糊中的胶矾就是显著的例子。

在线装书出现前，古代文献各种装订形式都要粘结纸页，需要浆糊；古代文献修补，也要使用浆糊；每一个单独的事件，案宗都要依靠浆糊粘结在一起。古代制作浆糊的原料中，白矾是很重要的一项。今天存世的明清时期的浆糊配方中多有白矾。白矾（又称明矾、钾矾、钾铝矾、钾明矾、十二水硫酸铝钾）是含有结晶水的硫酸钾和硫酸铝的复盐，性味酸涩，寒，有毒，有抗菌、收敛作用。浆糊中加入白矾的目的，主要是白矾可使霉菌脱水，从而使霉菌因脱水而死亡，防治文献霉变。纸张纤维吸水后就会膨胀，而干燥脱水后又会收缩。前人为使古代文献在装裱过程中纸张伸缩的幅度不致过大，控制纸张的伸缩，降低纸张的伸缩率，就在装裱用纸及文献纸张上施加胶矾溶液。再者，浆糊加入白矾能使浆糊更有黏性，促使淀粉更好地沉淀。另外，在文献装帧时，一是加矾的浆糊托染绫绢可防止褪色，二是加矾的浆糊托心可固定书画的墨色，三是加矾的浆糊镶活可避免镶缝开绽。最后，也有人提出，古代制作浆糊时加入白矾，是为了使制作好的浆糊能存放的时间长一点，以节约粮食，考虑到古代粮食短缺，这样的推测也不无道理②。但是，20 世纪 80 年代中期以来，关于浆糊中是否加入白矾的问题，文献学界颇有争议。

一派遵循传统的做法，在制作的浆糊中加入白矾，作为防腐的材料。李龙如等人研制的修补古代文献用“五防浆糊”就加入

① 冯鹏生．中国书画装裱技法［M］．北京：北京工艺美术出版社，2002：9-10.

② 邱晓刚．再谈古籍修复中的浆糊问题［J］．江苏图书馆学报，1999（6）：22-23.

了白矾，旨在防腐。作者认为这种浆糊对人的健康无影响，对书籍无损害①。周苏阳谈及古籍的修复，“最后用传统的浆糊制法对书进行裱页……这部书没有放入书库，只放在一般橱里，现已八年了，没有再生霉，也没有被虫蛀。只是制糊时放入少许明矾”②。从实际情况来看，浆糊中加入白矾，仍然是目前浆糊制作的主流方式。

但是，也有人指出，“虽然矾具有一定的防腐功能，但其 pH 值在 4.26 以下，显然这样低的 pH 值对纸张有损害，加之白矾的防虫效果几乎没有，故目前在制作浆糊时已不使用矾作为添加剂了”③。邱晓刚也认为，古人制糊时加入白矾，并没有考虑对纸张的不良影响，所以使用明矾时应该慎重④。

张平认为，在实际操作过程中我们发现硫酸铝与硫酸铜确有防腐作用，加入了硫酸铝或硫酸铜的浆糊的使用期明显高于未加硫酸铝或硫酸铜的浆糊，但防虫作用并不明显，而二者酸性对纸张的损害却是严重的。它不仅破坏纸张纤维结构，使纸张变脆，而且增加了纸张的酸化程度，缩短了文献的寿命⑤。

回顾浆糊中加入白矾的历史及其效果也许能给这个颇有争议的问题提供一些启示：“中国宋代以前的书籍装订时不用胶矾，流传下来的还有很多，不少图书馆，博物馆都有收藏。特别是敦煌遗书，其中有不少是唐代书籍，有些甚至是晋代故物，都保存得（都）很好。但宋代字画存世就很少见了。其原因之一，主要是在

---

① 李龙如．图书保管“八防”［J］．湘图通讯，1980（1）：32-36；（4）：22-26.

② 周苏阳．古籍修复三例［J］．江苏图书馆学报，1997（5）：43-44.

③ 杨晓黎．略论图书馆善本古籍的修复［J］．图书馆工作与研究，2007（5）：20-23.

④ 邱晓刚．再谈古籍修复中的浆糊问题［J］．江苏图书馆学报，1999（6）：22-23.

⑤ 张平．图书档案修复用粘合剂——小麦淀粉浆糊的科学制作与使用［A］．中文善本古籍保存保护国际研讨会论文集［C］．北京：北京图书馆出版社，2001：182-189.

字画的装裱过程中，施加了胶矾的缘故。加了胶矾，纸张（或绢）就会变脆，时间稍长就会断裂。断裂后就再修，再施加一次胶矾……长此以往，字画就损失殆尽了。修复本来的目的是为了延长文献的寿命，使用胶矾反而会加速其损坏，这却是修复时始料不及的。"① 如果这种说法确实符合历史实际，那么，我们在古代文献修复中应该回复到宋代以前的传统，避免使用胶矾，或者至少采取一些补救措施。也许十多年来，很多专家都对浆糊中加入胶矾持否定的看法，是有道理的。

说到补救措施，也许古人已经这样做了。古代使用白矾制作浆糊时，有时会加入某种碱性物质，或许是试图与酸性的白矾中和②。高濂《遵生八笺·燕闲清赏笺》"法糊方"：白面粉一斤，浸渍三至五天，等到发酸发臭之后，加进白芨面五钱、黄蜡三钱、白芸香三钱、石灰末一钱、官粉一钱、明矾二钱。再用花椒一二两煎汤，除去椒，接着将黄蜡、白矾、芸香、石灰、官粉投入椒汤中熬化，然后将面粉投入作糊，则粘褙牢固而不会脱落。《西谛书话》记载元末明初无名氏《墨娥小录》中有两种"糊法"，其一是："乳香，白芨粉，明矾，黄蜡，胶，更兼白石钳，永保百年牢。"这里的白石钳就是石灰。其一是"打叠纸骨用糊法"："用糯米浸软，研细，滤净，逼去水，稀稠得中。加入豆粉及筛过石灰各少许，打成糊，以打叠纸骨，做造器用……永不致发蒸生蠹也"。这几种制作浆糊的配方都提及石灰。

我们今天已难以知道古人在白矾中加入石灰的目的，也许古人经过长期的经验观察认识到了白矾对于纸张的危害，而又认识到石灰的碱性，在不得不加入白矾的同时，加入石灰，以消减白矾对纸张带来的危害；也许出于防潮的目的而加入石灰；当然也不能完全

① 杜伟生．正确选择修复措施是古籍修复工作的关键［A］．中文善本古籍保存保护国际研讨会论文集［C］．北京：北京图书馆出版社，2001：146-153.

② 邱晓刚．再谈古籍修复中的浆糊问题［J］．江苏图书馆学报，1999（6）：22-23.

排除出于偶然的因素。而 1980 年李龙如提到的自制浆糊在加入白矾的同时也加入石灰，他的目的是防潮，但是客观上或许对白矾也能起到中和作用①。

古代浆糊配方中，还有两类配方可能与防酸有关，一类是小麦面加腊月雪水，例如宋代赵彦若的浆糊配方②。清代石成金《传家宝》中的“防蠹方”同样推荐或使用了这个配方③。另一类是伴随着白矾的添加，同时使用陈天水。例如清代周二学似乎特别迷恋陈天水。在《赏延素心录》第一则中，他强调用陈天水清洗书画上的积年霉白。《赏延素心录》第五则“糊法”：“用陈天水一缸，以洁白飞面入水，水气作酸，再易前水，酸尽为度，既曝干，入白矾少许，和秋下陈天水，打成团，入锅煮熟。倾置一缸，候冷，浸以前水，日须一易。临用入磁瓿，千杵烂熟，以前水匀薄。”这个配方与其他众多复杂的配方相比，显然简单得多。周二学生活的时期，多种浆糊配方已经问世，他何以发明这样简单的配方呢？而陈天水为中性水质，可以减少酸性物质对纸张的腐蚀④。也许他也注意到白矾对纸张的危害而尽可能地选用中性水质的水，尽量减少浆糊中的酸性物质？

古代文献修复的核心技术是浆糊，为防霉变，这种浆糊需要中草药的配制。详细内容已见第三章第三节“中国古代防蠹浆糊及其现实价值”，请参阅。

第四节 古代文献修复记载与建立古代文献修复档案

中国古代，文献的修复工作缺乏系统的详细的档案。文献修复

---

① 李龙如．图书保管“八防”［J］．湘图通讯，1980（1）：32-36；（4）：22-26.

② （宋）陈师道．后山谈丛［M］．上海：商务印书馆，1936：17.

③ （清）石成金．传家宝［M］．北京：线装书局，2008：142.

④ 汪华明．破损图书的修复［J］．河南图书馆学刊，1981（4）：30-32.

经验的累积，一方面是师徒相传，一方面是自己暗中摸索，凭经验积累。然而自唐代张彦远以来，关于浆糊的制作原料多有披露，宋代以后，关于浆糊的制作原料甚至配方及其制作过程，也屡见记载。明清时期，关于文献修复的配纸，装订用的线和装订方法，甚至某种文献的修复材料和过程，也时有讨论或推荐。例如，黄丕烈在为《湘山野录》三卷（宋刻本）所写的题跋记中说过关于装订的一件很具体的事："《湘山野录》曾刻入毛氏《津逮秘书》中，外此未见有善本也。近从华阳桥顾听玉家得此宋刻元人补抄本，藏经纸面，装潢古雅，洵为未见之书。略取《津逮》本相较，知毛刻尚多讹脱，想当日付梓，未及见此耳。继于混堂巷顾五痴家见有毛斧季手校本，即在《津逮》本上，实见过此本。取对至卷中'时鹏晏元献为翰林学士'一行前，竟脱落'备者惟陈康肃公尧咨可焉陈方以词职进用'十八字。初亦不解其故，反复展玩，乃知此十八字，钞时脱落，后复添写于旁。斧季校时，犹及见此。而后来装潢穿线过进，遂灭此一行。向非别见校本，何从指其脱落耶。爰重装之，使倒折向内，览之益为醒目云。"① 这些记载，虽然距离文献修复档案建设的要求相差很远，但是毕竟给后人留下了一些线索。这个传统，我们也应该加以继承和改进，为古代文献修复建立档案。

但是在以往的文献修复历史中，我们修复了那么多的古代文献，却鲜有修复档案，地方古代文献收藏机构缺乏古代文献修复档案自不待言，甚至大型图书馆，乃至国家图书馆也是如此。例如国家图书馆花费漫长时间和巨额资金修复《赵城金藏》和"敦煌遗书"，取得了卓越的成就，积累了宝贵经验，但是，面对如此复杂的文献，实施如此浩大的工程，经历如此漫长的时间，老师傅用过了什么工艺、技术和材料，如何具体操作的，材料有什么讲究，以及更为具体的，例如为什么对当时损坏严重的经卷采用了通卷拓裱的方法，并曾经把经卷背后的纸揭去一层，这些问题，以及修复的

① 黄丕烈．士礼居藏书题跋记［M］．北京：书目文献出版社，1989：151-152.

经验和教训，都没有档案记录留存下来①。国家图书馆有关部门认识及此，于2002年才正式建立古代文献修复档案。

为了使后人详尽地了解前人所做的修复工作和修复前古代文献的原貌，便于为以后的重新修复积累宝贵的资料，为以后古代文献修复培养人才，以及古代文献的整理和研究，根据国内外古代文献修复的经验，我们应该重视古代文献修复档案的建设，努力做到修复的古代文献的每一册都有案可查，包括详尽的文字和照（图）片记录。古代文献修复档案主要包括修复前、修复中和修复后的详细记录。具体来讲，古代文献修复档案的内容主要有以下几个方面：（1）待修复古代文献的书目信息（如文献标题、责任人、版本信息、开本尺寸、损坏情况），纸墨信息（如纸张类型、年代、产地、质地、酸碱度和墨色状况），破损信息（如文献破损部位、形状、面积大小、破损原因），修复历史信息（指前人对古代文献修复的情况，主要包括修复时间、修复单位、修复人、修复方式、修复历史附注）；（2）制订的修复方案；（3）修复材料。例如修复用浆糊情况，其原料、配方、水质和温度。例如修复用纸情况，其类型、产地、纸质、颜色，例如染纸所用的材料、配方、步骤、颜色；（4）修复方法和步骤；遇到的问题和解决的方法。（5）修复人员情况；（6）修复前后对比图；（7）修复质量鉴定和评价；（8）修复经验总结。（9）修复换下来的古代文献的某些部分的保存情况，例如封面、函套，甚至不得不去掉的题记等文字信息，以弥补实体信息的流失②③。另外，古代文献内夹放的零页题跋或签条以及其他有关文献流传信息的资料，也应注意保存，决不可丢弃。以上各种内容除了文字描述外，还要拍照或画图存档。

---

① 李济宁．关于建立古籍修复档案的几点想法［A］．中国国家图书馆．中文善本古籍保存保护国际研讨会论文集［C］．北京：北京图书馆出版社，2002：255-263.

② 张平．英国伦敦图书修复工作印象［J］．国家图书馆学刊，1999（1）：74-76；122.

③ 王阿陶，许卫红．古籍修复档案内容设置及其重要性探析［J］．档案学通讯，2010（5）：68-71.

第八章

修复古代文献所用浆糊和配纸的制作

古代纸质文献的修复，需要使用两种最基本的材料，一是浆糊，一是纸张。无论是文献制作前原始纸张的连接（有些文献，例如卷轴装、经折装、蝴蝶装、旋风装、包背装，例如大幅地图，需要把多张纸粘连起来），还是早期文献制作过程中纸张间的粘连（宋代档案是把同一问题的文书逐张粘连在一起①），还是用纸张修补破损处，都需要使用浆糊作为粘连的材料；在书画装裱过程中，从托画心、托料、镶活、覆背、上天地杆等，都离不开浆糊。明代周嘉胄充分认识到浆糊在文献装裱、修复中的作用，他在《装潢志》中说："墨以胶成，裱以糊就。"这是说制墨离不开胶，装裱离不开浆糊，胶（动物胶）起到粘结炭墨的作用，有胶才能有墨，一如浆糊起到粘结纸张的作用，有浆糊才能装裱。浆糊的质量不仅关系到破损的文献能否通过修复得到改善，而且影响到修复后的古代文献能否长期保存，还关系到文献修复的可逆性，直接影

① 王金玉．王金玉档案学论著［M］．北京：中国档案出版社，2004：235.

响着古代文献修裱的质量和寿命。而修复纸质文献，只要涉及修复残页，或者装订封面，或者补足数量较多的缺失的文字，都需要各种各样相配的纸张。修复用纸不仅关系到修复后古代文献的美观，同时也影响到修复后古代文献的寿命。本节结合传统的方法和材料，讨论修复古代文献所用浆糊和纸张的制作。

第一节 修复古代文献所用浆糊的制作

一、基本要求

修裱古代文献所使用的浆糊，与一般生活中所使用的浆糊不同，更与化学工业中所使用的浆糊不同。根据前人的经验，我们可以总结出关于修裱古代文献用浆糊的几点基本要求，即安全性、稳定性和可逆性。具体可以表述为：首先，安全性。第一，使用不会危害纸张的原料，例如面粉。第二，浆糊的 pH 值应该接近中性或微碱性，这样可以使粘贴处的古代文献用纸保持在中性状态，利于文献长期保存。pH 值越低，酸性越高，对于纸的危害就越大，损害古代文献的自然寿命。其次，稳定性。浆糊本身不会发霉、发酵变质，要有稳定的化学性能，不给修复后的古代文献留下隐患。最后，可逆性。浆糊要有适中的粘性和适当的粘合速度，保持修复后古代文献的可逆性。粘性太强，水分偏少，水分在短时间内急剧散发，会在纸张上形成核桃状的皱纹，严重破坏纸张纤维素，在需要重新修裱时，也难以将托纸从原件上揭下而不损害原件，违背了古代文献修复所要求的可逆性原则①。

浆糊的制作和使用，有几个基本问题需要考虑：

第一，地域性。用面粉制作浆糊，南方（例如上海一带）多以精粉和麦粉制糊；北方大多使用小麦粉制糊。

第二，浆糊的浓度和用量与纸张有密切关系。粘贴的纸张不同，浆糊的浓度也有区别，用量也不同。吸水性好的纸张要用稀浆

① 陈红．浅谈档案裱糊胶粘剂［J］．浙江档案，1994（10）：38-39.

糊，如净皮绵连所用浆糊浓度为1%～2.0%，吸水性差的纸张要用稠一些的浆糊，如毛边纸所用浆糊浓度为2.5%～3.5%，纸张较厚的手工纸，修补用浆糊浓度可大些，较薄的手工纸，修补用浆糊浓度可小些。总的情况是：手工纸不含胶，易粘结，宜用较稀较少的浆糊。不同的纸张使用浆糊浓度的具体情况见表8-1和表8-2（请主要参考表8-1）。对于不同种类的纸张，要控制好浆糊的用量。浆糊太多，就不易平整，纸张发硬变脆，降低耐折度，而且容易吸潮发霉；浆糊太少，粘结度不够，粘贴后的纸张容易脱落，达不到修复的目的。

表8-1　　　　**各类手工纸用浆糊浓度表**

纸种	托件浆糊浓度（%）		
	下限	合适	上限
净皮绵连	1.0	1.5	2.0
净皮单宣	1.5	2.0	2.5
净皮重单	2.0	2.5	3.0
净皮夹宣	3.0	3.5	4.0
棉料棉连	1.5	2.0	2.5
棉料单宣	2.0	2.5	3.0
四川夹江生宣	2.5	3.0	3.5
四川夹江麻宣	2.5	3.0	3.5
毛边纸	2.5	3.0	3.5
元书纸	2.0	2.5	3.0
河南棉	2.5	3.0	3.5
云南棉	2.5	3.0	3.5
贵州州寨白棉纸	1.5	2.0	2.5
温州皮纸	2.5	3.0	3.5
熟宣	3.0	3.5	4.0

（来源：摘自张美芳、张松道《文献遗产保护技术管理理论与实践》，吉林文史出版社，2009年，第135页）

表 8-2　　各类机制纸用浆糊浓度表

纸种	托件浆糊浓度（%）		
	下限	合适	上限
70 克双胶纸	6.0	6.5	7.0
120 克双胶纸	7.0	7.5	8.0
70 克书写纸	6.0	6.5	7.0
35 克有光纸	5.0	5.5	6.0
52 克凸版纸	5.0	5.5	6.0
70 克复印纸	6.5	7.0	7.5
旧蓝图纸	6.5	7.0	7.5
图画纸	6.5	7.0	7.5
水彩纸	6.5	7.0	7.5
水粉纸	6.5	7.0	7.5

（来源：摘自张美芳、张松道《文献遗产保护技术管理理论与实践》，吉林文史出版社，2009 年，第 135 页）

具体粘连时，还要注意，要顺着纸张的纹理刷浆。

第三，失去粘性或变质的浆糊（这是由于时间长久或变质所导致），绝不能再使用。

检阅唐代以来文献记载的有关文献修复和装裱用浆糊，基本的原料有两种，即小麦面（或面粉）和白芨。其他制糊原料，可以提及的是广东一带使用的石花菜（海草）。这里先略作介绍。石花菜浆糊制作的具体方法是：将石花菜上的盐分完全洗净，放入锅内加水熬煮，煮时用木棒不停地搅拌，以免糊锅，直至煮成糕状，再倒入干净的布袋或纱布中裹住，不停揉捏，滤去粗渣，等冷却后即可使用。用石花菜浆糊来装裱一些名贵的书画作品，或者装帧古代文献，可以防蠹防霉，柔和轻软，不脆不脱，但是制作成本高，使用者不多，使用的地域面积有限，在今天更是鲜有使用者。尽管白芨作为浆糊原料使用历史比较悠久（尤其盛行于宋元时期），且有一定避虫效果，但是原料的采制远不如面和面粉简便而丰富，加上清代就已经认识到白芨浆糊粘性过强，容易皱缩、崩裂，修复可逆性差，所以清代以后也逐渐被淘汰。这里就讨论使用历史最悠久，使用面积最广泛，修复后的古代文献最为柔软，可逆性也最优良的面和面粉制作的浆糊（日本和欧美在修复中国古代文献时，使用的也是面和面粉制作的浆糊。早期西方用于粘结纸草的浆糊也是用面粉制作的，滴入的几滴醋则有助于溶解面粉颗粒，使浆糊更细腻）。小麦淀粉由直链淀粉分子和支链淀粉有秩序集合而成。淀粉粒不溶于冷水。直链淀粉能溶于热水而不成糊状，但是干燥后能形成柔软的薄膜；支链淀粉能与热水作用发生膨胀而成糊状，具有一定的粘性。由于淀粉的分子结构与纤维素结构相似，也含有较多的羟基，所以淀粉浆糊与纸张中的纤维素具有较强的粘附力①，适合制作粘结纸张的浆糊。

二、麦面浆糊的制作过程

麦面和麦面粉是制作麦面浆糊的基本材料。由于南北气候的关系，南方通常用精粉制糊，北方通常用面粉，即小麦淀粉制糊，因为北方地区天气干燥，如果不提取面筋，浆糊暴性太烈（胶性太强，凝固力过大），修复后的文献不平整，呈核桃皮状，且易发酵、发霉、发胀，修裱的文献容易反卷、招虫和霉变，提取面筋后，即可有效地解决这些问题。南方地区多雨潮湿，习惯用面浆，即不洗面筋用富强粉（精白粉）直接制糊，求其粘性强些，但因含有面筋等物质，兼之气候溽热，容易发酵变质。面筋是面粉里的蛋白质，含有蛋白质成份，浮在淀粉上的黄水中含有葡萄糖成份，而蛋白质和葡萄糖最易招虫。用洗去面筋的淀粉制作的浆糊，色泽纯净透亮，粘性适中（使修补或托裱的文献不会因为粘性过大而引起纸张收缩变形；如果再次损坏或有新的更好的装裱材料需要重新修裱时，易于重新揭裱，而对原文献损坏最小），不易生虫。面

① 卢英，等．档案保护实验技术［M］．北京：中国人民大学出版社，1994：201.

粉浆糊具有良好的可逆性。当文献需要重新修裱时，只要将原件浸泡于水中或用水润开，即可取下用浆糊粘结的托纸或配纸，也可随水洗去残存于原件上的浆糊，如此几经修裱，原件仍能完好地保存下来。

人们常常将面和面粉浆糊的制作分开来谈。其实，面粉中的麦皮和面筋剔除之后也就成为稀释后的麦面，其余的制作过程与麦面就基本相同了。

综合各家浆糊制作方法，剔除面粉中的麦皮和面筋的基本的方法和程序是这样的：把面粉放入盆内，加温水或冷水和成面团（比包饺子用的面团略硬），揉匀，加冷水，双手在水里边捏边不停搅动，使面粉散在水里，取出面筋，然后再用细箩过滤粉水，除去麦皮（麸子），倒入另一个盆里，再加入大量的凉水，隔日倒出棕黄色的水，沉淀在盆底的淀粉就是制作浆糊的原料。

如果洗出来的淀粉暂时不用，就要采用适当方法保存下来。一种是水内保存法：洗出来的淀粉继续浸在水中，注意观察，经常换水，防止发霉。春秋季节，每日换水一次，夏天早晚各换水一次。另一种是干存法：把已经发酵并失去筋性的淀粉先阴干，而后再放到阳光下晒干，待完全干燥后用塑料袋装好备用，需要用时，再将粉块研成粉末或用水溶开。

在冲制浆糊时，无论是经过剔除麦皮和面筋而沉淀的面，还是精粉，在淀粉中加少量温水，用木棒搅拌，搅匀调成浓糊状（如果是精粉，就再加少量热水搅动，令面糊略稀），再用沸开水冲调，边冲边用木棒按顺时针方向快速搅动，直至由稀变稠，就不能再冲水。继续用力搅拌，搅匀，搅细（否则会使冲熟的浆糊含有许多未糊化的小颗粒），直到有小气泡出现为止。在色泽上，面糊发出光亮，精粉会略呈浅黄色。木棒举起时能拉出浆丝，浆糊就冲熟了。片刻再倒入凉水，以免结皮，等冷却后备用。用时加冷水调制即可。

这样的制糊方法为“冲制法”，是目前比较常用也最方便的一种，另有“熬制法”等方法。熬制法是装帧用面粉浆糊最古老的制作方法。目前一般认为熬制法是制作面粉浆糊的最好的方法。详见下文所述。

上述方法是在制作的浆糊中不添加任何药物，即纯用麦面或面粉。目前有的古代文献收藏机构，尤其是具有恒温恒湿设备的大中型古代文献收藏机构，就使用这样的浆糊。但是，不具备恒温恒湿设备的中小型古代文献收藏机构就不宜模仿这种做法。淀粉的主要成份原淀粉和蛋白质，是淀粉分解菌和某些腐细菌的良好滋生源，还是某些害虫的食物源。如果不添加任何防蠹药物，岂不是留下后患？岂不是漠视千百年来祖先遗留的那么多的优良浆糊配方？有的添加物，例如明矾，确实会危害到纸张的安全；即使添加少量的矾，尽管在一定程度上具有防止浆糊发腐发臭的作用，但是由于明矾是酸性物质，会影响纸张的自然寿命，现在制作的浆糊中大多弃置明矾不用，是正确的。就一般现存古代文献收藏机构而言，还是应该因地制宜，适当添加防蠹防鼠防霉药物，这也是为了将来着想。谁能保证具有恒温恒湿设备的古代文献收藏单位将来还会有这些设备？谁能保证这些古代文献能够长期收藏在这个单位而不会发生转移？牵涉古代文献保护，考虑问题还是应该长远些。我们认为，实施古代文献保护方法，出发点还是应该考虑古代文献本身，而不是现在的具体条件。

三、浆糊添加剂问题

关于古代文献中所记载的各种浆糊的配方，新时期发明的“五防浆糊”及《裱褙药物浆糊；裱褙药物浆糊制造方法；裱褙药物浆糊的用途》专利等，已在有关部分做过介绍。这里再介绍一种新的麦面浆糊的制作方法。秦佳心提出了一个新的思路，即“将碱性物质按照不同的浓度加入到小麦淀粉浆糊中，不仅能够在一定程度上保持小麦淀粉浆糊自身的性能，又能起到一定的防霉效果”。文章按照碱性不同，试验了碳酸镁（$MgCO_3$）、碳酸钙（$CaCO_3$）、氢氧化钠（NaOH）、氢氧化钙［$Ca(OH)_2$］4种碱性物质，浓度定为0.5%、1.5%和2.5%（即在200ml的小麦淀粉浆糊中各加入1克、3克、5克的碱性物质）。结果表明，“在小麦淀粉浆糊中加入碳酸钙和碳酸镁都能够很好地保持小麦淀粉浆糊自身的优良特性，不会改变浆糊自身性状，有利于实际部门的操作和使用”。“浓度为1.5%和2.5%的氢氧化钠碱性溶液和浓度为2.5%的碳酸镁碱性溶液可以加强小麦淀粉浆糊的防霉作用”。文章认为，在小麦淀粉浆糊中加入浓度为2.5%的碳酸镁，“浆糊的黏稠度和托裱后纸张的硬度几乎和纯小麦淀粉浆糊纸张相同，而且碳酸镁微溶于小麦淀粉浆糊，不会产生过多的白色颗粒，且酸碱度适中，不会破坏纸张的纤维素，也能够中和纸张的酸性环境。不仅如此，由于溶液呈碱性，也能够有效地防止霉菌生长。在高温高湿环境下，加入浓度为2.5%的碳酸镁的小麦淀粉浆糊的试样虽不能长期抑制霉菌生长，但和其他种类的碱性浆糊相比，较能抑制霉菌的生长，日后还可以起到抗酸的作用”。文章认为，将碱性物质加入到小麦淀粉浆糊中既能防霉，还能够中和纸张中的酸性物质，达到去酸的目的。在浆糊中加入浓度为2.5%的碳酸镁，“在裱糊的过程中，浆糊中的碳酸镁颗粒会残留在纸张表面，托裱后，这些碳酸镁颗粒会渗入纸张纤维中，中和纤维中酸的氢离子，以达到去酸的效果，同时还能够增加纸张的白度并具有一定的防霉效果。此方法简单易行，成本较低，同时还能避免化学药剂对纸张的损害，降低了纸张老化和机械性能下降的风险”①。我们认为，在浆糊中加入碱性物质，既可以防腐，也可以防虫，这个思路是可取的；但是，该文中提及的这些碱性物质都是化工产品，对纸张有没有或者有多大不利影响，很难测定，不宜提倡使用；最安全的办法还是应该采用物理的方法在浆糊中增加碱性物质。

以上不同时期发明的制作浆糊的种种方法，原料有异，配方不同，就面粉作为原料的配方而言，这些方法在总体上试图达到如下目的：粘连性能好，防蠹，防鼠，防蚁，防潮，防腐，具有可逆性，个别配方甚至可能考虑到防酸或去酸，以及浆糊本身的防腐和防冻。这些目的，对于纸张和浆糊本身都有益处。可以说，这些配方把文献保护的方方面面都考虑到了，显示出浆糊制作者的良苦用

---

① 秦佳心. 碱性物质在小麦淀粉浆糊中应用的比较研究［J］. 档案学通讯，2008（6）：72-75.

心和聪明才智。

四、浆糊制作的基本原则

浆糊的配料和制作程序是古代文献修复行业的首要机密，地域不同，门派不同，配方物料、比例、制作程序不同，不免有神秘的成份（中医般的神秘）。从原理上讲，浆糊物料要采取方便，制作方法要简单易行，而且要能够起到保护纸张的作用。按照传统的配方制作浆糊，明矾不能再以任何理由使用，而现代制作的浆糊，化学药物也不能使用——因为我们确实难以估计这些药物究竟在长时期中给纸张带来什么样的后果；而一旦将来发现有危害，很难挽回损失，后果不堪设想。因此，结合前人经验，考虑到地域差别，我们觉得以下的思路可以考虑作为制作浆糊的基本原则，也许是可以被接受的：

第一，使用优质小麦面和小麦面粉。优质小麦面粉是白色微带黄色的粉末，无结块、霉变、生虫等现象，所含成份应该符合下列指标①：

淀粉：66%-72%

脂肪：1%-2%

蛋白粉：8%-15%

纤维：1%-2%

水分 11%-14%

灰分 0.4%-1%。

第二，使用微碱性质的水，使浆糊 pH 值接近微碱性。

第三，采用熬制法。采用熬制法制作浆糊至少从唐代就已经使用，明清时期几乎所有的浆糊都是熬制的，历史悠久，自有其道理。根据张平的试验研究，在浆糊制作中，熬制法明显优于冲制法："冲制法制作浆糊，淀粉浆浓度低时，用高水温冲制的浆糊黏

---

① 张平．图书档案修复用粘合剂——小麦淀粉浆糊的科学制作与使用［A］．中国国家图书馆．中文善本古籍保存保护国际研讨会论文集［C］．北京：北京图书馆出版社，2001：182-189.

度值高。淀粉浆浓度高时，用低水温冲制的浆糊黏度值高。”“熬制法制作浆糊，熬制时间决定着黏度值的高低，时间长黏度值高。”比较这两种制作浆糊的方法，“淀粉粒的糊化程度决定着浆糊的黏度，糊化程度越高黏度越高，淀粉糊化得越彻底，保存时间就越长。实践证明熬制法制作浆糊，无论在黏度和保存时间上都明显优于冲制法”①。

第四，适当添加若干种防蠹、防鼠药物；南方可以再添加防白蚁的药物。这些药物应是中草药或矿物药，而且有延时性，延时性越长久越好。例如有的浆糊添加百部根（防蠹，还能防其他虫）、皂荚（防鼠，防虫），南方还可加雄黄（防蚁，防虫），或者近似的植物药物，也是可以的。

百部主产于河南、山东、安徽、江苏等地，是常用的中药材。百部根部含有丰富的多种活性成份，是一种宝贵的植物资源。百部的块根含有百部碱、百部次碱、异百部次碱、原百部碱。百部的有毒成份为百部碱及对叶百部碱，可减低呼吸中枢兴奋性，能抑制呼吸中枢，继而导致呼吸中枢麻痹，具有驱虫抑菌作用。

皂荚又名皂角树，广泛分布于我国东北、华北、华东、华南等地，是中国特有的树种。皂荚根系发达，具有耐旱、节水、耐寒、固氮和抗病虫害等特点。皂荚果的药用价值在《本草纲目》等多种医书中都有记载。关于文献保护中使用皂角的防鼠效果，前人在浆糊中使用过，孙从添《藏书记要》中也说过在书柜上铺上皂角末防鼠，但是缺乏系统研究，尤其是缺乏科学研究。张宏利等人则运用当代科学技术手段进行了详细分析。研究表明，皂荚乙醇提取液中含有酚类物质、皂甙、黄酮、甾体（或萜类）、糖、多糖（或甙类）和强心甙等成份。对小鼠活性测定表明，乙醇提取液在饵料中的含量为15%时，小鼠的平均食毒量为20.80g/kg，对小鼠的毒杀率为80%，饵料中皂荚样品的含量为15%和10%时，小鼠的

---

① 张平．图书档案修复用粘合剂——小麦淀粉浆糊的科学制作与使用［A］．中国国家图书馆．中文善本古籍保存保护国际研讨会论文集［C］．北京：北京图书馆出版社，2001：182-189.

平均食毒量分别为 17.15g/kg 和 19.80g/kg，对小鼠的毒杀率分别为 90%和 100%；提取液中的化学成份基本包括了皂荚杀鼠的活性成份，且适口性较原粉为好。表明皂荚含有杀鼠的活性成份，有较强的杀鼠活性；而一种优良的灭鼠剂，是一种值得开发利用的植物资源①。

雄黄又名鸡冠石，化学成份是 As4S4（AsS），晶体属单斜晶系斜方柱晶类的硫化物矿物。雄黄是中国传统中药材，具杀菌、杀虫、防蚁、解毒功效。雄黄是矿石，不会挥发，遇水无反应。

之所以添加药物，是因为浆糊在保存条件不佳、时间过长或粘连纸张后，容易腐霉，遭受虫蛀。添加一些药物，能在一定程度上防治腐霉虫蛀，既延长浆糊的使用时间，也能保护使用浆糊粘结的古代文献。

上述几种中草药和矿物药各有其功效，能防蠹、防鼠、防蚁，且不会对纸张产生有害作用。有些浆糊添加花椒、桂皮，尽管也可驱虫，但是具有容易改变纸张颜色等缺点。

第五，处理好浆糊的霉腐问题。所谓浆糊的霉腐，首先是浆糊使用于文献修复前的霉腐，其次是修复后纸张上粘结的浆糊的霉腐。这个问题过去是依靠添加明矾来解决的（南北方都如此），现在不提倡使用了。北方气候干燥，调制好的浆糊一般情况下短时间内不会霉腐，只要待浆糊干透后再把沾有浆糊的古代文献入库存放即可；南方气候潮湿，制作好的浆糊如果暂时不用或暂时用不完，就会变腐变霉。我们觉得这只是浆糊本身的问题，只要根据每日的工作量制作浆糊（最好是随用随调），尽量做到不浪费或少浪费即可。不可使用隔日浆糊，因为浆糊溶液放置时间过长粘度降低，也会混进书页上的灰尘和浮墨，使用过程中会污染书页。同时，南方在使用浆糊粘贴时，力求在粘牢的前提下，尽量少用浆糊，尽量使用较稀的浆糊，避免浆糊层太厚，做到浆糊干透后再把古代文献入库，再加上注意抖晾，或者有恒温恒湿设备，这样就基本上不存在

---

① 张宏利，等．化学成份及杀鼠活性初步研究［J］．西北农学学报，2005（4）：117-120.

文献的霉变腐变问题了。有人提出加些石灰末来防潮，也是可以防霉的。所谓因地制宜、因时制宜，制定浆糊的标准，确实很难，但是有些原则是可以把握的，在实践中也是可行的。

第二节 修复古代文献所用配纸的选择和制作

一、修复古代文献所用配纸的选择

当北魏贾思勰提出文献修复后，修补所使用的纸张和修复的原文献的纸张几乎没有任何差别，不对着日光仔细看就发现不了修复痕迹时，那就必须采取两种基本的手段才能达到这个效果，一是寻找到颜色、质地、纹理和原文献完全相同或基本相同的纸张，二是寻找到纸张的质地和原文献的纸张相同，或者最为接近，同时对修补的纸张做染色处理。比较之下，前者尤难。因为在手工作业时代，古代纸张在材料和制作程序上，时代性和地域性很强，而且每一批生产数量有限，时过境迁，完全相同的纸张常常是可遇不可求的。

修复古代文献时，首先要找到和原文献相同的纸张，即配纸的性质、颜色、厚薄同原古代文献相适合。这是保证“以旧补旧”的第一步。这个问题说起来容易，其实需要熟悉古代纸张而又认真负责的专业人士才有可能做到，或者，有这个能力也不易找到相适合的纸张。这个“认纸”的功夫需要经过专门训练。认纸除了要了解纸的基本特性、类型外，还要经过大量的实践，日积月累，反复揣摩比较，而后才能期成。综观待裱补的文献用纸，由于时代、地域、流传等诸多因素，种类不同，厚薄各异，纹理长短阔狭有别，颜色多彩多姿，所以要找到完全相同的旧纸，难度很大。这就要求古代文献修复人员要利用各种机会注意搜求，积累旧纸，以应不时之需；并注意积累日常修复古代文献时调换下来的副页、空白页和旧衬纸，以及修复古代文献时裁下的天头、地脚和后脑。

就目前条件而言，绝大多数的古代文献都不能找到同样的修补用纸，有些连替用纸都不易找到，在这种情况下常常利用古代文献本身的纸，最常见的办法是将装订线后背的纸裁下来补在正页的损坏处。

如果没有完全相同的纸，就要寻找替用纸。寻找替用纸，需要注意以下几种情况：第一，替用纸一定要选择手工纸；第二，替用纸的厚度应和需要修复的原古代文献纸张一致，或稍薄于原古代文献纸张，否则，修补后的古代文献不易平整。这是说，如果补纸厚于原古代文献纸张，修补的地方会凸起；如果补纸薄于原古代文献，修补的地方会凹陷。如果一定要在厚薄两者之间做出选择，就要“宁薄勿厚”。第三，替用纸颜色应尽量和需要修补的原古代文献纸张一致，或稍浅于原古代文献纸张。不要发生配色误差。这是“宁浅勿深”。第四，替用纸的纹理应和原古代文献纸张一致，这样修补后的古代文献才能平整。否则，修补后的原古代文献纸张会伸缩而造成不一致①。第五，注意替用纸的酸碱度，使用中性或酸度偏低的纸。很多修复后的古代文献不久就老化、发黄，就是因为使用了酸度较高的纸。第六，注意替用纸的机械强度。替用纸的机械强度要高，即抗张强度、耐损度、耐折度、撕裂度都比较好。这样的纸张才能真正起到加固和保护古代文献的作用。第七，替用纸耐久性好。古代文献是要求永久保存的，这就需要古代文献修复用纸本身耐久性好。

如果一时寻找不到恰当的配纸，可以考虑暂时不对古代文献进行修复。急于求成往往会造成难以挽回的损失。借用“不遇良工，宁存故物”这句话，在配纸上可以说不遇良纸，宁存故物。

二、修复古代文献所用配纸的制作

除了颜色完全和古代文献纸张相同的一些纸张外，修复用纸张需要染色，以接近于古代文献纸张的颜色。一般市面上售卖的裱补用纸基本上是白色、原色和仿古色，还有些以化学染料抄制而成，更不适合用作裱补古代文献。当选定纸张后，一个很大的问题是纸

① 王玲玲．明代经书的修复［J］. http：//www.nlc.gov.cn/service/wjls/pdf/14/14_ 19.pdf［2010-11-29］.

张染色，即把修补用纸张的颜色染制得和需要修复的文献的纸张颜色相同或略浅。中国染纸历史悠久，质量高超，而且使用多种植物使之防蠹，这些药物有黄蘗、马兰、花椒、铅丹等。今天的染纸，在力求满足颜色的要求后，要尽量使用传统防蠹药物，延长纸张和古代文献寿命，不能使用化学染料，化学染料会破坏纸张。有些明清以来使用的染纸材料含酸度较高，例如橡碗子溶液，据测定，pH 值在 5.0 左右，如此高的酸度，会损害纸张，缩短纸张自然寿命，不适合染纸，建议停止使用①。

染纸是一个比较复杂细致的手工过程，大致包括选料、调配颜色、染制和晾干几个程序。至于染纸的配方，南北不同，各家有异，多是各家各派的独门秘方，不免秘惜，只是师徒相传。染纸的颜料多为国画色，如赭石、藤黄和墨，也有用中药（槐黄）、植物（栀子、橡斗）的，也有用红茶、咖啡等来作为染色材料的，也有使用植物（栀子、橡斗）、中药（槐黄）、茶叶和水彩颜料来染色的。兹选用一家比较复杂的配方略作介绍。在一篇论文中，吴哲叡介绍其染色用原料为红茶、墨汁（墨条研磨而成）、花椒粉、黄柏粉、百部粉、乳香粉、苏木、秦皮、熟地、槐花、毛冬青、栀子、关紫草、红藤、松裘果、洋葱皮、莲房。其配方是：这些材料除红茶、墨汁外，都以 200 克的材料为基础，加 2500cc 的水。红茶选用商业用大包装红茶包，加 2500cc 的水，以所需颜色浓淡，置入 1—4 包的红茶包。墨汁用油烟墨。国画颜料用花青膏、赭石膏、藤黄、胭脂、岱赭、洋红、石青、石绿，都以 3 克为基准兑入 15cc 的清水，搅拌过滤，再依颜色兑入 100—1200cc 的清水。采用刷染法，一次染纸 15 张，自然干燥后，揭开备用。每张全开宣纸约需 150cc 染液，由于纸张性质不同，可以略有增减②。

---

① 周崇润，李景仁．修裱防腐剂硫酸铜对文献纸张耐久性的影响［A］．中国国家图书馆．中文善本古籍保存保护国际研讨会论文集［C］．北京：北京图书馆出版社，2002：265-272.

② 吴哲叡．古籍线装书装补述要［J］．台湾图书馆管理季刊，1997（3）：51-65.

染纸具体配方和程序，各家有所区别，但是，染纸的基本原则应该是各家共同遵守的。我们这里删繁就简，提出染纸的几个基本原则：

第一，先染后补。染纸是比较复杂的过程，即使配料和分量选定，往往也要染色多次才能取得满意的效果。先染后补既可以避免染色不好而重新裱补的麻烦，也可以防止污染所修复的古代文献的其他部分。而且，染纸要晾干以后才能使用。

第二，选用的纸张种类、厚薄、纹理要和需要裱补的原古代文献相吻合（或稍薄）；选用的纸张是手工抄制的；选用的纸张要呈偏碱性。

第三，染料必须是植物或中草药、矿物（也有人认为应该辅之以国画颜料①）。染料中所含的酸度越低越好。目前，染纸常用的染料是赭石、藤黄、槐黄、栀子、红茶、徽墨、花青等。

第四，染纸应遵守“宁浅勿深”的原则，颜色宜淡不宜深。颜色深就不能使用，淡了还可再逐渐加深；再者，考虑到染纸本身在修补古代文献后的流传过程中颜色还会进一步加深（其变化速度要快于原文献，因为原文献纸张由于年深日久，其化学性能相对要稳定得多），所以也要求刚染的纸颜色稍浅些。

第五，染过的纸颜色要深浅一致，并在晾纸杆上阴晾。染过的纸是不平的，要上壁挣平。

古代文献用纸种类繁多，有竹纸、绵纸、麻纸几大类；而每一类中又分很多种，比如绵纸就分黑绵纸、白绵纸、开化纸、连史纸等，每种纸还有区别，如白绵纸还有薄厚之分。不同时代的文献所用的纸多不一样，而每个时代的不同时期，不同地域甚至不同制作者所生产的文献，使用的纸张也有区别（如宋代三大刻书中心的浙江、四川、福建，所用纸张就不同。各地造纸原料都是就地取材，交通、价格和信息的限制使得印刷和抄写所用的纸亦复如

① 吴哲叡．古籍线装书装补述要［J］．台湾图书馆管理季刊，1997（3）：51-65.

是)。由于时间长久的关系，旧纸的来源日趋困难，收集旧纸更是费时费工费力。古代的皇室或故家，时常收藏有故纸（如澄心堂纸）故墨（如李廷珪墨），但是那也只是少量的优质纸墨，民国以来，这种情况基本不复存在了。近年来，不少有识之士呼吁应该建立古代文献修复用纸原料库①，认为这是准确、快速地寻找最合适的修补用纸的最佳途径，有利于古代文献的修复和保护，这个问题确实应该引起有关部门的注意。旧纸同样是不可再生、不可替代的珍贵资源，与日俱减，有关部门和个人要注意收集和保存，以供修复古代文献之用。另有人认为，传统手工纸是古代文献修复的主要材料，但是现在很少能购买到了，更遑论那么多不同品种了，由于古代文献所用纸张在不同历史阶段和不同地域的成份不同，修复古代文献时，如果配纸不当，反而会把古代文献修坏，建议国家有关部门组织厂家生产古代文献修复用各类手工纸，以利于古代文献修复工作的开展②。如果这个设想得以实现，可以把造纸专家和古代文献修复专家结合起来，试制出不同类型的手工纸张；事实上，有的古代文献修复专家已经有了制作修补用纸的经验和成果，他们根据古代文献记载的造纸方法成功制造出了适用于古代文献修复和印刷出版的多种优质竹、桑皮等混合配料的优质纸，这也在一定程度上解决了古代文献修复纸需求的难题。目前应该进一步改进手工造纸质量，增加品种，并且加大生产量，以满足古代文献修复的需求，减轻修复人员的劳动强度。

如果我们考虑到古代文献修复工作的复杂性和长期性，以及用纸需求数量和品种较多，那么，建立古代文献修复用纸原料库，扶

---

① 汪帆．古籍修复用纸的纸库建设刍议［J］．兰台世界，2010（3）：57-58.

② 周苏阳．21世纪中国古籍修复技术的发展之我见［A］．中国国家图书馆．中文善本古籍保存保护国际研讨会论文集［C］．北京：北京图书馆出版社，2002：197-203.

植一些手工造纸工厂，就确实是当务之急了。而且，这种纸张在保存有古代中国文献的国外也会有一定的需求。据报道，西方国家修复收藏的古代中国文献往往使用日本纸①，这个现象应该引起我们的关注。应该说，作为最具有资格也最有优势制造手工纸张的中国，正是我们自己的不作为把国外修复中国古代文献用纸的市场给丢弃了，而修复中国文献使用中国纸张，本来是题中应有之义的。

在修复古代文献时，中国文献界仍然主要是凭借经验，而且配方、制作方法这些技术，基本上是私相传授，甚至秘而不宣，不利于古代文献修复技术的整体提高。例如在配纸时，我们从古至今，一直是用目测方式寻找颜色、质地、厚薄相同或相近的纸张，但是

---

① 罗南熙在《古代遗产的现代保护——谁来修补装订中国古籍》（中国国家图书馆编《中文善本古籍保存保护国际研讨会论文集》，北京图书馆出版社，2001 年，第 226-238 页）一文中说：“以中国纸张为例，在东亚以外从事手工书籍装订与印刷的人，对于中国书籍的历史或中国制造的纸张的性质可谓一无所知。这些在欧、美洲的修复人员较为熟悉来自日本的纸张与所谓的日本书籍装订技术。这一点是可以理解的，因为日本的纸张几乎已连续向外输出了超过一个世纪，而且用英语和欧洲语言写成的有关亚洲书籍装帧的书籍与手册基本上是介绍日本的传统。书籍的装订者、修复者、艺术家及印版画家，对于日本纸张的名称与质地都很了解，并相当重视这些产品用于艺术及修复工作上。”又说：“在 1949 年以前，中国的纸张在美国与欧洲已有了相当广泛的流通及应用，尤其是版画印刷及证券印刷的校样。尽管如此，在今天，我还是听到一些艺术家、版画家、印刷工人、书籍艺术家、书籍修复者在说‘中国的纸张不是很好’一类的话。这种评论出自无知以及在中国之外可以得到的中国纸张为数太有限的认识。中国的修复者能教西方的装订者关于中国纸张的知识，以及如何用这些纸张来修补中国的书籍与文件。同时，我们也需要努力获得一些质量较好的手工制作纸张，能在国外市场中，用在保存亚洲或西方书籍以及艺术用途上。”法国 FrancoiseCuisance 在《法国国家图书馆馆藏中文手稿的修复与技术研究实例》（中国国家图书馆编《中文善本古籍保存保护国际研讨会论文集》，北京图书馆出版社，2001 年，第 239-247 页）一文中说，在修复古代中文文献时，“我们使用传统的手工制作的纯的或混合以稻草的桑树纸、gampi 纸（引者按这是日本和纸的一种，即雁纸，以雁皮——gampi 为材料，利用日本传统手抄方式或机械制作而成的一种纸材）。这些纸张既柔软又富有弹性。它们一般产自中国或日本”。

经验是难以依靠的，感觉常常缺乏精确的判断，确实也很难依靠经验做出准确的判断，而且也很难训练。有些修补过的古代文献，原文献与补配纸连接处发生断裂，其间的原因，一是浆糊质量问题，一是裱补的配纸在材质上和修补的古代文献的纸张不相匹配，而分子材料需要精密的仪器测量。这方面，我们可以借鉴一些其他国家的做法，形成较为完善的操作规程，研制出适合中国古代文献特性的相关检测仪器设备。例如用于清洗文献中的污染并能将纸页分离晾干的机器，用合适的药物（中草药）配成气体，清除文献中酸性物质的机器，制作多功能适用于古代文献修复的机器，研发既除尘又不污染工作环境的机械设备①。这样可以使古代文献修复所用配纸更精确，浆糊更科学，也更便于训练和掌控。

同时，以铅丹为原料染制的万年红纸，在今天仍然可以作为装潢古代文献之用。当然，我们这里讲的万年红纸，不是作为修补用纸，而是说在修补古代文献过程中，可以在古代文献的前后、扉页，甚至文献内部的多处，加订进若干页万年红纸，或者把万年红衬在柜架、卷盒内②，起到防蠹作用。

---

① 周苏阳．21世纪中国古籍修复技术的发展之我见［A］．中国国家图书馆．中文善本古籍保存保护国际研讨会论文集［C］．北京：北京图书馆出版社，2002：197-203．

② 李景仁，冯惠芬．图书、档案保护常识［J］．图书馆杂志，1983（4）．

第九章

中国古代文献保护方法的现实价值

在古代中国，由于文献的积累需要耗费大量财富，“读书种子不绝”的观念弥漫在社会各阶层，文献收藏无不希望传绵悠久，加上医学发达、药物资源丰富等条件，所以关于文献保护技术的研究受到社会的普遍关注，而重视文献收藏的悠久传统使得传统的文献保护方法得以不断传承和发展。文献收藏地域的广泛性也使古代文献收藏家因地制宜，创造出多样化的文献保护方法。但是，由于木植建筑的普遍性，纸质文献本身的易损性，南方气候的蒸热而潮湿，加上文献害虫种类繁多，使得文献保护成为一个巨大的技术难题。这个难题挑战着所有的文献收藏单位，甚至文献制作材料的生产。

如前所述，古代中国在长期的文献收藏实践中，发明了系统化的文献保护方法，适应了古代的文献形态，而存世的古代文献，正是从宋元明清，甚至更早一些时间逐渐传递下来的（不含出土简帛文献），这些存世文献经过世代递传，尤其是经过公私文献收藏单位的保护，大部分保存完好或基本完好；其间的原因，除了部分文献内在质量足以传绵久远外，也证明古代的文献保护方法确实具有一定的功效。

限于科学技术水平，古代文献保护在方法、技术和材料上，也存在一些问题。其中的一些方法和材料，对于文献保存非常不利，甚至会损毁文献。其中最突出的问题有两个，一个是文献曝晒，一个是浆糊中使用明矾。这两种方法，使用历史悠久而普遍。前者使得紫外线直接照射到文献，加速了纸张的老化，也损坏了字迹，后者则使纸张酸度提高，同样加速了纸张的老化，而且其破坏不是暂时的，而是长久的，从而缩短了文献本该有的自然寿命。而在今天的古代文献保护中，还有些文献收藏单位，对于古代的文献保护方法中的不良方法，仍然使用，继续危害着不可再生的古代文献资源。还有些研究成果，对于古代文献中的不良方法，仍然在推荐使用，或者作为优秀的文化遗产被赞扬。这些做法，都是不负责任的。因此，对于古代发明的文献保护方法，我们要辩证对待，即在当代技术的视野下，既要继承其优良的内容，也要舍弃其不良的内容，并通过改进，使传统文献保护的技术方法发扬光大，结合当代文献保护研究成果中的物理方法，以为今天和将来的古代文献保护和利用服务。

第一节　古代文献保护的理念

中国古代所发明、使用的大部分文献保护方法，都首先是着眼于预防文献的损毁，充分体现了文献保护中以防为主、以治为辅、防治结合的理念。无论是水火、虫鼠、尘埃、霉烂，还是不当的翻阅，都会给文献带来程度不等的毁坏，这个毁坏可能在当时即是致命的，也可能是隐形的，缓慢的，加剧文献的自然毁坏过程和结果。保护文献的最好措施就是预防，而不是损坏之后的救治。再好的救治也不如不遭损坏。唐代李泌、宋代司马光数万卷藏书，晨夕披阅数十年，都是“新若手未触”，这是文献保存和利用的最高境界。

不论是文献制作材料，还是文献的盛具，还是装订，还是文献收藏处所的建造环境及其材料，还是在文献内部或书库施放各种药物，还是保持库房内部的干燥，以及文献的抖晾乃至日常翻检，都是以预防文献的损坏为目的。

在以防为主的前提下，对于已经损坏的文献，就必须进行救治。救治的方法包括文献的修补，以及必要的抖晾和翻检。而防治结合，就是上述多种方法的综合应用。

第二节　古代文献收藏中水火的防治

火是纸质文献最凶恶的敌人。“可以损害书籍的自然力量很多；但是其中没有一种，它的摧毁力可以抵得上火一半的。”①引起文献收藏火灾的原因很多，例如兵燹、禁毁、火种、不慎，甚至延烧或自燃。历史上收藏的文献由于火灾而全毁或部分损毁的例子不胜枚举。自燃的例子，如王士禛《居易录》所述，杭州张氏藏书甚富，造楼于洲中，只以小舟通之，晡（下午三时至五时）后即禁往来。一日忽有烟气出楼窗，去查看时，则门扃如故。仔细检视才发现，烟自书橱中出。凡天文奇遁之书，悉为灰烬，只存空函。这里所说自燃的文献是天文奇遁之类，不免带有迷信色彩。但是由于高温天气，或者曝晒后未经晾透而入藏，确实可能导致自燃。兵燹和禁毁是文献收藏单位很难防范的，而其他方面则是可以预防的。古代中国文献收藏单位的有效防火措施是：

第一，古代文献收藏处所建筑应该以防火为第一要务。为了达到这个目的，古代文献收藏家提出，在建筑位置选择上，首选之地是山林闲旷处②，因为这里没有闲杂之人，也没有其他建筑，可以远离火厄。清代徐乾学的传是楼占地亩许，宏大畅丽，远离人境，

---

① ［英］威廉·布列地斯．书的敌人［A］．［奥地利］斯蒂芬·茨威格，等著；叶灵凤译．书的礼赞［C］．北京：生活·读书·新知三联书店，1998：7-53.

② （清）周永年．儒藏说［A］．李希泌，张椒华．中国古代藏书与近代图书馆史料（春秋至五四前后）［C］．北京：中华书局，1982：47-53.

也不和其他建筑混杂①。其次是应该高墙别院，不能与内室、厨灶、衙署之地相连接。具体来说，要“四围石砌风墙，照徽州库楼式”，如果不能达到这个标准，也必须另造一宅，用来专门收藏文献②。在建筑材料的选择上，古代一致推崇石材，因为石头或许是古代最能达到防火要求的建筑材料，在石仓藏书，可无火患③。事实上，明代建造并沿用到清代的皇史宬，确实起到了良好的防火效果。此外，寺院道观的藏经楼一般也在寺观的后面，或者远离寺观，以无火患之虞。书院的文献收藏处所一般在中轴线偏后位置，那是专门的藏经楼，也可能收藏于讲堂或祠区的上层楼阁④，而一些地方政府的档案收藏处所，也往往是在公署内的偏僻区域，这也是便于管理，尤其是便于防火。

第二，要防止火患，还必须做到不能把火源带入文献收藏建筑之内。明代中期以后，烟草传入中国，文献收藏多了一个火患。天一阁规定不使持烟火者进入阁中⑤，这个制度一致被遵循着。阮元《焦山书藏记》明确规定“烟灯毋许近楼”，这里的烟灯，可能就是吸食烟草的工具。丰湖书院也规定在文献收藏处所禁食水烟⑥。《藏书记要》提出文献收藏库房要“小心火烛”⑦，《藏书十约》提出灯烛和纸篓这些引火之物都不能靠近文献收藏库房，室内不设取暖的火炉火盆之类⑧，以免引起火灾。

第三，文献收藏库房旁要有水缸储水，或者附近有水源，以备

① （清）叶昌炽著；王欣夫补正．藏书纪事诗［M］．上海：上海古籍出版社，1989：393.

② （清）孙从添．藏书记要［M］．上海：古典文学出版社，1957：46.

③ （清）孙从添．藏书记要［M］．上海：古典文学出版社，1957：46.

④ 丁钢，刘琪．书院与中国文化［M］．上海：上海教育出版社，1992：206.

⑤ （清）阮元．宁波范氏天一阁书目序［A］．李希泌，张椒华．中国古代藏书与近代图书馆史料（春秋至五四前后）［C］．北京：中华书局，1982：39-41.

⑥ （清）梁鼎芬．书藏四约［M］．清末乐群堂刻本：藏书约.

⑦ （清）孙从添．藏书记要［M］．上海：古典文学出版社，1957：46.

⑧ （清）叶德辉．藏书十约［M］．上海：上海古籍出版社，2005：53.

急需。这是指万一天灾人祸引起火灾，要有水能够扑灭。或者如叶德辉所说，文献收藏处所“宜近池水”①。宁波天一阁就建筑在月湖旁边（笔者曾于2000年秋和2005年夏两度造访天一阁。天一阁其实距离月湖较远，这可能是月湖由于各种原因——例如居民填湖作宅，水道堵塞——面积缩小了。明代的月湖面积应该比现在大许多，这样，距离天一阁就不远了），四周墙圃，林木荫翳，而现在的藏书楼旁，也凿有水池，作为园林的一部分，既美观，也可救火。明代金华人虞守愚收藏文献万卷，藏书之楼建在水池中央，不许客人进入②。清代王士禛仿照白居易居住龙门香山时建筑的文献收藏处所名称，建池北书库，书库在居所之西的小圃，圃内有池，池水清澈，池上有亭，竹树飒然，静谧安详，人迹罕至③。清宣统元年（1909）学部奏《筹建京师图书馆折》称图书馆选址应该在“近水远市”、水木清旷、迥隔嚣尘之地，方无意外之虞④，可谓深得文献收藏处所建设环境之三昧。至于古人所谓在柜内放置《血经》以辟火⑤，就不免带有迷信色彩了。这些防火措施，目的主要是防止文献库房及其周围失火，因为这里失火会殃及脆弱的文献，而不是以水救遭受了火灾的文献，因为文献一旦遭受焚毁，救火的水所造成的损害往往比火的损害更大。文献遭受水火双重蹂躏，损毁程度很深，不过总胜于化为灰烬。当文献遇到火灾，谁也不会眼睁睁看着房屋和文献悉被焚毁，又势不能不以水救。今天的古代文献保护，只可取古代预防水火的方法，而救治水火，就必须采用当代更先进的方法。

至于文献防水，也是文献收藏单位日常要注意的事情。文献遭

---

① （清）叶德辉．藏书十约［M］．上海：上海古籍出版社，2005：52.

② （清）叶昌炽著；王欣夫补正．藏书纪事诗［M］．上海：上海古籍出版社，1989：259.

③ （清）王士禛．池北偶谈［M］．北京：中华书局，1982：自序.

④ （清）清学部．学部奏筹建京师图书馆折［A］．李希泌，张椒华．中国古代藏书与近代图书馆史料（春秋至五四前后）［C］．北京：中华书局，1982：132-135.

⑤ （清）孙从添．藏书记要［M］．上海：古典文学出版社，1957：46.

遇了雨水，会逐渐糜烂，浸泡之后，纸的纤维消失，变成一触即碎的朽块。晾晒文献的习惯，会时时使文献面临突如其来的降雨。北方的司马懿晒书时就遭遇了大雨①。而湖南的叶德辉之所以反对南方农历七月七日晒书，一个理由就是“恐暴雨时至，骤不及防”②。作为木植建筑，文献收藏库房顶部或墙壁可能会渗漏雨水，攀援窗户的植物也会把雨水传入室内，这些雨水会直接漏到文献上，或者漏到文献架柜上，再渗入文献，或者加重室内的潮湿；雨天如果没有关闭窗户，雨水也会飘进室内，淋湿文献。当然，雨水即使不直接淋到文献或书柜上，如果通过窗户或地基进入室内，同样会造成室内空气过于潮湿，逐渐被纸张吸收。总之，水对文献的危害同样防不胜防。

古人积累了一些文献保护中的防水经验：建筑材料最好是石头；加高文献收藏处所地基；晾晒文献时要选择在晴天；晾晒文献时，把文献放置在木板上，“遇雨枱板连书入屋内阁起最便”③。雨雪或湿气浓重的日子要闭紧窗户；书柜书架不要靠近窗口。

第三节　古代文献收藏中灰尘的防治

文献收藏库房的灰尘来源很多，例如库房天花板和墙壁上散落的灰尘，纸张和其他文献材料分离出来的微粒，通过门窗的缝隙钻入的沙尘，读者和管理人员随身带入的灰尘，真是“处处惹尘埃”。“书上有了尘埃便是荒废的表示，而荒废便是或多或少的缓慢的毁败。”④ 置放在室内的文献，不可避免地会沾惹灰尘。灰尘对于古代文献的危害很大，除直接造成文献的损伤外，还会由于长期附着在文献上吸潮，以及文献遭受潮湿后，生出霉菌。其实，古

① （唐）房玄龄．晋书［M］．文渊阁四库全书本：卷31.

② （清）叶德辉．藏书十约［M］．上海：上海古籍出版社，2005：53.

③ （清）孙从添．藏书记要［M］．上海：古典文学出版社，1957：47.

④ ［英］威廉·布列地斯．书的敌人［A］．［奥地利］斯蒂芬·茨威格，等著；叶灵凤译．书的礼赞［C］．北京：生活·读书·新知三联书店，1998：7-53.

代文献收藏家早就注意到文献的防尘，无论是文献的盛具，还是附加封面（或扉页），其作用就主要是防止灰尘和破损。人类所有的发明，最初都是为了实用的目的，而后才有美学追求的，书籍的封面自不例外。西方早期的学院或公共机构的文献收藏由于经常有人借阅翻检，而且管理员也很勤勉，所以尘埃也很少有机会能在书上找到休息的地方。而无人照顾的藏书楼，就充满了纸张霉烂的气息，尘埃满屋了①。我们今天的图书馆也会遇到这种情况：图书馆中那些常年无人光顾的文献，总是尘埃满面，而经常被借阅的文献，却无灰尘。这不完全是管理人员的勤勉，而是经常被读者阅览所致。民俗说"东西怕放不怕用"，是有道理的。可以说，在相同环境下，文献上灰尘的多少基本上同翻阅量的多少成反比。

中国古代创造出多种多样的防治尘埃的方法和措施，其中有很多沿用下来，还有一些值得我们借鉴。

夹板和函套的出现，主要是因为古代手工纸张柔软，制作成的书册无法直立，而不得不借助于夹板和函套的支撑，但是其客观的效果是防止了尘埃对于书册的侵袭，也使夹板和函套内的温湿度保持适当的平稳，有利于文献的保存。夹板和函套的制作者可能是书籍出版者，也可能是收藏者。作为防止尘埃的最常用的器具，函套自产生以后的千百年中，在古代文献保护中，居功甚伟。北方普遍使用函套，函套是用厚纸板为材料，以浆糊粘结而成，容易受潮，也容易招惹虫鼠，但是北方气候比较干燥，虫类也较少，所以使用时没有太大障碍。也因为北方风沙大，使用函套包裹书册可以使文献隔离灰尘。南方则普遍使用夹板，便于通风散热。而南方气候潮湿，多山林，风沙较少。确实，北方收藏的文献，如果使用夹板，上部裸露的部分会常常布满积尘，损坏文献。夹板和函套分别被南北文献收藏单位所选择，实是自然环境所导致的人们选择的结果，无所谓优劣。

---

① ［英］威廉·布列地斯．书的敌人［A］．（奥地利）斯蒂芬·茨威格，等著；叶灵凤译．书的礼赞［C］．北京：生活·读书·新知三联书店，1998：7-53.

放置文献的箱柜和架子也起到防止灰尘的作用。箱柜可以有效隔离灰尘，文献架子的上下层（有的架子背面也是密封的）也可阻挡灰尘。

当然，遇到沙尘多的日子，要紧闭门窗，因为沙尘无孔不入，有风即有沙，北方春秋两季，古代文献库房内即使紧闭门窗，三五日也会有一层灰尘。

当文献被灰尘污染时，翻检是最好也是最经济的方法。日常的翻检可以防止灰尘，也可去掉已有的灰尘。抖晾文献时，也是翻检文献的好机会。翻检文献，除了逐页翻检外，也可把整件文献轻轻抖动，如果是书籍，要轻捏书脑处，使书口朝下，轻轻抖动。当灰尘较多时，赵希鹄《洞天清录集》认为可以用马尾或丝拂轻拂，切不可用较硬的棕拂。当灰尘过于浓厚或粘结在纸上时，就要采取清洗的方法。古代所采取的清洗积尘的方法是可取的，《历代名画记》卷三讨论了用皂荚清水清洗书画上的积年尘埃："古画必有积年尘埃，须用皂荚清水，数宿渍之，平案扦去其尘垢，画复鲜明，色亦不落。"这里没有说明古画的质料是绢素还是纸张。而当时书画的主要材料是绢素，间或也有纸张。米芾《书史》中说："唐人背右军帖，皆捶熟软纸如绵，乃不损古纸。又入水荡涤而晒，古纸加有性不糜，盖纸是水化之物，如重抄一过也。余每得古书，辄以好纸二张，一置书上，一置书下，自旁滤细皂角和水，霈然浇水入纸底。于盖纸上用活手软按拂，垢腻皆随水出，内外如是；续以清水浇五七遍，纸墨不动，尘垢皆去。"明代张应文《清秘藏》、董其昌《筠轩清秘录》都重述了这种做法。这是说对于唐以前的纸张，可以以水洗去积久尘垢，不会毁坏文献。而后世的纸张，因为材料的缘故，就要具体情况具体分析。"如果把经卷、画幅上的油脂、熏染尽将去掉，就目前的水平来说，借用药物是能够做到的。但纸素一着药水，会促使其老化，不利于长期保护文物。如经卷《大方广佛华严经随疏演义钞序卷第一上》隐隐显有水渍或鼠尿的痕迹，倘用开水洗涤，再辅以措施，也可以去掉。但我们认为，原来已污染色暗的卷面，已略复明净，古色古香，只是个别部位，有污染的痕迹，既不影响欣赏，又不影响保存，已经实现了装裱的目的。倘若一味使古代作品像新书画一样，岂不是弄巧成拙，反为画害？再则绝大部分经卷，都是硬黄纸，既避虫蠹，又光泽莹滑，如用开水洗涤，固然可令卷面更加明净，但易使黄蘖脱落，因此，仅用冷水或温水平洗，使之‘稍加明净’即可。凡一经洗涤的经卷，黄褪者，我们采用古法‘入潢’。即将黄蘖置砂锅内微火熬之，取其纯汁，刷于卷面，使之既呈明净，又不伤纸素，仍具有避蠹的特点。”① 这段话对什么情况下可用水清洗，清洗到什么程度，如何清洗，都说得很透彻。

第四节　古代文献收藏中虫鼠的防治

水火是文献的最大敌人，是因为它们的突然降临，不及防备，而且引起大面积文献的几近彻底毁坏；而慢性的损坏，乃是在不经意间进行的。慢性损坏，防治既为不易，发现也比较困难；而这种慢性的毁坏几乎是所有文献随时都会面临的。这个引起文献慢性毁坏的主要敌人就是蠹虫，还有鼠和白蚁。

蠹虫的种类很多，有面粉虫、斑纹虫、蛀虫、油虫、书虱、蠹鱼等；分布也很广，全国各地都有，尤以南方为多；而且不同虫类的生活习性和对不同药物的反应也不同。引起文献蠹虫生长的因素很多，有来自文献自身的，有来自外部环境的。就前者而言，文献的制作材料——纸墨和浆糊本身就容易招惹蠹虫，就后者而言，那原因就几乎数不胜数了：潮湿，尘埃，阴暗，封闭，稳定……

从文献制作材料入手，制作防蠹的纸张、墨和浆糊，显示出古代中国早期试图从源头上防治文献蠹虫的侵袭所做的努力，也显示了中国先民的智慧。古人从纸张普遍用于书写之初，就开始用防蠹药物对于纸张进行染制，而且不断挖掘新的防蠹染料。这些防蠹药物包括黄蘗，“靛蓝”（把马兰、木兰、兰草、槐兰等植物的茎叶制成浆状）、花椒（川椒）、四氧化三铅（Pb3O4）等。这些防蠹

---

① 冯鹏生．中国书画装裱技法［M］．北京：北京工艺美术出版社，2003：116-117.

纸张的制作有两个要素，一个是纸本身要优良，一个是选取的染料易于获得，加工过程并不复杂，这可以通过利用古方仿制或经由合成的新的染料来制作，以提供文献修复过程中所需要的纸张。而古代的墨也常加入麝香、冰片、龙脑，既呈芳香，又可防蠹。至于浆糊，从唐代加入防蠹的熏陆香末开始，到五代时的黄丹，到宋元时期的楮汁、白芨、藜芦、皂角、茅香和藿香，再到明清时期的桐油、芸香、花椒、白芸香、苦楝子和百部草，等等，几乎古代发现的所有防蠹药物都被利用了。这些防蠹浆糊，有的使用一二种药物，多的则使用五六种药物，以防治各种各样的文献蠹虫。这些药物都挥发出某种刺激气味，可以驱避虫鼠。“遗憾的是，现在装裱时，对这一非常有利于保护书画的措施有所疏忽，所用的糊不加任何避蠹剂，往往致使刚刚裱好的书画，未经几时，就被虫子咬得遍体鳞伤。”① 而修补古代文献的配纸，不少单位常常采用现在生产的含酸度较高的纸张，不利于古代文献的保护。

文献收藏过程中，古人发明了更多的文献防蠹方法；尤其是明代中后期以后，由于文献制作材料质量的降低，依靠文献内在制作材料已难以长期保管文献，所以发现，发明更多的文献防蠹材料和方法势在必行。这些药物，以草药为主，兼用矿物和动物药物。草药如芸香草、灵香草、木瓜、皂角、樟脑、苦楝子、荷花瓣、艾叶、香蒿、烟叶、兰花、芥菜、胡椒粉、肉桂，矿物药物如硫磺、雄黄、石灰，动物药物如麝香、黄蜡。清末甚至使用西洋药水药粉之类。

药物施放的方法有多种：一是在文献中夹放药物，例如几乎所有上面提及的植物药物的叶子或果实都曾直接或研成末后被夹放于文献内部；二是在文献周围施放，例如在放置文献的箱柜，架内部或周围放置药物；三是在炉内燃烧药物，产生辛辣的烟雾，这类植物药物主要是艾叶、香蒿之类；四是在文献收藏库房地面铺撒炭屑、石灰、锅锈。这些药物或生活废弃物不仅防蠹，有些也起到防

---

① 冯鹏生．中国书画装裱技法［M］．北京：北京工艺美术出版社，2003：118.

鼠防蚁的作用。

药用植物所含化学成份比较复杂，有些成份是高等植物共有的，有些成份如生物碱、挥发油、甙类、有机酸，则是存在于某些植物中。这些化合物大多具有较强的生理活性，药理作用显著，这就是有效成份，可以起到杀虫辟蠹的作用。

药用植物中的生物碱具有强烈的生理活性，多具苦味，辛辣，对细菌有明显的抑制作用，动物大剂量服用会中毒，严重的可导致死亡。在常压下，绝大多数生物碱均无挥发性，所以含生物碱的防蠹药物，其性能良好而持久。挥发油是一类可随水蒸气蒸馏但不与水混合的挥发性油状成份的总称，是多种不同化学成份所组成的混合物。挥发油多具有芳香气味或特殊气味，常温下可挥发，具毒性，可驱虫、杀虫和抗菌。挥发油类成份的含量有限，随着香气的挥发逐渐减弱以至于无，驱杀虫类的功效也随之减弱乃至消失，因此，使用挥发性油类的防蠹药物需要定期更换，才能达到药物防蠹的长期功效。药用植物中的其他有效成份如甙类，同样具有一定的杀虫功效。今天的古代文献收藏处所大多使用的辟蠹植物药物是装在纸袋内的加工过的药用植物。

至于动物类药物，如麝香，主要有效成份为麝香酮，香味持久而强烈，因为昂贵稀少，所以虽然具有一定的辟虫效果，但是实用价值有限。雄黄为硫化砷矿石，毒性剧烈；铅丹是铅的氧化物，也是毒品。它们经消化道、呼吸道或其他途径进入昆虫体内，使其机体功能发生障碍，而引起中毒①。

经常翻检文献也是防治文献蠹虫的良方。翻检文献时可以发现蠹虫，取下而消灭之，自不待言，而且经常翻检可以避免蠹虫进入文献，或者破坏蠹虫的生活空间，使其不能停留存活。

古人特别强调收藏文献的箱柜的材料的防蠹性能。《藏书记要》认为，书柜须用江西杉木或川柏、银杏来制作，至于紫檀、

① 周宝中．古代保护纸质文物药物防蠹技术［J］．中原文物，1984（4）：87-92.

花梨则易于泛潮①。《藏书十约》认为应该以檀木、楠木为匣。至于夹板，《藏书十约》认为以梓木、楠木为贵，不生虫，不走性，其质坚而轻，花梨、枣木次之，微嫌其重，其他皆不可用，而樟木易生粉虫。根据叶德辉的记述，他的文献收藏，过去书夹多用樟木，使用了20余年后，就生粉虫，没有一部不更换的。这使他很后悔当初的选择②。

文震亨在所著的《长物志》中称："藏画以杉、桫木为匣。"③周二学《赏延素心录》第十则："小画作匣，用香楠木。""大画作橱，用豆瓣楠，次则香楠木。"④ 可见，收藏文献的柜箱，以楠木最佳。楠木产于南方，以四川出产为最，是一种极高档木材，色彩浅橙黄略灰，纹理淡雅文静，质地温润柔和，无收缩性，遇雨有幽香，不腐不蛀。但目前楠木存量极少，又极为名贵，所以用于制作文献箱柜成本太高，难以推广。

现代的古代文献收藏单位多用樟木箱盛放古代文献，或者使用天然樟脑丸作为古代文献防蠹药品，也有不少专家推荐使用。樟木和天然樟脑确实辟虫。不过，除了樟木也生虫外，樟木还含有高达20%—25%的樟脑和樟脑油化学物质的毒性，樟木挥发出的气体含有樟脑等有机物成份，对人的胃肠道黏膜有刺激作用，一旦被吸入体内，所生成水溶性代谢物——氧化樟脑，具有明显的强心、升压作用。同时，樟木还含有烷烃类、酚类、烯类和樟醚等其他有机成份，还可能引发头晕、浑身无力、恶心、呕吐等症状。由于文献收藏库房往往长时间密闭，这些逐渐累积的有毒气体不易散出，会对文献管理人员或读者造成伤害。所以，即使天然樟脑也要慎用。至于含有萘的合成樟脑丸，其成份主要是萘，大多呈白色，气味刺鼻，且沉于水中，有毒性，它能引起人体中毒症状，如倦怠、头晕、头痛、腹泻等，不能用于古代文献防蠹。不过，天然樟脑以及

---

① （清）孙从添．藏书记要［M］．上海：古典文学出版社，1957：45.
② （清）叶德辉．藏书十约［M］．上海：上海古籍出版社，2005：46.
③ （明）文震亨．长物志［M］．文渊阁四库全书本：卷5"藏画".
④ （清）周二学．赏延素心录［M］．丛书集成初编：第10则.

樟木箱，只要注意适当的通风，还是可以使用的。

除了蠹虫之外，文献的另外的敌人是白蚁、蟑螂和老鼠。白蚁在南方最为常见。白蚁危害文献很厉害，速度也快，而且一旦破坏文献，就是一大片，很难发觉。实际上，无数的蚁群可以一夜之间摧毁一座文献收藏处所，包括文献和架柜。土木结构的、潮湿的、离水源不远的文献收藏库房，最容易生白蚁①。而蟑螂和老鼠也会损坏文献，它们会爬到每一层文献架柜，老鼠还会把文献纸张咬碎用以做窝，在库房内繁殖，在文献上便溺。古人禁止把食物带进文献收藏库房，防止库房潮湿，在文献柜顶铺设一层炒为末的皂角，或在地面铺撒炭屑、石灰、锅锈等，都可以防鼠蚁②。

第五节　古代文献收藏中潮霉的防治

引起古代文献收藏潮湿和霉菌的因素比较复杂，防治潮湿和霉菌也比较困难。文献收藏中潮湿霉变是随时随地发生的过程，实际上，不少古代文献收藏处所都散发出某种特殊的混合着书香和霉腐的气味。从古代文献收藏处所的建筑位置、材料，到库房内的通风透光，到文献的日常管理，都必须时刻关注潮湿和霉变。稍有不慎，收藏的文献的封面和内部就可能遭受潮霉之害，后患无穷③。因此，古代的文献保护，在防治潮霉防霉方面也有一系列可行的措施。由于南方气候湿热，文献收藏中防潮防霉的技术就更加多样。

古人认识到，文献收藏建筑处所的位置不能选择在“卑湿”

---

① 林列．谈谈图书的保护问题［J］．福建省图书馆学会通讯，1984（4）：48-49.

② （清）孙从添．藏书记要［M］．上海：古典文学出版社，1957：46.

③ ［英］赫利·亚尔地斯《书的护持和糟蹋》（收入叶灵凤译《书的礼赞》，生活·读书·新知三联书店，1998年，第69-75页）也谈道：“水，当它以更稀薄的狡狯的潮湿形式来出现时，对于书的损害可能变成一种更有效的家伙。以巧妙的方式，潮湿能迟早将一本书腐烂至那种地步，它可以破碎得化成粉末；霉菌的损坏程度虽然轻一点，但也可以毁坏封面装订，使得书页发生不可救药的霉点；而轻微的潮湿，便已经足够扶助蠹鱼的摧残。”

之地，即低洼潮湿的地方（唐代诗人卢仝《玉川子诗集》中有“冬行三首”，其“之二”有“此宅贮书籍，地湿忧蠹朽”之句，这是较早表述“卑湿”之地不适宜收藏文献的），而是应该选择在地势高隆之处，并且加高房基，或者建筑楼房，把文献收藏在二层楼以上，以尽量隔绝地潮。文献收藏处所建筑的材料首选就是石材，从传说中的群玉①、二酉山洞藏书②，到明清时期的一些寺观的藏经洞，都是利用自然石洞收藏文献，而汉代的曹氏书仓、明代的皇史宬则是纯用石材建造的文献收藏处所。古代的文献收藏家也一直热烈地欣羡石材建筑③，因为石材防火防水，隔热隔潮，使建筑内部保持较稳定的、适宜的温湿度，有利于文献的长期保存。在当时的技术条件下，一般砖瓦木制建筑内不同部位不可能完全避免潮湿，所以天一阁坚持不在潮湿的房间收藏文献。这些都是使文献在库房内避免或较少潮湿所采取的措施。

文献晾晒一直是古代最为有效的防潮防霉措施之一。古代关于文献晾晒的方法有许多值得继承和借鉴的地方。首先，文献应该抖晾。如果曝晒，紫外线的直接照射会严重损伤纸张。抖晾可以避免文献纸张变暗，避免文献干燥，避免字迹或图画色彩的退化或丧失，是值得继承的文献晾晒方式；但是某些特殊的情况下，例如文献过于潮湿，则可以采取曝晒书脑的方式，以更快速更安全地去除纸张内的过多水分。为了达到抖晾的效果，要选择在大屋下风凉处④，或者四面通风的亭子内（朱彝尊“曝书亭”）。其次，文献的晾晒时间，南北有所不同。北方适宜于阳历七、八月的夏季，南方适宜于阳历十、十一月的秋季。再次，文献晾晒的日子要选择在晴日，不能湿气太重⑤，也不能过于干燥⑥，湿气太重达不到晾晒

① （宋）文莹．玉壶清话［M］．北京：中华书局，1984：序．

② （宋）李昉，等．太平御览［M］．北京：中华书局，1960：卷4“荆州记”．

③ （清）孙从添．藏书记要［M］．上海：古典文学出版社，1957：46．

④ （北魏）贾思勰．齐民要术［M］．上海：商务印书馆，1939：58．

⑤ （北魏）贾思勰．齐民要术［M］．上海：商务印书馆，1939：58．

⑥ （清）叶德辉．藏书十约［M］．上海：上海古籍出版社，2005：53．

的目的，反而会加剧文献的潮湿，而长时间过于干燥会夺去纸张中的自然滋润水分，导致文献的自然寿命受损。最后，文献晾晒的次数多多益善。文献在自然状态下，纸张内要有适度的水分，才能保持纸张的正常状态。一般正常的晾晒，只是除去纸张内所吸收的过多水分，不会过度降低纸张内所含正常水分的。北方的贾思勰提倡在每年夏季晾晒 3 次①，南方的梁鼎芬提倡在每季晾晒 1 次，一年 4 次②。另外，文献晾晒后一定要凉透才能入库。否则，更容易滋生蠹虫③。晾晒过程中应该保证移动时动作轻柔，不损伤文献。

文献收藏处所一定要保持通风透光。空气流通乃是最好的防治文献潮湿方法之一。库房前后要有窗户，要选择合适的时间开启。例如南方，在阴雨连绵的日子，尤其农历四五月黄梅季节，窗户都要闭紧，农历六七月以后至冬尽春初，窗户宜常常打开④。为了便于空气流通，书柜书架格式要统一，排列要整齐疏朗⑤，窗口不要放置书箱书架，以免阻碍空气流通，或者被雨水浸湿。

经常翻检文献可以防治文献霉变⑥。翻检文献可以释放纸张内部的潮湿，也可以翻落文献上的灰尘和蠹虫。

在自然条件下，库房内部自会潮湿，底层和墙角尤甚。古人试图用一些自然物品吸除室内的潮湿，例如英石（范钦天一阁）、石灰（孙从添上善堂、叶德辉观古堂），后者或许有一定效果，但是并不是很理想。实际上，要寻找吸潮的物品，而且有足够的长期的吸潮能力，并非易事。即使有吸潮的物品，也只能作为防潮的辅助手段。

一旦文献发生霉变，治理并不容易。扫除文献上的霉菌是最直接的措施，如果积年霉菌难以扫除，就以水清除文献上的霉菌，这也是最直接的措施。在《赏延素心录》第一则中，作者清代周二

---

① （北魏）贾思勰．齐民要术［M］．上海：商务印书馆，1939：58.
② （清）梁鼎芬．书藏四约［M］．清末乐群堂刻本：藏书约.
③ （北魏）贾思勰．齐民要术［M］．上海：商务印书馆，1939：58.
④ （清）叶德辉．藏书十约［M］．上海：上海古籍出版社，2005：53.
⑤ （清）梁鼎芬．书藏四约［M］．清末乐群堂刻本：藏书约.
⑥ （清）孙从添．藏书记要［M］．上海：古典文学出版社，1957：45.

学强调用陈天水清洗书画上的积年霉白。而灰尘是霉菌生长所必需的，所以扫除文献上的灰尘，或者如宋代米芾所说，用清水或者浸泡有皂荚的水洗去文献上的积尘，也是古人常用的措施。不过，洗涤的纸张，应该是早期以麻或树皮等为原料制作的有较好纤维和韧性绵软的纸张，或者是书画所使用的绢。

第六节　古代文献收藏中破损的防治

文献的破损同样可能是随时随地发生的过程。自然因素——例如纸张的自然老化，灰尘颗粒磨损文献纸张——造成的文献破损自不待言，人为因素造成的文献破损也很严重，例如不得当的翻检会使文献纸张的粘结处断开，或者会扯断装订的线或纸捻，会折断或撕裂纸张，无良的读书人甚至会故意从书中裁去一些对于自己有用的文字，甚至整页纸①。清龚自珍在为《泰山刻石残字》所写的题跋中，就披露了这方面的事情："欲将旧藏本《琅琊石刻》同装于册，遍觅簏中不可得，知又为魏默深窃去。默深行将南来，季氏有言曰'盗不远矣'。书此自惩，万勿令此一类朋友入斋中。悚然识之，时癸未冬至也。定。"又："其盗去《十三行》尚未寄来，恨甚恨甚。（欣夫案：此则为龚氏自珍跋。）"② 这是关于魏源（字默深）"借书不还"的史料，读来令人哑然失笑。龚氏性格偏激，直言不讳。另外，魏源还有裁割所借之书的陋习。《藏书十约》记载："魏源借友人书，则裁割其应抄者，以原书见还。日久始觉。"③ 同样，阅读时人们会有意无意地用笔圈点（更有愚妄之人或初学者施加的句读，错误百出；或者随意注音注义，累累满幅），或者，将墨汁和水溅洒到文献上。如果架子上或柜子里的文献放置得过于紧密，抽取或放入时就会损伤文献；如果柜子狭小或

---

① （清）叶德辉．藏书十约［M］．上海：上海古籍出版社，2005：53.

② （清）顾千里撰；王欣夫辑．顾千里集［M］．上海：上海古籍出版社，2007：223.

③ （清）叶德辉．藏书十约［M］．上海：上海古籍出版社，2005：53.

架子高度不够，也会折皱损坏文献。

在防止文献的破损方面，古人除了防尘的措施外，还提倡良好的翻阅文献的方法。这些方法可以分为几个阶段。翻阅前，手指要清洁，不要有汗污；几案要洁净，铺以薄褥。翻阅时，不要用手托书，而是把书放在木板上，以免折断书脊或丝线、纸捻。翻阅书画也是如此。明屠隆《画笺》说“不知看法，以手托起画背就观，绢素随折；或忽慢堕地，损裂莫补”。明唐志契《绘事微言·赏鉴》说，舟车中阅读，要放在方板上；不要以指甲撮起书页；不要以指甲划痕；不要折页；不要把书分开摊在桌上，那样会损伤书脊。不要在吃饭时翻阅文献，以免食物溅到文献上。不可涉粗浮之气，“盖古画纸绢皆脆，舒卷不得法，最易损坏”。翻阅后，要把文献回复原状（书籍保持平整，放入夹板或函套；系上夹板或封住函套时，不要折皱书页。书画要依原状轻轻卷起），轻轻放入柜中或架上。这些过程和具体方法或许不免繁琐，但是，文献的收藏和保护就是如此。

《丰湖书约》规定，为了避免文献皱折，柜子内架子中放置文献不能太密太紧。为了避免借阅的文献被不良的读者撕烂或者撕去几页，在借阅者归还文献时，司书者一定要逐页检查。古代带有公共性质的文献收藏单位（如政府机构、书院、儒学、寺观）严格借阅制度，掌管文献者在文献外借和归还时，都要逐页翻阅检查。今天的古代文献收藏单位的管理者，不仅自己要注意正确的检阅、取书、存书的方法，也要教育用户了解、掌握、使用这些方法。

当然，防治古代文献破损最有效的方法是装订和修复。文献的装订和修复作为文献收藏中的必要内容，需要耗费一定的资金；对于真正的文献收藏家而言，这项资金又是必须耗费的。在《藏书十约》中，文献的装订被认为是文献入藏前的重要工序。据作者自称，他每得一书，即付匠人装饰，今日得之，今日装之，那样就不至于积久意懒，听其丛乱①。这颇有些过度装订了。叶德辉饶于资财，又爱惜收藏的文献，所以肯这样及时，全部装饰。这样的支

---

① （清）叶德辉．藏书十约［M］．上海：上海古籍出版社，2005：46.

出，恐怕不是一般文献收藏者能够负担的。大部分的收藏家，也许装订的是散乱或即将散乱的文献。例如孙从添自称生活“极贫”，但是购求到“最难得之书籍”时，便觉得“胜于拱璧”，不惜钱财，“即觅善工装订”①。可见，装订之不可缺少，则是文献收藏家的共识②。至于文献的修复，却是需要更高超的技艺，必须经由专门的训练才能胜任。

古人认为，文献装订的目的不在华美饰观，即不是出于美学的考虑，而是要保护文献，即出于实用的考虑。这个理念非常重要，这也说明，装订作为文献收藏过程中的一项内容，保护文献是目的。

文献装订的材料和方法，也许是最具个性的东西。这个个性的表现，或者是文献收藏者的个性（情趣），或者是文献装订者的个性（技艺和审美），或者是文献本身的个性（原始或装订前的状态）；个性还取决于材料（质地，颜色），而材料因为时代因素、环境因素和地理因素会产生差别。根据《藏书记要》的说法，装订书面用古色纸，细绢包角，订书眼要细，打得正，又要少，因为订眼多了会伤书脑，或者日后再订，也会因为眼多而容易破损；天头地脚要空得上下相趁。副页用太史连纸。订线用清水白绢线，双根订结，要订得牢，嵌得深，才能不脱而紧。遇到页数较少的文献，应该加衬纸，如果是宋元抄刻本，为了避免纸旧宜破，就必须衬纸，外面还要加上护页。书签用深古色纸裱一层③。《藏书十约》则认为，面纸以染古铜色的细纹宣纸，内褾以云南薄皮纸最好，订时书面内衬以单宣或汀贡（汀州所造竹料厚者），或洁净官堆，如果原书面未损，应该仍然保留。书本装订时宜厚不宜薄。装订的线使用双丝线。书内有破损的地方，寻找合适颜色的旧纸，补

---

① （清）孙从添．藏书记要［M］．上海：古典文学出版社，1957：34.

② （清）马瑗《闻过斋集跋》（叶昌炽《藏书纪事诗》卷三）：“澹生堂储经籍铭识款印，将为子孙世珍，百年之间，散落人手。近人有诗云：‘宣绫包角藏经笺，不抵当时装订钱。’”是说售卖图书的价钱，还抵不上当初入藏时装订的花费。可见装订一事，为文献收藏者所重视。

③ （清）孙从添．藏书记要［M］．上海：古典文学出版社，1957：42.

缀上下。尺寸短的书以纸衬底一层，在没有书页的地方衬两层，这样装订后的书不至于有中凸上下凹的毛病。书背逼至钉线处者，也按照这种样式衬纸。衬纸之处，钻小孔，一孔在衬纸，一孔在原书的边缘，以日本薄茧纸捻骑缝跨钉而后，外护以面纸，再加线。订线孔占边分许，而全靠纸捻着力，可以日久线断而页不散。他提倡南方文献收藏不用函套，而用夹板。夹板系带边孔须离边二分，其上下则按照书幅大小设计。文献装订时，尽量在春秋季，因为夏天手上和脸上的汗会滴落在文献上，汗中所含有的盐分渗透到纸中，会引起文献受潮霉变①。

文献损坏后，必须依靠修补才能收藏、利用和流传。至于修补损坏的文献，古代也创造出今天仍然被视为牢不可破的修复理念和切实可行的多种方法。文献修复的最高境界是“整旧如旧”，公元5世纪的贾思勰就已经认识到了。他认为修补文献的最高境界是修复后看不出修复的痕迹，修复用的纸张和修补的文献纸张一致。《藏书记要》也部分表述了这个观念，该书认为，修复时要做到衬纸平伏，接书脑与天地头并补破贴欠口，用最薄绵纸熨平，都依照补旧画法，摸去一平，不见痕迹，感觉不到松厚，就是最高水准了；《藏书记要》强调修复用纸的颜色应当和损坏的纸页相适合②。

古代文献修复中，需要注意的是装订形式和材料问题，纸张的选择问题，浆糊的配制问题，以及其他种种细节问题，而这些问题，古人都提供了丰富的经验；即如浆糊，古人记载的防蠹而粘结牢固的多种配方和制作程序，值得我们继承，或者加以适当的改进。

古代尽管没有文献修复方案的提法，但是文献收藏家和修复师在修复前，一定会有关于所修复文献的理想的修复效果的设想，以

---

① （清）叶德辉．藏书十约［M］．上海：上海古籍出版社，2005：46-47.

② （清）孙从添．藏书记要［M］．上海：古典文学出版社，1957：42-43.

及实现这个效果所采用的方法和材料。这就是做到心中有数。我们从孙从添《藏书记要》、黄丕烈《士礼居藏书题跋记》和叶德辉《藏书十约》等著作中，也可知道文献修复的要求，包括某个个体的要求和总体的要求。这种做法值得借鉴，并需要进一步发扬光大。我们今天修复古代文献，应该首先制订修复方案。制订修复方案更有利于明确修复目的，选择最佳方法，保证修复质量的。修复方案包括：分析并记录古代文献制成材料的性质，老化损坏状况及其原因，拟定修复方法与步骤，选择修复使用的材料（例如纸张、浆糊、装订用丝绵线或纸捻）。修复方案应由修复人员集体制订，形成书面文字，如果是珍贵古代文献，或者是批量处理的古代文献，应该反复听取有关专家的建议，并进行相关的先行实验以取得科学的根据①，直到取得最满意的效果。

中国古代创造的文献装订和修复的程序、材料、方法、工具甚至术语，很多一直延续至今。而且我们相信，这项极具技术性和创造性的手工技术还会被长期流传下去，并被不断加以改进。实际上，延传下来并经过一定改进的中国古代文献修复技术，无论是修复理念，还是修复方法和材料，已经成为一个独特的体系，具有一定的国际影响。

第七节　古代文献收藏中的危机管理

危机管理是我们今天才有的概念，在图书馆管理中引入危机管理也是近十来年间的事情。但是如果我们说古人在很多方面，包括文献保护方面也具有危机意识并具有相应的危机管理方法，或许会引起一些人士的哂笑。那么，我们站在今天的时间坐标，小心地往前推演一下，看看我们的论点是否有一定的道理。下面的证据纯粹是随意想到的，而且也只限于文献收藏者对于战乱的预防（战乱是中国古代、近代社会的常态）。也许没有人怀疑，1966 年为了备

① 张美芳，张松道．文献遗产保护技术管理理论与实践［M］．长春：吉林文史出版社，2009：93-94.

战的需要，辽宁省文化厅通过中国文化部把辽宁文溯阁所藏的一部《四库全书》转移到甘肃，是出于应急机制管理的需要吧？也许没有人怀疑，日寇侵华期间北方一些重要机构把珍贵古代文献有计划地转移到南方、尤其是大后方重庆，是一种应急管理吧？我们只举出以下几个古代的实例请读者评判中国古代文献管理是不是应急机制的雏形：一是秦末刘邦军队攻入咸阳，当将士们如同所有胜利者合法地劫掠秦帝国朝廷的财物时，萧何挺身而出，挽救了国家档案，这批档案有力地帮助了刘邦了解社情民意、人口赋税和关塞险要；二是当大将军徐达率领义军攻入元大都北京时，遵照朱元璋的命令禁止士卒毁坏（他深知他的军队在胜利后会有怎样的作为）元朝廷国家收藏的文献，从而比较完整地保留了这批珍贵的文献；三是民间，当明末清初天下大乱时，文献收藏大家山阴（今绍兴）祁承㸁的后人把家族三代收藏的大部分文献转移到荒僻的山中寺院（云门山化鹿寺）以躲避兵戈战火的蹂躏①。这些应该是危机管理意识和措施的早期实践，目的是使灾害造成的损失降到最低。从小处说，孙从添建议晾晒文献时用一个特制的木板，以便暴雨来临时以最快的速度把木板连同铺设在上面的文献抬入室内，也应该算是危机管理。由此可见中国古代的文献保护方法是多么全面、系统而严密。

第八节　结　　论

以中国文献产生历史之悠久，数量之丰富，收藏地域之普及，收藏家之众多，加上物产之丰硕，医学之发达且自成体系，中国古代创造出系统的并且适合于本民族文献特征的文献保护技术、方法和材料，当是顺理成章之事。如果没有古代文献保护中的理性的理

---

①（清）黄宗羲《南雷文约》卷四《天一阁藏书记》称：“祁氏旷园之书……乱后迁至化鹿寺，往往散见市肆。丙午，余与书贾入山翻阅三昼夜。余载十捆而出。”（清）朱彝尊《静志居诗话》二称：“参政藏书，将乱，其家悉载至云门山寺。”

念，如果没有古代早期以文献内在保护为主的文献制作材料的加工和古代后期以文献外在保护为主的各种防蠹防潮防火防紫外线的建筑技术、药物和方法，毫无疑问，更多文献在古代流传过程中会遭受更为严重和更多数量的损毁、散佚，绝不可能有约 10 万种近 4000 万册古籍存留至今（仅限中国境内，还有数千万件的档案和其他文献），因此我们在感激先民留给后人丰富文献的同时，也要感激先民所创造发明的每一种有效的保护文献的方法；对这笔宝贵的文化遗产进行梳理、继承并在当代技术条件下加以适当的改进，正是后代子孙义不容辞的责任。

依据《穆天子传》的记载，中国自周朝就有了文献保护的萌芽。此后，中国不断发明创造出新的文献保护方法，由开始时的纯然取自自然的晾晒方法到防火防潮防尘再到使用多种物理手段，文献保护工具和材料越来越多，文献保护技术越来越系统，保护方法越来越多样，保护效果越来越好，到了清代，就出现了实施全面的文献保护所需要的系统而精密的方法的小册子，恰如涓涓细流融汇成波澜壮阔的江河。从这个过程可以看出，一方面，文献保护确实是一项艰巨而持久的重任，文献在流传过程中所遇到的各种敌人，不断挑战着社会的认识和技术水平，另一方面，古人不断地继承和创新着文献保护的良材妙方，显示了古人所采取的文献保护方法确实取得了卓越的成就。确实，在中国古代漫长的历史长河中，文献保护技术是一个连续不断、日益进步的过程。

中国古代创造的文献保护方法，在整体上形成了比较完整的体系，涵盖了文献保护观念、方法和材料，包括文献制作材料的加工、收藏库房的建设、存放器具的营造、日常藏用的管理、虫鼠霉变的治理、损坏文献的修复等，有效地防治了危害文献安全的水火、蠹朽、灰尘、污染、霉烂、破损等，涉及文献保护工作的所有重要方面；而且，中国古代的文献保护方法与古代的文献形态之间完全适应，即古代的文献保护方法和材料完全基于古代文献载体、书写材料、装订形式和材料的物理特性，效果显著，成本低廉，使用方便，对于环境和文献，没有毒副作用，对于现存古代文献保护仍然具有现实价值。一方面，这些方法对于古代文献确实能够并且已经提供了有效保护，延长了文献寿命，充分发挥了文献蕴含的精神价值，也尽可能长久维持了原件和附着于原件的文化意义的存在；另一方面，古代的文献保护方法在时间上具有广泛的适应性，能够适用于现存古代文献保护。这些方法所赖以形成的文献物理特征，是附着于古代文献之身的。只要这类文献存世，这些方法就不会过时。现存古代文献系由过去沿传而来，也就是说，这些方法所保护的客体是相同的，客体所处的环境和存在的问题也未发生太大变化；面对同样的客体，面对基本相同的客体所处的环境和存在的问题，这些方法就不会失去价值，实践证明了这一点，相关的科学实验也证明了这一点。

古代的文献保护理念是以防为主，以治为辅，防治结合，并以此为基础发明和使用了一系列文献保护中关于预防和治理的方法和材料。这些方法涉及文献防治水火、潮霉、虫鼠蚁、尘埃、破损、散乱、污染、撕页等几乎全部的内容。古代创造的文献保护的具体方法有：文献收藏处所建筑环境的清幽，文献收藏处所隔绝火源，装备防火设施，通风透光，排除室内潮气，制作防蠹纸张方法，抖晾方法，经常翻检文献方法，药物防虫鼠蚁方法，药物施用方法，污染清洗方法，装订和修复方法，日常存放方法，柜架摆放方法，阅读方法，外借管理方法，等等。至于古代创造的文献保护的材料和工具，则有文献收藏库房使用的石材，防蠹药物包括植物、动物和矿物，防蠹纸张，防蠹而粘结性好的浆糊，抖晾工具，装订和修复的工具和材料，清洗文献污染的工具和材料，文献存放工具的材料，阅读使用的工具，吸潮物品，等等。另外，还有中国古代文献收藏中的危机管理意识及其措施的萌芽。总之，文献在保管过程中可能遇到的各种危险和灾难，古代都具备了完美的保护理念、有效的保护方法和材料（工具）。

把这些传统的物理方法加以系统总结，并用当代技术加以适当改进，结合当代发明和使用的文献保护中的物理方法，就能使存世的古代中国文献得到有效的保护。

作为古代文献保护的基本思路，我们认为重复一遍本书开头的几句话是必要的：让物理（古代文献）的归于物理，让化学（现当代文献）的归于化学。因为古代文献是物理方法制造的，最好采用物理的方法进行保护；现当代文献是化学方法制造的，最好采用化学的方法进行保护。

附录一：

基于传统方法的中国古代文献保护方案（草案）

1　总则

1.1　制定目的

现存中国古代文献是不可再生、不可替代的资源，也是先民遗留给后世的宝贵财富。对现存中国古代文献实施有效保护，使之最大限度地长期流传并提供社会利用，是全社会的责任。但是由于政策、观念、经费、人员和技术条件的限制，中国古代文献保护仍然面临很多困难；尤其是分布于全国各地的中小型古代文献收藏单位（政府和个人），大部分保护条件简陋，缺乏保护设备、保护人员、保护经费和保护方法。我们相信，随着社会对中国古代文献的进一步重视，这些条件会逐步改善。但是，目前和今后相当长的一段时间，这些单位仍然需要一些简便易行，花费很少的古代文献保护技术和材料。该方案就是从中国古代文献保护所采用的众多方法和材料中选取的最有效的方法和材料，推荐给古代文献收藏单位使用。

1.2　使用对象

该方案设计的主要对象是中小型古代文献收藏单位，因为大型古代文献收藏单位已经拥有良好的恒温恒湿设备。但是鉴于恒温恒湿环境仍然需要其他保护方法作为补充，因此该方案的部分内容仍然可以为大型古代文献收藏单位所参考。

1.3 方法来源

该方案的所有方法和材料均源自中国古代，不再一一注明出处。该方案按专题叙述，所述各种方法，不免有重叠的部分，例如翻检或抖晾，既可防潮，也可防蠹，在防潮部分必须提及，在防蠹部分也绝不可少；同时，方案中同一个问题，会有近似的方法，以供使用者选择。

1.4 方法使用

不同古代文献收藏单位宜结合实际，选择使用该方案中的方法。

2 古代文献保护理念

以防为主，以治为辅，防治结合。古代文献收藏单位要有风险管理意识，以维护古代文献的安全。任何形式的没有预警特征的不期而至的自然灾难（例如暴风雨、龙卷风、火山喷发、火灾、地震、泥石流、害虫、霉菌、高温高湿、漏水）和人为灾害（例如电力中断、化学物质泄漏、纵火、战争）都有可能对古代文献造成部分或全部、暂时或永久性破坏。古代文献收藏单位应该制定一套完善的应急预案，使灾害造成的损失降到最低。

3 古代文献收藏环境

3.1 基本要求

参照《图书馆古籍特藏书库基本要求》（中华人民共和国文化行业标准 WH/T 24-2006）执行。

3.2 古代文献收藏处所要选择在清幽之地。古代文献收藏数量较多且有条件的单位，可以在单位的偏远处为收藏的古代文献单独建筑二层以上的楼房。建筑应尽量远离火源（锅炉房和食堂）。古代文献保存在二楼或二楼以上；没有条件单独建筑楼房的单位，应为古代文献专门辟出房间或楼层。这些房间或楼层应在二楼或二楼以上。房间的窗户上应有遮阳板和窗帘，防止阳光照射。古代文献库房周围设置防火区。古代文献库房附近应有水源，以防备房屋外面及办公区域的火灾。

4 古代文献防尘

4.1 使用夹板（南方）和函套（北方）保存古代文献。

4.2 把古代文献整齐放置在箱、柜中和架子上。

4.3 工作人员要经常翻检古代文献。

4.4 抖晾古代文献时，要轻捏书脑处，使书口朝下。

4.5 当灰尘较多时，可用马尾或丝拂轻拂文献封面，切不可用棕拂。当灰尘过于浓厚或板结时，可用皂荚清水清洗。

4.6 遇到沙尘多的日子，要紧闭门窗，拉上窗帘。

5 古代文献防火防水

5.1 建筑材料最好选用防火材料，例如石头或砖瓦。

5.2 防止火患

禁止把火源及与火有关的物品（烟草、蜡烛、火炉、火盆之类）带入古代文献收藏建筑之内，以免引起火灾。古代文献收藏库房周围要有水缸储水，以备急需。

5.3 防止水患

防止库房顶部和墙壁藏书楼屋顶会漏雨渗水。雨雪或湿气浓重的日子要闭紧窗户。

5.4 放置古代文献的柜、架不要靠近窗口。

6 古代文献防治虫、鼠、蚁

6.1 常备防蠹药物

药物以草药为主，如芸香、灵香草、皂角、樟脑、苦楝子、荷花瓣、艾叶、香篙、烟叶、兰花、芥菜、胡椒粉。可以直接使用这些药物，也可以使用由这些药物加工而成的单一或混合性药物(例如袋装)。

6.2 药物施放方法

6.2.1 在古代文献中夹放药物。

6.2.2 在古代文献周围施放，例如在书柜书箱书架内部或周围放置药物。

6.2.3 在炉内燃烧药物，产生辛辣的烟雾，这类植物药物主要是艾叶、芸香、香蒿之类，紧闭门窗，并注意安全。

6.2.4 在古代文献收藏库房地面铺撒石灰，防白蚁、蟑螂和老鼠。

6.3 使用万年红纸

给每册古代文献的扉页和封底各装订一张万年红纸。经费、人员充足的单位，可在每册古籍内部再装订若干张万年红纸。这种纸张单面涂有橘红色的四氧化三铅（Pb3O4），防蠹效果良好。

6.4 注意药物使用期限

任何药物都有失效期，要注意及时更换失效的药物。

6.5 经常翻检。

6.6 使用具有防蠹性能材料的箱柜收藏古代文献，其质料依次为楠木、樟木、檀木。

6.7 不要把食物带进古代文献收藏库房。在古代文献柜顶铺设一层皂角末，或在地面铺设石灰等，可以防鼠蚁。

7 古代文献防治潮霉

7.1 古代文献抖晾

抖晾的地点选择在通风的阴凉处。抖晾的天气选择在晴天，湿气不能太重。抖晾的时间，北方以夏秋两季为宜，南方以秋季为宜。抖晾的次数以每年2—4次为宜。抖晾之后，要凉透才能插架或入箱。把古代文献放置在木板上晾晒，遇雨时抬板连同古代文献进入室内。

7.2 文献收藏库房空气流通

空气流通是乃是最好的防治古代文献潮湿的办法。古代文献收藏处所一定要保持通风透光（注意：避免使阳光照在文献上）。库房前后要有窗户，要选择合适的时间开启。阴雨连绵的日子，尤其南方农历四五月黄梅季节，窗户都要闭紧，农历六七月以后至冬尽春初，窗户宜常常打开。但是北方潮湿有限，而灰尘较多，为了防尘，打开次数不宜太多。由于各地气候不同，古代文献收藏单位应该联系当地气候条件，在湿度和温度之间找到平衡点，以免降低湿度的同时，让过高的温度损坏古代文献。

7.3 收藏古代文献的柜、架的格式和摆放

放置古代文献的柜、架、格式要统一，排列要整齐疏朗。窗口不要放置文献柜、架，以免阻碍空气流通，或者被雨水浸湿。

7.4 经常翻检

经常翻检古代文献可以防治其霉变。

7.5 在自然条件下，库房内部自会潮湿，底层和墙角尤甚，可用生石灰铺在墙角以吸潮，并定期更换吸潮后的石灰。

7.6 清除霉菌

发生霉变的古代文献，最直接的措施是扫除古代文献上的霉菌；如果积年霉菌难以扫除，就以中性或碱性水进行清除。

8 古代文献防破损

8.1 做好古代文献的防尘工作。

8.2 翻阅古代文献的方法。

8.2.1 翻阅前

手指要清洁，不要有汗污（现在要求戴手套）；几案要洁净，铺以薄褥。

8.2.2 翻阅中

不要用手托古代文献，更不能用一只手抓住古代文献，而是要把古代文献放在桌子上，以免折断书脊或丝绵线、纸捻。不要以指甲撮起书页；不要以指甲划痕；不要折页；不要把书分开摊在桌上，那样会损伤书脊。不要在吃饭时翻阅古代文献，以免食物溅到古代文献上。不可涉粗浮之气，因为古代文献纸张较脆，最易损坏。

8.2.3 翻阅后

要舒卷得法，把古代文献回复原状（书籍保持平整，放入夹板或函套。系上夹板或封住函套时，不要折皱书页。书画要依原状轻轻卷起），轻轻放入柜子或架子上。

8.3 为了避免古代文献皱折，柜子内架子中放置古代文献不能太

密太紧。

8.4 在借阅者归还古代文献时，馆员务必逐页检查。发现缺页或其他受损情况，及时处理。

9 古代文献的装订和修复

9.1 古代文献装订

9.1.1 对于脱落或零散的古代文献要及时装订。

9.1.2 装订材料使用丝绵线或古代手工纸张制作的纸捻。

9.1.3 尽量不改变古代文献的原装订形式。

9.2 古代文献修复

9.2.1 制订修复方案

（1）分析古代文献制成材料的性质，老化损坏状况及其原因。

（2）拟定修复方法与步骤，选择修复使用的材料（例如纸张、浆糊、装订用丝绵线或纸捻）。

（3）修复善本或批量文献，应该咨询有关专家，在初步方案出台后，召开论证会，完善古代文献修复方案。

（4）批量修复的古代文献，应该先选择其中少量的样品进行试修复，以观察效果。如果不十分理想，可以征求专家意见，改进方案。

9.2.2 古代文献的修复基本要求

（1）古代文献装订的目的不在华美饰观，而是要保护古代文献。

（2）古代文献修复的原则是整旧如旧，并具有可逆性。

（3）不损坏原古代文献中的所有信息。

（4）古代文献装订用纸选择传统的防蠹手工纸，或自己染制的防蠹手工纸。

（5）修复不同级别的古代文献，要求不同资质的古代文献修复师。善本修复需要相应资质的古籍修复师。

9.3 配纸

9.3.1 寻找相同的配纸

找到和需要修复的原古代文献相同的纸。配纸的性质、颜色、厚薄同需要修复的原古代文献相适合。“以旧补旧”是整旧如旧的关键。

9.3.2 替用纸

如果没有完全相同的纸，就要寻找替用纸。寻找替用纸，需注意以下几种情况：第一，替用纸的厚度应和原古代文献纸张一致，或稍薄于原古代文献纸张。第二，替用纸颜色应尽量和原古代文献纸张一致，或稍浅于原古代文献纸张。第三，替用纸的纹理应和原古代文献纸张一致。第四，注意替用纸的酸碱度，使用中性或酸度偏低的纸。第五，注意替用纸的机械强度。第六，替用纸耐久性好。

9.3.3 如果一时寻找不到恰当的配纸，可以考虑暂时不对古代文献进行修复。

9.3.4 纸张染色

染纸的基本原则：第一，先染后补；第二，选用的纸张种类、厚薄、纹理要和需要修补的原古代文献相吻合（特殊情况下可稍薄）；选用的纸张是手工抄制的；选用的纸张要呈偏碱性；第三，染料必须是植物或中草药、矿物。染料中的酸度越低越好；第四，染纸应遵守“宁浅勿深”的原则，宜淡不宜深；第五，染过的纸颜色要深浅一致。

9.4 浆糊制作和使用

9.4.1 浆糊制作

（1）基本原料

选择优质小麦面和小麦面粉。要注意地域性差别，中国南方适宜精粉，中国北方适宜小麦粉。

（2）水质

使用微碱性质的水，使浆糊 pH 值接近微碱性。

（3）制作方法

采用熬制法。

（4）添加药物

适当添加若干种防蠹，防鼠药物；中国南方可以再添加防白蚁的药物。这些药物应是中草药或矿物药，而且有延时性。例如可以添加百部根（防蠹，还能防其他虫），皂荚（防鼠，防虫），中国南方还可加雄黄（防蚁，防虫）。有的古代文献收藏单位不在浆糊中添加防蠹防鼠药物，那可能是因为采用了恒温恒湿设备及其他手段防蠹防鼠，不具备这些设备的中小型古代文献收藏单位务必使用添加药物的浆糊。

（5）处理好浆糊的霉腐问题。

9.4.2　浆糊使用

（1）粘贴的纸张不同，浆糊的浓度也有区别，用量也不同。

（2）遵循宁少勿多，宁稀勿稠的原则。

（3）不能使用失去粘性的浆糊，这样的浆糊是由于时间长或变质所导致。

9.5　建立古代文献修复档案

9.5.1　基本要求

给所修复的每件古代文献都建立详细的修复档案，档案保存期限为永久性。档案内容包括文字描述和照片。

9.5.2　古代文献修复档案的内容

（1）待修复古代文献的书目信息（如文献标题、责任人、版本信息、开本尺寸、损坏情况），纸墨信息（如纸张类型、年代、产地、质地、酸碱度和墨色状况），破损信息（如文献破损部位、形状、面积大小、破损原因），修复历史信息（指前人对古代文献修复的情况，主要包括修复时间、修复单位、修复人、修复方式、修复历史附注）。

（2）制订的修复方案。包括最初制订的正式方案，后来的修正方案和最终方案。

（3）修复材料。例如修复用浆糊情况，其原料、配方、水质和温度。修复用纸情况，包括类型、产地、质料、颜色，染纸所用的材料、配方、步骤、颜色。装订用材料（如装订线和纸捻）。

（4）修复方法和步骤。遇到的问题和解决的方法。

（5）修复人员情况。

（6）修复前后对比图。

（7）修复质量鉴定和评价。

（8）修复经验总结。

（9）修复换下来的古代文献的某些部分的保存情况，例如封面、函套，甚至不得不去掉的题记等文字信息，以弥补实体信息的流失。再者，古代文献内夹有的零页题跋或签条，也应注意保存，绝不可丢弃。

附录二：

中国古代文献保护方法资料编年

【凡例】

一、编辑目的。中国古代文献保护方法是一个有价值的研究领域，但是至今尚无比较全面、系统的关于中国古代文献保护方法的资料汇编，学者研究伊始，均需查找基本的资料。本编年编辑的目的是为了便于完成国家社会科学基金项目《中国古代文献保护方法及其现实价值》中的相关内容，同时也是项目设计中的一部分，兹作为附录，附于成果之后，以供学界参考。

二、收录范围。本编年所录，为先秦至清末的较重要的文献保护方法资料，范围包括文献保护的内在方法（文献制作材料）和外在保护方法，而不是全部资料。因为明清文献保护资料较多，易于寻找，而唐以前文献保护资料较少，也不便查询，故为便于利用，本编年采取详前略后的原则。

三、资料排列。本编年以朝代为序。因为难以确定文献保护方法的具体发明时间，所以朝代之中不再细分年代，而以专题分别。专题之中，集中该朝代相关资料。所以本编所谓编年，并非依严格的年代编排。

四、资料来源。本编年内容，以原始文献所载为准，每条注明出处，以便学者稽核。间有考证者随例附入。

五、取舍依据。同一材料，取其早者。古代野史笔记，内容多有抄袭。此属“抄撰”，风气使然，无可厚非；家用手册之类，更是后来遮盖前者，内容多有雷同。例如一种“法糊”，最早见于元末佚名《居家必用事类全集》，明代文震亨《长物志》，清代蒲松龄《家政内编》皆抄录此法。再如明代屠隆《考槃余事》谈及“观书”之法，其实是抄自元代赵孟頫藏书印章。再如后人每引项惟贞《燕台笔录》中记载的皇史宬晾晒文献资料，殊不知该资料系抄自沈德符《万历野获编》。本编于因袭者不再录入，既免重复，亦可追根寻源，显示发展脉络。

先秦（？—前256）

【曝晒文献】“仲秋甲戌，天子东游，次于雀梁，□蠹书于羽林。（晋郭璞注：谓暴书中蠹虫，因云蠹书也。）”（《穆天子传》卷五）

【防腐蠹】“恐后世子孙不能知也，故书之竹帛，传遗后世子孙。咸恐其腐蠹绝灭，后世子孙不得而记，故琢之盘盂，镂之金石以重之。”（《墨子·明鬼下》）

【石室金匮】“天子北征，东还，乃循黑水。癸巳，至于群玉之山……先王之所谓策府。（晋郭璞注：言往古帝王以为藏书册之府，所谓藏之名山者也。）”（《穆天子传》卷2）

“周道废，秦拨去古文，焚灭诗书，故明堂石室金匮玉版图籍散乱。（《索隐》案：石室金匮皆国家藏书之处。）”（汉·司马迁《史记》“太史公自序”）

【文献盛具】先秦文献中有“书箧”（“笥”、“笈”）的记载，当是用于暂时存放简帛文献的盛具（出土的长沙子弹库楚帛书是放在一个约20×11×5厘米的竹盒子中，马王堆帛书是放在一个约60×37×21厘米的漆盒子中）。

“（苏秦，张仪）二人每假食于路，剥树皮编以为书帙，以盛天下良书。”（晋·王嘉《拾遗记》卷4）编者按：《拾遗记》类属志怪，多荒诞虚幻，不可尽信也。

秦汉（前246—220）

【文献防火】“毋敢以火入臧（藏）府，书府中。吏已收臧（藏），官啬夫及吏夜更行官。毋火，乃闭门户。令令史循其廷府。节（即）新为吏舍，毋依臧（藏）府，书府。”（出土《秦律十八种》“内史杂”）

【石室金匮】“迁为太史令，紬史记，石室金匮之书。”（汉·司马迁《史记》“太史公自序”）编者按：“绍”，徐广注：“紬音抽。”颜师古注：“紬谓缀集之也。”陈直《史记新证》（中华书局，2006年，第198页）引《居延汉简释文》中的残简“及母骂吏，又紬大刀，欲贼伤吏信□”认为紬即抽字假借，徐广注是，颜师古失之。

“（高祖）与功臣刻符作誓，丹书铁券，金匮石室，藏之宗庙。”（汉·班固《汉书》“高帝纪下”）

“（东汉）石室兰台，弥以充积。”（唐·魏徵《隋书·经籍志序》）

“石渠阁，萧何造。其下礲石为渠以导水，若今御沟，因为阁名。所藏入关所得秦之图籍。至于成帝，又于此藏秘书焉。”（《三辅黄图》“阁”）

“小酉山上石穴中有书千卷。相传秦人于此而学，因留之。”（《太平御览》卷49“荆州记”）

“曹曾，鲁人也……天下名书，上古以来，文篆刊落者，曾皆刊正，垂万余卷。及国难既夷，收天下遗书于曾家，连车继轨，输于王府……及世乱，家家焚庐，曾虑先文淹没，乃积石为仓以藏书，号曹氏书仓。”（晋·王嘉《拾遗记》卷6）

【尘蠹损坏文献】“方今律令百有余篇，文章繁，罪名重……律令尘蠹于栈阁，吏不能遍睹。”（汉·桓宽《盐铁论》“刑德”）

【曝书】“七月七日曝经书及衣裳，不蠹。”（汉·崔寔《四民

月令》）

【破损文献重新抄写】“所好群书，率皆腐敝，不得于礼堂写定，传与其人。”（汉·范晔《后汉书》“郑玄传”）

【整治竹木简——杀青防蠹】“刘向《别录》云‘杀青’者，直治竹作简书之耳。新竹有汁，善朽蠹，凡作简者，皆于火上炙乾之。陈，楚间谓之‘汗’。汗者，去其汁也。吴、越曰‘杀’，亦治也。”（《太平御览》卷606引《风俗通》）

【整治竹木简——涂液防蠹】这是由出土文献证明的。在武威汉简、尹湾汉简（木牍）和长沙走马楼三国吴简（竹简）中都发现了特殊胶质液体。陈梦家于20世纪60年代初整理武威汉简时，发现木简在书写之前，似经过一道用特殊液体涂染的手续，表面有光亮，似涂胶质者；后来的学者发现不仅尹湾汉简涂有一层胶液，长沙走马楼三国吴简（竹简）也有一层特殊的液体。可见，竹木质书写材料在制作过程中，往往有在竹木面涂上一层胶液的制作程序。（张显成《简帛文献学通论》，中华书局，2004）

【赘简】这是由出土文献证明的。《武威汉代医简》的竹简部分的首两枚简，就是未写字的空白页，即“护叶”，此即后世书籍在正文前封面页后加上一页甚至几页空白页，即所谓“护页”（或称“扉页”）。（张显成《简帛文献学通论》，中华书局，2004）

魏晋南北朝（220—581）

【染纸避蠹】“染纸索令赤而书之，若今之黄纸也。”（魏·孟康注释《汉书》卷67）

“前集兄文为二十卷，适讫一十，当黄之。书不工，纸又恶，恨不谨。”（晋·《陆士龙集》卷8）

“谨以二尺黄纸写上。”（晋·荀勖《上〈穆天子传〉叙》）

“卞至洛，得入太学。试经，为台四品。吏访问，令写黄纸一鹿车。卞曰：刘卞非为人写黄纸者也。”（唐·房玄龄《晋书》“刘卞传”）

“举身皆黄，急令溺白纸，纸即如檗染者。”（晋·葛洪《肘后救卒方》“治卒伤寒时气温病方”）

“凡打纸欲生，生则坚厚，特宜入潢。凡潢纸，灭白便是，不宜太深，深则年久色暗也。入浸黄檗熟即弃渣，直用纯汁，费而无益。檗熟漉汁，捣而煮之，布囊压讫，复捣煮之，三捣三煮，添和纯汁者，费省功倍，又弥明净。写书经夏热后入潢，缝不绽解。其新写者，须以熨斗缝缝，熨而潢之。不尔，入则零落矣。豆黄特，不宜裛，裛者全不入潢矣。”（北魏·贾思勰《齐民要术》卷3）

“唐秘书省有熟纸匠十人，装潢匠六人。潢。《集韵》：‘音胡旷切。’《释名》：‘染纸也。’《齐民要术》有装潢纸法，云：‘浸檗汁入潢，凡潢纸灭白便是，染则年久色暗，盖染黄也。’后有雌黄治书法云：‘潢讫治者佳，先治，入潢则动。’《要术》，后魏贾思勰撰。则古用黄纸写书久矣。写讫入潢，辟蠹也。今惟释藏经如此，先写后潢。《要术》又云：‘凡打纸欲生，生则坚厚。’则打纸工盖熟纸匠也。予有旧佛经一卷，乃唐永泰元年奉诏于大明宫译，后有鱼朝恩衔，又有经生并装潢人姓名。”（宋·姚宽《西溪丛谈》卷下）

按：此处提到刘熙《释名》收有“潢”字，并注染纸之意。有人据以认为纸的染色从汉代就已开始。但传世《释名》并无潢字。东汉魏伯阳《周易参同契》中有“若檗染为黄兮”。不知所染是否为纸，因为缣帛也可染。

【文献抖晾】“五月湿热，蠹虫将生，书经夏不舒展者，必生虫也。五月十五日以后，七月二十日前，必须三度舒而卷之。须要晴时，于大屋下风凉处，不见日处。曝书令乾。若乘热气卷暍热卷，生虫弥速。阴雨润气，尤须避之。慎书如此，则数百年矣。”（北魏·贾思勰《齐民要术》卷3）

【文献修补】“（晋齐王司马攸）好学不倦，借人书，皆治护”。（宋·李昉等《太平御览》卷169）

“借人典籍，皆需爱护，先有缺坏，就为补治，此亦士大夫百行之一也。”（北齐·颜之推《颜氏家训》）

“书有残裂，郦方纸而补者，率皆挛拳，瘢疮硬厚，瘢痕于书有损。裂薄纸如䗪叶以补织，微相入，殆无际会，目非向明举而看之，略不觉。补裂若屈曲者，还须于正纸上逐屈曲形势裂取而补之，若不先正元理，随宜裂斜纸者，则令书拳缩。”（北魏·贾思勰《齐民要术》卷3）

“然则古人于修补残缺及粘贴误字，盖皆用此法也。至于久而不落，则由所用之糊调和得宜，或有薰陆香黄蜡诸物耳……是则补书之法，由来旧矣。唐人写经中间有挖补处，粘贴极平，非细察之不能见。古人为此自有法。”（余嘉锡《余嘉锡论学杂著》，中华书局，1963）

【阅读方法】“凡开卷读书，卷头首纸，不宜急卷；急则破折，折则裂。以书带上下络首纸者，无不裂坏；卷一两张后，乃以书带上下络之者，稳而不坏。卷书勿用鬲带而引之，非直带湿损卷，又损首纸令穴；当衔竹引之。书带勿太急，急则令书腰折。骑蓦书上过者，亦令书腰折。”（北魏·贾思勰《齐民要术》卷3）

【制墨】“好醇烟捣讫，以细绢筛于缸内，筛去草莽若细纱尘埃。此物至轻微，不宜露筛，喜失飞去，不可不慎。墨一斤，以好胶五两浸涔皮汁中。涔，江南樊鸡木皮也，其皮入水绿色，解胶，又益墨色。可以下鸡子白，去黄，五颗，更以真朱砂一两，麝香一两，别治细筛，都合调下铁臼中，宁刚不宜泽，捣三万杵，杵多益善。合墨不得过二月，九月，温时败臭，寒则难干。”（北魏·贾思勰《齐民要术》卷9）

“合墨法。以真朱一两，麝香半两。”（《初学记》卷21录南朝梁韦仲《将墨方》）

【防蠹药物】“芸香辟纸鱼蠹，故藏书台亦称芸台。”（宋·洪刍《香谱》卷上引三国魏鱼豢《典略》）

“芸香。似邪蒿。可食。辟纸蠹。”（晋·郭璞《仓颉解诂》，据《艺文类聚》卷81引）

“古人藏书辟蠹用芸。芸，香草也，今人谓之七里香者是也。叶类豌豆，作小丛生。其叶极芬香。秋间叶间微白如污粉。辟蠹殊验。南人采置席下，能去蚤虱。予判昭文馆时，曾得数株于潞公家，移植秘阁后，今不复有存者。香草之类，大率多异名。所谓兰荪，即今菖蒲是也。蕙，今零陵香是也。茝，今白芷是也。”

（宋·沈括《梦溪笔谈》卷3）按很多论著以之作为宋代使用芸香保护文献的证据，非是。依照古代的行文习惯，此处所谓“古人”当指魏晋隋唐，绝非作者所生活的北宋（960—1127）；按照沈括（1031—1095）生活的时代，如果所述为北宋，哪怕是北宋早期，也只会使用诸如“国初”之类的字样，最多使用“前辈”之类。再者，把“数株”芸香“移植秘阁”，更见出没有把芸香用来作为保护文献的药物，因为芸香必须置放在书叶中，或在室内焚烧，或至少应该放在文献收藏室内，才能具有辟蠹效果。可知这段记载恰恰证明宋代没有使用芸草辟蠹。又，宋张邦基《墨庄漫录》卷6云：“文潞公（彦博）为相日，赴秘书省暴书宴，令堂吏视阁下芸草。乃公守蜀日，以此草寄植馆中也。”也未说用芸草辟蠹。

“（书）厨中欲得安麝香、木瓜，令蠹虫不生。”（北魏·贾思勰《齐民要术》卷3）

隋唐五代（581—923）

【文献收藏】“炀帝即位，秘阁之书，限写五十副本，分为三品：上品红琉璃轴，中品绀琉璃轴，下品漆轴。”（唐·魏徵《隋书经籍志序》）

“其（按指隋炀帝）正御书，皆装翦华净，宝轴锦标。于观文殿前为书室十四间，窗户、床褥、厨幔，咸极珍丽。每三间开方户，垂锦幔，上有二飞仙，户外地中施机发。帝幸书室，有宫人执香炉前行，践机则飞仙下，收幔而上，户扉及厨扉皆自启。帝出，则复闭如故。”（元·马端临《文献通考经籍考序》）

【硬黄纸】“硬黄纸，唐人用以书经，染以黄檗，取其辟蠹。以其纸加浆泽，莹而滑，故善书者多取以作字。”（宋·赵希鹄《洞天清录集》“古翰墨真迹辩”）

【碧纸】唐代有碧纸。碧纸染汁的主要成份是蓝紫色的结晶体“靛蓝”，这是把马兰、木兰、兰草、槐兰等植物的茎叶制成浆状用以染纸，既美观，又防蠹。这种纸张用于抄经。

1978 年 4 月 12 日苏州瑞光塔内发现碧纸金书《妙法莲华经》7 卷，纵 27.6 厘米，横 43.5 厘米。卷轴装，卷首轴为竹质扁形，卷尾轴为木质圆形，轴端有铜质錾花轴头。包首有泥金绘牡丹图案。纸质为碧纸。第一卷末尾有墨书：“常州建元寺长讲法华经，大德知□记。”第二卷末尾墨书：“大和辛卯四月二十八日修补记。”第七卷末尾金书：“显德三年岁次丙辰十二月十五日，弟子朱承惠特舍净财，收赎此古旧损经七卷，备金银及碧纸，请人书写。已得句文周圆，续添良因，下救三涂苦，法界含生，俱添利禄，永充供养。”可知该经在晚唐（上限唐至德二年即公元 757 年）时由常州建元寺讲经和尚始用，大和五年（831）间经过修补，至后周显德三年（956）由朱承惠出资修补完整后捐献藏入瑞光塔。

“若用道家经典，切宜详审。《道藏》所蓄经文，近来真伪混杂，未易分别。如天台桐柏崇道观，乃五代之末吴越王钱氏所建。《藏》中诸经，拘集道童及僧寺行者，众共抄录，以实其中，碧纸银书，悉成卷轴。当时四方割据，钱氏处于偏方，随其境内所有之书，一时欲应限数，故期间颠倒错谬，不可胜记。有脱字漏句，全不可读；有言辞鄙俚，昭然伪撰者。于今几三百年，更数世之后，不知始末，则谓道典可有此等经文。高识之士，自能剖决是非；浅学之人，执为正典，或者取而引出，可乎？”（宋·金允中《上清灵宝大法》卷 24，载 1988 年文物出版社、上海书店、天津古籍出版社联合出版《道藏》第 31 册，第 496 页）

【浆糊配料】“凡煮糊，必去筋。稀缓得所，搅之不停，自然调熟。余往往入少细研薰陆香末，出自拙意，永去蠹而牢固，古人未之思也。”（唐·张彦远《历代名画记》卷 3）

“南唐煮糊用黄丹。”（宋·陈师道《后山丛谈》卷 2）

【文献装潢】“有收藏而未能鉴识，鉴识而不善阅玩者，阅玩而不能装褫，装褫而殊无铨次者——此皆好事者之病也。”“夫人不善宝玩者，动见劳辱；卷舒失所者，操揉便损；不解装褫者，随手弃捐，遂使真迹渐少，不亦痛哉。”（唐·张彦远《历代名画记》卷 3）

“（梁武帝）以旧装坚强，字有损坏，天监中敕朱异、徐僧权、唐怀充、姚怀珍、沈炽文枏而装之，更加题检，二王书大凡七十八帙七百六十七卷，并珊瑚轴、织成带、金题玉躞。”（唐·张彦远《法书要录》卷3）

“隋旧书用广陵麻纸写，作萧子云书体，赤轴绮带，最丽好。”（唐·韦述《集贤注记》，见《玉海》卷52引）

“自晋代已前，装褙不佳；宋时范晔，始能装褙……国朝太宗皇帝使典仪王行真等装褫，起居郎褚遂良等监领。”（唐·张彦远《历代名画记》卷3）

“多装以篓牙轴、紫罗褾，云是太宗时所装。”（唐·张彦远《历代名画记》卷3）

“余自弱年，鸠集遗失，鉴玩装理，昼夜精勤。每获一卷，遇一幅，必孜孜葺缀，竟日宝玩。可致者必货敝衣，减粝食，妻子僮仆切切嗤笑。或曰：‘终日为无益之事，竟何补哉？’既而叹曰：‘若复不为无益之事，则安能悦有涯之生？’是以爱好愈笃，近于成癖。”（唐·张彦远《历代名画记》卷3）

【去除尘埃】“古画必有积年尘埃，须用皂荚清水数宿渍之，平案扞去其尘垢，画复鲜明，色亦不落。”（唐·张彦远《历代名画记》卷3）

【晾晒文献】“平一龆龀之岁见育宫中，切睹先后阅法书数轴，将拓以赐藩邸，时见宫人出六十余函于亿岁殿曝之。”（唐·张彦远《法书要录》卷3）

“至东阳，因曝书见之，乃详列而竟焉。”（唐·南卓《羯鼓录》）

“早云才破漏春阳，野客晨兴喜又忙。自与酌量煎药水，别教安置晒书床。依方酿酒愁迟去，借样裁巾怕索将。惟待数般幽事了，不妨还入少年场。”（唐陆龟蒙《袭美以公斋小宴见招，因代书寄之。”见清·曹寅等《全唐诗》卷624）

宋代（960—1279）

【曝晒文献】“（对重要文书要）以时晒暴。”“日晒火焙固佳，然必须除冷，而后可以入厨。”（《庆元条法事类》卷17）

“秘书省。监、少监、丞各一人，监掌古今经籍图书，国史实录，天文历数之事，少监为之贰，而丞参领之。其属有五：著作郎一人，著作佐郎二人，掌修纂日历；秘书郎二人，掌集贤院、史馆、昭文馆、秘阁图籍，以甲、乙、丙、丁为部，各分其类；校书郎四人，正字二人，掌校雠典籍，判正讹谬，各以其职隶于长贰。惟日历非编修官不预。岁于仲夏曝书，则给酒食费，尚书、学士、侍郎、待制、两省谏官、御史并赴。遇庚伏，则前期遣中使谕旨，听以早归。大典礼，则长贰预集议。所以待遇儒臣，非他司比。宴设锡予，率循故事。”（元·脱脱《宋史》卷164）

“雍熙中，（邢）昺献《礼选》二十卷。上尝因内阁暴书，览而称善，召昺同观，作《礼选赞》赐之。”（宋·李焘《续资治通鉴长编》卷73）

“（绍兴）十四年五月七日，秘书郎张阐言：‘本省年例，入夏暴晒书籍，自五月一日为始，至七月一日止。’从之。”（宋·陈骙《南宋馆阁录》卷3）

“荆公为许子春作《家谱》。子春寄欧阳永叔而隐其名，永叔未之观。后因曝书读之，称善。初疑荆公作，继而曰：介甫安能为，必子固也。”（宋·刘延世《孙公谈圃》卷上）

“虫蠹书害少，人蠹书害多。虫蠹曝已去，人蠹当如何？”（宋·邵雍《击壤集》卷11“曝书吟”）

“形状类如鱼，其心好蠹书。居常游箧笥，未如在江湖。为害千般有，言烹一物无。年年当盛夏，晒了又如初。”（宋·邵雍《击壤集》卷14“蠹书鱼”）

“今岁出曝书，阅两旬才毕。其间往往多余手自抄，览之如隔世事。因日取所喜观者数十卷，命门生等从旁读之，不觉至日昃。”（宋·叶梦得《避暑录话》卷1）

【防蠹浆糊】“赵元考云：寒食面、腊月雪水为糊，则不蠹。”（宋·陈师道《后山丛谈》卷2）

【防蠹药物】“王文献公家以皂荚末置书叶间，然不如也。”（宋·陈师道《后山丛谈》卷2）

【读书方法】“司马温公独乐园之读书堂，文史万余卷，而公晨夕所常阅者，虽累数十年皆新若手未触者。尝谓其子公休曰：‘贾竖藏货贝，儒家惟此耳。然当知宝惜。吾每岁以上伏及重阳间，视天气晴明日，即设几案于当日所，侧群书其上，以曝其脑。所以年月虽深，终不损动。至于启卷，必先视几案洁净，藉以茵褥，然后端坐看之，或欲行看，即承以方版，未尝敢空手捧之，非惟手汗渍及，亦虑触动其脑，每至看竟一版，即侧右手大指面衬其沿，而覆以次指捻面，捻而挟过，故得不至揉熟其纸。每见汝辈多以指爪撮起，甚非吾意。今浮图老氏犹知尊敬其书，岂以吾儒反不如乎？当宜志之。’”（宋·费衮《梁谿漫志》卷3）

【椒纸】“峡州治夷陵，地滨大江。虽有椒、漆纸以通商贾，而民俗俭陋，常自居，无所仰于四方。”（宋·欧阳修《欧阳修集》卷39“夷陵县至喜堂记”）

“宋刻本《春秋经传集解》有刻印记：‘淳熙三年四月十七日，左廊司局内曹掌典秦玉祯等奏闻：壁经、《春秋左传》、《国语》、《史记》等书，多为蠹鱼伤牍，不敢备进上览。奉敕用枣木、椒纸，各造十部。四年九月进览。’”（清·彭元瑞等《钦定天禄琳琅书目后编》三“宋版类”）

“椒纸者，谓以椒染纸，取其可以杀虫，永无蠹蚀患也。其纸若古金粟笺，但较笺更薄而有光。以手揭之，力颇坚固。”（清·叶德辉《书林清话》卷6）

【装订方式】“唐人藏书皆作卷轴。其后有叶子，其制似今策子，凡文字有备检用者，卷轴难数卷舒，故以叶子写之。”（宋·欧阳修《归田录》卷2）

【浆糊】“今秘阁中所藏宋版诸书，皆如今制乡会进呈试录，谓之蝴蝶装。其糊经数百年不脱落。不知其糊法何似。”（明·张萱《疑耀》卷5）

“王洙原叔内翰尝云：作书册，粘叶为上，岁久脱烂，寻其次第，足可抄录，屡得逸书，以此获全。若缝缋岁久断绝，即难次序。初得董氏《繁露》数册，错乱颠倒，伏读岁余，寻绎缀次，方稍完复，乃缝缋之弊也。尝与宋宣献谈之，宋悉令家所录者作粘法。予尝见三馆黄本书及白本书，皆作粘叶，上下栏界出于纸叶。后在高邮，借孙莘老家书，亦如此法。又见钱穆父所蓄，亦如此，多只用白纸作标，硬黄纸作狭签子。盖前辈多用此法。予性喜传书，他日得奇书，不复作缝缋也。”（宋·张邦基《墨庄漫录》卷4）

“前辈传书，多用鄂州蒲圻县纸，云厚薄紧慢皆得中，又性与面粘相宜，能久不脱。”（宋·陆游《老学庵笔记》卷2）

【防火】“（南宋）绍兴十四年，张阐上奏：‘本省自来火禁，并依皇城法，遏有合用火烛去处，守门亲事官一名专掌押火洒熄。除馆员直舍并厨司、翰林司、监门职级房存留火烛。遇官员上马，主管火烛亲事官监视洒熄。其余去处，并不得存留。’有旨，依。”（宋·陈骙《南宋馆阁录》卷6）

“（秘书省东廊）一间为潛火司（原注：防火器皆列于偏门外）。”（宋·陈骙《南宋馆阁录》卷1）

【清洗尘垢】“唐人背右军帖，皆捶熟软纸如绵，乃不损古纸。又入水荡涤而晒，古纸加有性不糜，盖纸是水化之物，如重抄一过也。余每得古书，辄以好纸二张，一置书上，一置书下，自旁滤细皂角和水，霈然浇水入纸底。于盖纸上用活手软按拂，垢腻皆随水出，内外如是。续以清水浇五七遍，纸墨不动，尘垢皆去。”（宋·米芾《书史》）

【日常管理】“臣所领中书后省合管五案：凡册礼及朝会应行遣事，即上案主之；付受诸案文书及本省杂务，即下案主之；编录制辞及中书省人吏试补，比较功过，即制诰案主之；在京有司关报改更差除等，即谏官案主之；逐月修起居注，即记注案主之。以上案分之事务要切，兼编修看详，随事置局，即逐名次召试进士，武臣换官之类，文字、名件至多，未曾专置架阁拘管，每有检照，率多损失。不惟申请烦紊，兼证据不明，前后抵捂。臣契勘中书后省，见有空闲屋宇，欲乞专置架阁库。以本首逐案见管案沓、文簿、书籍，以至祖宗以来辞册及敕令、续降等，并置簿拘改。以《千字文》为号，周而复始。应令逐案承受文字，已结绝及无行遣，限三日发送上簿，接续结押。仍乞于本省选手分，楷书各二名，主簿行遣，庶几纪纲整肃，以称元丰建立后省，陛下缉熙先猷之诚，取进止。”（宋·慕容彦逢《摛文堂集》卷10“理会架阁札子”）

“臣闻：先收图籍者，贤相之规模，缘绝簿书者，奸吏之常态。今天下之事，其来无穷，故六曹文书，鳞次山积。绍兴十五年五月初，复主管架阁官，逐部置库，凡文案皆谨藏之，置都籍焉。二十七年九月，又诏：‘文书已结绝过二年者，以岁月先后，分类字号，编次架阁。仍月轮逐曹官点检，具有无遗失，申尚书省。’法意非不善也。其如岁月滋久，浸不加省，屋宇疏漏，风雨弗蔽，至其甚则吏恶害已而去其籍。臣每见四方之人经部陈理身事者，稍涉岁月，吏必以无案牍为解。是岂可不申严旧法而为之制哉？臣愚欲望圣慈，委逐部主管，将所置都籍逐一点勘，每月赴部书押，令郎官至期躬亲检察，如绍兴之制。仍置一般簿籍匮藏于长贰厅，以备参考。间遇取索案件，须郎官押贴子，下主管官，方许封送，合干人毋得擅启。庶几积弊稍革，不失有司之职。其库屋疏漏者，亦乞降旨指挥，卑行修葺，免致摧毁。取进止。（有旨：依。下临安府修葺。）”（宋·周必大《文忠集》卷138“论架阁库文字”）

“臣先于淳熙二年十月内曾奏陈，六部架阁库文书浩繁，屋宇损敝，乞照绍兴十五年置库指挥，使严加整比，及令有司早行修葺。当时曾奉圣旨：依奏，其库屋宇令临安府检计修葺。经今又已四年。近日，轮郎官点检，则所谓屋者，仰视乃与天通，傍观殆无壁落。两月前，曾有人舣舟于岸，偷窃吏部案卷，敕黄之类，欲载往外州，作故纸出卖，既觉察擒捕，即投弃水中。慢藏诲盗，必至于此。臣愚欲望圣慈，诏有司日下计料修整，毋若往岁，视为闲慢，虚降旨挥。兼六部主管官共四员，自来临安府应副居止，若就库侧兑换廨舍，使其朝夕便于检校，免致疏失，关防之要术也。所有臣原札并录在前。今取进止。”（宋·周必大《文忠集》卷143

“乞修架阁库”）

“淳熙六年十一月二十七日诏：临安府修葺六部架阁库屋。其主管官员居止，令就库侧兑换廨舍，使朝夕便于检校，以防文书疏失。从吏部尚书周必大请也。”（清·徐松《宋会要辑稿·方域》卷420）

“诸制书若宣文书应长留，而不别库架阁，或因检简移到而不别注于籍者，各杖一百。”（宋·谢深甫《庆元条法事类》卷17）

“诸架阁库文书，所掌官吏散失者，杖一百。”（宋·谢深甫《庆元条法事类》卷17）

“诸盗应架阁文书，有情弊者，徒二年。”（宋·谢深甫《庆元条法事类》卷17）

元代（1206—1368）

【浆糊】“粘接纸缝法：方外交青龙镇隆平寺主藏僧永光，字绝照，访余观物斋，时年八十有四。话次问光前代藏经接缝如一线，岁久不脱，何也？光云：古法用楮树汁、飞面、白芨末三物调和，以之粘接纸缝，永不解脱，如胶漆之坚。”（明·陶宗仪《辍耕录》卷39引《王古心先生笔录》）

“法糊。瓦盆盛水。以面一斤掺水上，任其浮沉，夏五日，冬十日，以臭为度。沥浸面清水煎白芨半两，白矾三分，去渣，和所浸面打成浓糊。入桐油、黄蜡、芸香等各三钱重。就锅内打作一团，别换水，煮令熟。去水，倾置器内候冷。日换水浸。临用以汤调开。”（元·佚名《居家必用事类全集》戊集）

“糊法。乳香，白芨粉（即腻粉），明矾，黄蜡胶，更兼白石钳（石灰也），永保百年牢。”（元末明初·佚名《墨娥小录》“文府清事”）

“粘合糊。糊内入白芨末、豆粉少许，永不脱。”（元末明初·佚名《墨娥小录》“文府清事”）

【文献保管】“收书。收藏书籍之法。当于未梅雨前晒，取极燥。顿橱柜中，厚以纸糊外门及周隅小缝，令不通风，即不蒸。古人藏书，多用芸香辟蠹，即今之七里香是也。麝香收书橱中，亦可辟蠹。一法：用樟脑亦佳。”（元·佚名《居家必用事类全集》戊集）

“收画。亦当于未梅雨之前，晒晾令燥，紧卷入匣。厚以纸糊匣缝，取令周密。过梅月方开，则不蒸䵊，盖蒸气自外而入故也。匣须用楸木、梓木或杉桨之类为之。外漆以黑光，里不用漆也。”（元·无名氏《居家必用事类全集》戊集）

【曝晒文献】“至元十五年五月十一日，秘书监照得：本监应有书画图籍等物，须要依时正官监视，子细点检曝晒，不致虫伤浥变损坏。外据回回文书就便北台内，令鄂都玛勒一同检觑曝晒。”（元·王士点《秘书监志》卷6）

【文献装潢】“至元十四年二月，裱褙匠焦庆安计料到裱褙书籍物色：

书籍文册六千七百六十二册。

褙壳绫（一万三千八百六十二尺一寸）。每册（黄绫二尺，计一万三千五百二十四尺）。每册（题头蓝绫半寸许，三百三十八尺一寸）。

纸札每册（大小纸六张，计四万五百七十二张）。济源（夹纸三张，计二万二百八十六张）。束鹿（绵纸三张，计二万二百八十六张）。

打面糊物料：黄蜡（一钱，计四十二斤四两二钱），明胶（一钱，计四十二斤四两二钱），白矾（一钱，计四十二斤四两二钱），白芨（一钱，计四十二斤四两二钱），藜蒌（一钱，计四十二斤四两二钱），皂角（一钱，计四十二斤四两二钱），茅香（一钱，计四十二斤四两二钱），藿香（半钱，计二十一斤二两一钱），白面（五钱，计二百一十二斤一两），硬柴（半斤，计该二百一十一秤五斤），木炭（二两，计五十二秤一十三斤四两）。

画轴大小相滚作二幅计，一千单九轴，每轴用物料：

颜色绫红绢（八尺，计八千七十二尺）。色绫（上等四尺，计四千三十六尺）：黄绫（一千五百尺），蓝绫（一千五百尺），白绫（五百一十八尺），皂绫（五百一十八尺）。

色绢（计四千三十六尺）：黄绢（一千五百尺），蓝绢（一千五百尺），白绢（五百一十八尺），皂绢（五百一十八尺）。

纸每一轴（大小四十张，计四万三百六十张）：济源（夹纸一十六张，计一万六千一百四十四张），束鹿（绵纸二十四张，计二万四千二百一十六张）。

打面糊物料每轴：黄蜡（二钱，计一十二斤九两八钱），明胶（一钱，计六斤四两九钱），白矾（一钱，计六斤四两九钱），白芨（一钱，计六斤四两九钱），藜蒌（二钱，计该六十三斤一两），藿香（一钱，计六斤四两九钱），白面（一两，计该六十三斤一两），硬柴（一斤，计六十三秤一十斤），茅香（二钱，计一十二斤九两四钱），皂角（二钱，计一十二斤九两八钱），木炭（半斤，计三十一秤八斤四两）。”（元·王士点《秘书监志》卷6）

【药物辟蠹】“芸香草能辟蠹，藏书者用以熏之，故书曰芸编。古诗：‘芸叶熏香走蠹鱼。’”（明·张岱《夜航船》卷8）编者按：这是说点燃芸香熏虫，以辟纸质文献之蠹。所谓“古诗”，当是元朝或元朝以前。但是宋元未闻以芸草辟蠹者，或为唐五代诗篇。未明出处，待考。姑系于元代。

【读书方法】“赵子昂书跋云：‘聚书藏书，良匪易事。善观书者，澄神端虑，净几焚香。勿卷脑，勿折角，勿以爪侵字，勿以唾揭幅，勿以作枕，勿以夹刺。随损随修，随开随掩。后之得吾书者，并奉赠此法。’”（明·胡应麟《少室山房笔丛》“经籍会通”卷4）

明代（1368—1644）

【防蠹纸】“黄柏一斤，槌碎，用水四升，浸一伏时，煎熬至二升止，听用。橡斗子一升，如上法煎水，听用。胭脂五钱，深者方妙，用汤四碗，浸榨出红。三味各成浓汁，用大盆盛汁，每用观音帘坚厚纸，先用黄柏汁拖过一次，复以橡斗汁拖一次，再次胭脂汁拖一次，更看深浅加减，逐张晾干，可用。”（明·高濂《遵生八笺》卷15“染宋笺色法”）

“宣德纸，近年始从内府传出，亦非书画所需，正如宣和龙凤笺、金粟藏经笺，仅可饰装褫耳。”（明·沈德符《飞凫语略》）

“羊脑笺以宣德瓷青纸为之。以羊脑和顶烟墨窖藏，久之取以涂纸，研光成笺。墨如漆，明如镜。始自明宣德间，制以写经，历久不坏，虫不能蚀。今内城惟一家犹传其法。”（清·沈初《西清笔记》卷2）

“庚子春，太守（按即方功惠。方氏于同治、光绪年间在广东任太守三十余年）已捐馆，其家捆载遗书，至都门求售。过厂肆，见样本，一睹其装潢图记，即知为粤中装订，碧琳琅馆旧藏也。每册有东丹笺副页，可以辟蠹。”（清·叶昌炽《藏书纪事诗》卷7“方功惠”条）编者按此“东丹笺”即万年红。万年红纸是一种橘红色的防蠹纸，明末始造于广东南海（今佛山）一带，因为涂以铅丹，故能防蠹。一般是将其装订在线装书的扉页和底页位置上。但是明末广东南海造万年红纸，只是后世从流传的文献实物中确定的，当时似无相关的文献记载。

【浆糊】“先以花椒熬汤，滤去椒，盛净瓦盆内放冷，将白面逐旋轻轻糁上，令其慢沉，不可搅动。过一夜，明早搅匀。如浸数日，每早必搅一次。俟令过性，淋去原浸椒汤，另放一处，却入白矾末、乳香少许，用新水调和，稀稠得中，入冷锅内，用长大擂槌不住手擂转，不令结成块子。方用慢火烧。候熟，就锅切成块子。用元浸椒汤煮之，搅匀再煮，搅不停手，多搅则糊性有力。候熟取起。面上用冷水浸之。常换水，可留数月。”（明·周嘉胄《装潢志·治糊》）

“用面加入椒、矾、蜡等粉末，再配入白芨汁作糊，永不受霉湿。”（明·冯梦桢《快雪堂漫录》卷46）

“白面一斤，浸三五日，候酸臭作过，入白芨面五钱，黄蜡三钱，白芸香三钱，石灰末一钱，官粉一钱，明矾二钱。用花椒一二两煎汤，去椒，先投蜡、矾、芸香、石灰、官粉熬化，入面作糊，粘褙不脱。又法：飞面一斤，入白芨末四两，楮树汁调，亦妙。”（明·高濂《遵生八笺·燕闲清赏笺》“法糊方”）

“遇四、五、六月之先，将画幅展玩，微见风日，收起入匣，用纸封口，勿念通气……过此二候方开，可免霉白。平时张挂名画，须三五日一易，则不厌观，不久惹尘湿，收起，先拂去两面尘垢，略见风日，即珍藏之。久则恐为风湿，损其质地。”（明·项元汴《蕉窗九录》）

“法糊：用瓦盆盛水，以面一斤掺水上，任其浮沉。夏五日，冬十日，以臭为度。后用清水蘸白芨面半两，白矾三分，去渣，和元浸面，打成（按疑有脱字），就锅内打成团，另换水煮熟，去水，倾置一器，候冷。日换水浸。临用，以汤调开。忌用浓糊及敝帚。”（明·文震亨《长物志》卷5）

【装潢】“前代书画，传历至今，未有不残脱者。苟欲改装，如病笃延医。医善则随手而起，医不善则随剂而毙。所谓不药当中医，不遇良工，宁存故物。嗟乎！上品名迹，视之匪轻，邦家用以华国，艺士尊之为师。师犹父也，为人子者，不可不知医；宝书画者，不可不究装潢。”（明·周嘉胄《装潢志》）

“装潢。装潢书画，秋为上时，春为中时，夏为下时，暑湿及冱寒，俱不可装裱。勿以熟纸背，必皱起。宜用白滑漫薄大幅生纸，纸缝先避人面，及接处若缝缝相接，则卷舒缓，急有损，必令参差其缝，则气力均平。太硬则强急，太薄则失力。绢素彩色重者，不可捣理。古画有积年尘埃，用皂荚清水（编者按：疑此处脱字，或为“渍之”）数宿，托于太平案扦去，画复鲜明，色亦不落。补缀之法，以油纸衬之，直其边际，密其隙缝，正其经纬，就其形制，拾其遗脱，厚薄均调，润洁平稳。又，凡书画法帖，不脱落不宜数装背。一装背则一损精神。古纸厚者，必不可揭薄。”（明·文震亨《长物志》卷5）

“余装卷以金粟笺用白芨糊折边，永不脱，极雅致。”（明·周嘉胄《装潢志》“手卷”）

【金匮石室】弘治五年（1492），邱濬上书修建石室收藏文献。“自古帝王藏国史于金匮石室之中。盖以金石之为物，坚固耐久，非土木比；又能扞格水火，使不为患。有天下者，断石以为室，锢金以为匮，凡国家有秘密之计，精微之言，与凡典章事迹，可以贻谋传远者，莫不收贮其中，以防以为之虞。其处心积虑，可谓深且远矣。”“于文渊阁近便去处，别建重楼一所，不用木植，专用砖石垒砌为之……收贮繁要文书，以防意外之虞……如此，则祖宗之功德，在万世永传，信而无疑，国家之典章，垂百王递沿，袭而有本矣。”（《明实录·孝宗弘治实录》卷63）

嘉靖十三年（1534），皇史宬建成，纯用石甃，不假寸木。“门额以史为叓，以成为宬。”“宬中具二十台，永陵、定陵各占二台。”（清·孙承泽《春明梦余录》）

“皇史宬为明季藏本之地，则石室砖簷，穴壁为窗。盖以本章要区，防火为宜。”（清·阮葵生《茶余客话》卷2）

“吾乡神通寺有藏藏经石室，乃明万历中释某所为。其室去寺半里许，以远火厄，且累石砌成，上为砖券。今将二百年，犹尚牢固，是可以为法也。”（清·周永年《儒藏说》）

【文献收藏处所】明洪武十四年（1381），朱元璋选中玄武湖（后湖）作为明朝中央政府黄册的存放地，建黄册库。“玄武湖大十数里，中洲为册库，以藏版籍。楼开东西牖，随日照之，得不蛀。初患鼠，赐督工老人毛姓者为土地乃安。非督册台省度支郎不得入其地。四山蘸翠，藕花满湖，香气袭人。月明之夕，游赏为最。”（明·王士性《广志绎》卷2）

“藏书不啻万卷，止以万卷名楼。以四库胪类不尽，乃仿刘氏《七略》，分而藏之。楼独藏经学实务，总之不下万卷，余置别所凡五。书，文明火象也，又天地精华，多则为祟，古之善藏者每分之，庶不灾于火。吾楼书不过万，以此。”（明·李开先《闲居集·藏书万卷楼记》）

“只是藏书第一在好儿孙，第二在好屋宇。必须另构一楼，迥然与住房书室不相联接，自为一境方好。”“惟后用翻轩一带，可为别室检书之处，然亦永不许在此歇宿，恐有灯烛之入也。”“下一层离基地二尺许，用阁栅地板，湿蒸或不能上……前面只用透地风窗，以便受日色之晒……而此楼之制，既欲其坚固，又欲其透风。须我与匠人自以巧心成之。”（祁承㸁天启三年手札，见黄裳《银鱼集》）

【文献晾晒】“藏画。以杉、桫木为匣，匣内切勿油漆糊纸，恐惹霉湿。四、五月，先将画幅幅展看，微见日色，收起入匣，去地丈余，庶免霉白。平时张挂，须三五日一易，则不厌观，不惹尘湿。收起时先拂去两面尘垢，则质地不损。”（明·文震亨《长物志》卷5）

“六月六日，本非令节。但内府皇史宬晒曝列圣实录，列圣御制文集诸大函，则每岁故事也。”（明·沈德符《万历野获编》卷24）

“书中蠹蛀，无物可辟，惟逐日翻检而已。置顿之处，要通风日，而装潢最忌糊浆厚裱之物。宋书多不蛀者，以水裱也。日晒火焙固佳，然必须阴冷而后可入笥。若热而藏之，反滋蠹矣。”（明·谢肇淛《五杂俎》卷9）

【药物防蠹】“生平酷好书，僻性恹城居。洗杓尝鸱酒，焚芸辟蠹鱼。”（清·黄丕烈《士礼居藏书题跋记》卷4）编者按：这是明代长洲文献收藏家俞弁（1488—1547）为抄本《灵异记》八卷所撰写的题跋。题跋所署时间为己卯（正德十四年，1519）端阳后二日。是为焚烧植物药物产生的烟雾以驱辟文献中的蠹虫之具体时间记载。

“檀香辟湿气。画必用檀轴有益，开匣有香而无糊气。又辟蠹也。”（明·汪砢玉《珊瑚网》卷48）

“范氏天一阁藏书甚富，内多世所罕见者。兼藏芸草一本，色淡绿而不枯，三百年来，不生蠹，草之功也。”（明·谢堃《春草堂集》卷32）

“久闻天一阁藏书，英石芸草辟蠹鱼。近日椟存珠已去，我来翻撷但唏嘘（自注：厨内所存宋板秘抄俱已散失。书中夹芸草，橱下放英石，云收阴湿之物也）。”（清·袁枚《小仓山房诗集》卷36“到西湖住七日即渡江游四明山，赴克太守之招”）

【阅读方法】“赏鉴。看书画如对美人，不可毫涉粗浮之气，盖古画纸绢皆脆，舒卷不得法，最易损坏。尤不可近风日。灯下不可看画，恐落煤烬，及为烛泪所污。饭后醉余欲观卷轴，须以净水涤手。展玩之际，不可以指甲剔损，诸如此类，不可枚举。然必欲事事勿犯，又恐涉强作清态，惟遇真能赏鉴，及阅古甚富者，方可

与谈。若对伧父辈，惟有珍秘不出耳。”（明·文震亨《长物志》卷5）

“卷画。须顾边齐，不宜局促，不可太宽，不可着力，卷紧恐急裂绢素。拭抹用软绢细细拂之，不可以手托起画轴就观，多致损裂。”（明·文震亨《长物志》卷5）

“尔辈惟法温公（按即司马光）之珍惜，斯称能守者乎！”（明·祁承㸁《澹生堂藏书约》）

【文献收藏工具】“藏书橱须可容万卷，愈阔愈古。惟深仅可容一册，即阔至丈余。门必用二扇，不可用四及六。小橱以有座者为雅，四足者差俗，即用足亦必高尺余。下用橱殿，仅宜二尺，不则两橱叠置矣。橱殿以空如一架者为雅。小橱有方二尺余者，以置古铜玉小器为宜。大者用杉木为之，可辟蠹。小者以湘妃竹及豆瓣楠、赤水椤、古黑漆断纹者为甲品。杂木亦俱可用，但式贵去俗耳。铰钉忌用白铜，以紫铜照旧式，两头尖如梭子，不用钉钉者为佳。竹橱及小木直楞，一则市肆中物，一则药室中物，俱不可用。小者有内府填漆，有日本所制，皆奇品也。经橱用朱漆，式稍方，以经册多长耳。”（明·文震亨《长物志》卷6）

“书架有大小二式。大者高七尺余，阔倍之，上设十二格，每格仅可容书十册，以便检取。下格不可置书，以近地卑湿故也。足亦当稍高，小者可置几上，二格平头、方木、竹架及朱黑漆者，俱不堪用。”（明·文震亨《长物志》卷6）

清代（1644—1911）

【浆糊】“糊用小粉、川椒、白矾、百部草细末，庶可免蛀。”（清·孙庆增《藏书记要》“装订”）

“藏书辟蠹。糊则生蛀，以苦楝子末、生面粘之。”（清·方以智《物理小识》卷8）

“粘法。花椒汤去椒，以盆冷之，旋糁白面，令其慢沉，不可搅动。明早搅匀，或浸数日。每日一搅，淋去原浸之汤，却入白矾末、乳香少许，新水调和，冷锅旋擂，不令结块。方以慢熟之，切作块，以原汤浸椒汤煮之，搅匀再煮熟，取置盆内，用冷水浸其面。常换水，可留数月用之。碑帖外壳宜以芨、矾、蜡、椒、乳香，三伏后粘，厚而压之。盛器后须近人气，如床榻上待一年后，药性已定，其坚如石，永不蒸蛀矣。李如一曰：加楮汁更牢，或面和芨末入水，不可将水入面也。（编者按下有方以智之子中通曰：面作块入椒、矾、白蜡末，用水煮之，俟面浮起为度。后入清水浸之，至省浆白泛即易水，待其泛尽取出。待干，配入白芨汁作糊，永远不受霉湿。）”（清·方以智《物理小识》卷8）

“糊法：用陈天水一缸，以洁白飞面入水，水气作酸，再易前水，酸尽为度。既曝干，入白矾少许，和秋下陈天水，打成团，入锅煮熟。倾置一缸，候冷，浸以前水，日须一易。临用入磁瓻，千杵烂熟，以前水匀薄，大忌浓厚。”（清·周二学《赏延素心录》第五则）

“（伦明）修补书不用面粉，独用广东寄来一种干菜，形似麒麟菜，以滚水浸烂补之，取其着潮不耐生虫也。”（雷梦水《书林琐记》）编者按：这种植物为石花菜，广东至今仍然有以此制作文献修裱浆糊者。

【文献装潢】“装订书籍，不在华美饰观，而要护帙有道。款式古雅，厚薄得宜，精致端正，方为第一。”（清·孙从添《藏书记要》“装订”）

“书面用古色纸。细绢包角，裱书面，用小粉糊入椒、矾细末于内。太史连三层裱好，贴于板上挺足，候干揭下压平用。须夏天做秋天用。折书叶要折得直，压得久，捉得齐，乃为高手。订书眼要细，打得正，而小草订眼亦然。又须少。多则伤书脑。日后再订，即眼多易破，接脑烦难。天地头要空得上下相趁。副叶用太史连，前后一样两张。截要快刀截，方平而光。再用细砂石打磨。用力须轻而匀，则书根光而平。否则不妥。订线用清水白绢双线订结，要订得牢，嵌得深，方能不脱而紧。如此订书，乃为善也……至于修补旧书，衬纸平伏，结脑与天地头并补破贴欠口，用最薄绵纸熨平，俱照补旧画法，摸去一平，不见痕迹，弗觉松厚，真妙手也。而宋元板有模糊之处，或字角欠缺不清，俱用高手描摹如新，看去似刻，最为精妙……凡书页少者宜衬，书页多者不必。若旧书宋元抄刻本，恐纸旧易破，必须衬之，外用护页方妙。”（清·孙从添《藏书记要》“装订”）

“书画不遇名手装池，虽破烂不堪，宁包好藏之匣中，不可压以他物。不可性急而付拙工；性急而付拙工，是灭其迹也。拙工谓之杀画刽子。”（清·陆时化《书画说铃》卷23“书画说”）

“装潢非笔墨家事，而俗手每败坏笔墨，不可不慎。画就即裱，恐颜色脱晕，必须时久。而帚法重轻，调糊厚薄，视纸绢之新旧为程度。小幅挖嵌为佳，书斗必须浅色。所镶绫绢，非本色亦浅色。轴则花梨、紫檀、黄杨、漆角者为宜，玉石则太沉重。式尚古朴，勿事雕饰。绢画则绫裱，纸画或绢裱，即用纸裱，亦必绫边，上下尺寸，俱有一定，长短不得。古画重装，宜仍托底。珍赏之家，必延良工于室为之，恐一落铺中，易去底纸，摹作赝本，则失却元神也。装后题签，必善书者，篆隶更妙。赏鉴图书，亦不可少。”（清·邹一桂《小山画谱》卷下“裱画”）

“初书装十四册，破烂特甚。买得后，驱蠹鱼至数百计，且缺叶及无字处每册俱有。乃命工补缀。其缺叶皆误重于他叶之腹，其无字者皆浆黏于前后叶之背。始悟当时俗工所为，以致不可卒读。苟非精加装潢，则全者缺之，有者无之，不几使此书多遗憾耶。用著原委，以见古书难得，即装潢亦当煞费苦心也。”（清·黄丕烈《士礼居藏书题跋记》卷5）

“装订不在华丽，但取坚致整齐。”（清·叶德辉《藏书十约》“装潢”）

“书不装潢，则破叶断线，触手可厌。余每得一书，即付匠人装饰。今日得之，今日装之，则不至积久意懒，听其丛乱。”（清·叶德辉《藏书十约》“装潢”）

“北方书喜包角，南方殊不相宜。包角不透风，则生虫，糊气三五年尚在，则引鼠。余北来之书，悉受其害。又北方多用纸糊布匣，南方则易含潮，用夹板夹之最妥。夹板以梓木、楠木为贵，不生虫，不走性，其质坚而轻。花梨、枣木次之，微嫌其重。其他皆不可用。”（清·叶德辉《藏书十约》“装潢”）

“装订书籍，要用粗珠线干订，齐墨深色纸皮加丹反叠，方称雅观。书脚必要号字，易于查检（以目校字，审其舛漏）。”（清·梁鼎芬《丰湖书院书藏四约》“藏书约”）

【文献收藏处所】“古有石仓藏书最好，可无火患，而且坚久。今亦鲜能为之。惟造书楼藏书，四围石砌风墙，照徽州库楼式乃善。不能如此，须另置一宅，将书分新旧抄刻各置一室封锁。”（清·孙从添《藏书记要》“收藏”）

“藏书宜择山林闲旷之地，或附近寺观有佛藏、道藏，亦可互相卫护。”（清·周永年《儒藏说》）

“藏书之所，宜高楼，宜宽畅之净室，宜高墙别院，与居宅相远。室则宜近池水，引湿就下，潮不入书楼。宜四方开窗通风，兼引朝阳入室。遇东风生虫之候，闭其东窗。窗橱俱宜常开。楼居尤贵高敞，盖天雨瓦湿，其潮气更甚于室中也。”（清·叶德辉《藏书十约》“收藏”）

“至建设图书馆地址，必须近水远市，方无意外之虞。前经臣等于内城地面相度勘寻，惟德胜门内之净业湖与湖之南北一代，水木清旷，迥隔嚣尘，以之修建图书馆，最为相宜，尤足以昭稳慎。拟于湖之中央，分建四楼，以藏《四库全书》及宋元精椠。”（清·学部《学部奏筹建京师图书馆折》，《学部官报》第100期）

“图书馆地址，以远市避尘为合宜。建筑则取朴实谨严，不得务为美观。室内受光通气，尤当考究合度，预防潮湿霉蚀之敝弊。”（清·学部《学部奏拟定京师及各省图书馆通行章程折》，《学部官报》第113期）

【文献防火】“纵有翻阅之人，照天一阁之例，但在楼中，毋出楼门。烟灯毋许近楼。”（清·阮元《焦山书藏记》）

“灯烛、字篓引火之物，不可相近，绛云楼之炬，武英殿之灾，此太平时至可痛心之事也。”（清·叶德辉《藏书十约》“收藏”）

【防蠹药物】“于伏日晒书之后，堆满柜厨，预留火炉空处，用炭火一炉，烧起芸香，即闭柜门，使香烟薰绕，则虫蠹自不生矣。”（清·石成金《传家宝》“收书不生蠹鱼蛀虫法”）

"钱塘朱慕樵（樟）先生《观树堂集》有《日及园藏书散逸已尽，乙巳晒书日，检校旧籍，上架讫，用怀麓堂韵示素岑、鹤群、莀潭》诗云：'众山如排签，入夏青未了。爽籁奏疏林，蠹简恣幽讨。及兹晒腹辰，俯拾焚余稿。束发读父书，徙影趁昏晓。穷搜剔疑义，判若河汉眇。凿破肺腹愁，时雨活枯槁。维时困泥蟠，属望致身早。吾生几寒暑，白发只催老。杂说摊床头，爬梳费指爪。记予通籍初，太岁方在卯。一行刀笔吏，来日或苦少。乌停剥啄声，门罕佳客到。墙壁裹蛛丝，鼠迹粉不扫。十年人不归，芸火失熏燎。官贫无长物，治生计草草。'"（清·丁申《武林藏书录》卷下）编者按：此诗中"十年人不归，芸火失熏燎"句当指焚芸草辟书中蠹虫。

"皂荚末置书间，可以避蠹鱼。"（清·卢若腾《岛居随录》）

"柜顶用皂角炒为末，研细，铺一层，永无鼠耗。恐有白蚁，用炭屑、石灰、锅绣（锈）铺地，则无蚁。柜内置春画辟蠹石，可避蠹鱼。"（清·孙从添《藏书记要》"收藏"）

"箱内易生蠹虫（用辟蠹散最好，否则用香烈之品，亦可防避，然总以人力为主。能勤检理，所胜多矣）。"（清·梁鼎芬《丰湖书院书藏四约》"藏书约"）

"书箱布列不可太密，宜疏行以通气（大箱两个一行，小箱三个一行，取书方宜）。箱脚拟用瓦器盛之，中藏石灰，可去湿，可避蚁。"（清·梁鼎芬《丰湖书院书藏四约》"藏书约"）

"不买芸香置五车，公然老蠹作生涯。分明纸角牙须动，陡觉书中点画差。未必风骚供吐属，空贪糟粕失精华。劝君嚼我终无味，速往虫鱼注疏家。"（清·袁枚《小仓山房诗集》卷30"蠹鱼"）编者按：由此诗篇可知袁枚显然相信芸草可防蠹避虫。

"橱下多置雄黄石灰，可辟虫蚁，橱内多放香烈杀虫之药品。古人以芸草，今则药草多矣。肉桂、香油或多嫌太贵，西洋药水、药粉，品多价廉，大可随时收用。"（清·叶德辉《藏书十约》"收藏"）

【晾晒文献】"秘阁曝书，以每年三月六日，自康熙壬寅始也。"（清·陈康祺《郎潜纪闻初笔》卷2）

“曝书须在伏天。照柜数目挨次晒，一柜一日。晒书用板四块，二尺阔，一丈五六尺长，高凳搁起，放日中，将书脑放上面，两面翻晒。不用收起，连板抬风口凉透，方可上楼。遇雨，台板连书入屋内阁起最便。摊书板上，须要早凉，恐汗手拏书，沾有痕迹。收放书籍亦然。”（清·孙从添《藏书记要》“曝书”）

“装潢得法，亦贵珍藏。盛以画囊，置木箱内，悬之屋梁透风处。南方蒸热，伏候宜取晒晾，以樟脑、芸香、花椒、烟叶等贮箱内。又贵时常取挂，则无霉蛀之患。”（清·邹一桂《小山画谱》卷下“藏画”）

“问富数书对，收藏却最难。趁兹三伏好，分作几回摊。线脱忙教换，云遮怕未干。蠹鱼应一笑，未必子孙看。”（清·袁枚《小仓山房诗集》卷33“消夏八首之曝书”）

“此次修理文津阁工程完竣，所有《四库全书》六千八百五函，现已移交妥协，其中沾受潮湿共计二十六函，亦饬抖晾干燥，一律收庋讫。惟查文津阁所藏书籍，从前每届夏季，遵照文渊阁事例抖晾一次，嗣因余平归公，抖晾人等茶水一切无项可给，遂即停止。迄今几二十年，诚恐日久不行抖晾，书籍渐至蠹敝。应请自同治七年为始，仍复抖晾。旧例所需人夫茶水，为数无多，即由该管衙门公项支给，归于年例开销，以资经久。”（中国第一历史档案馆编《纂修四库全书档案》附录一：同治六年（1867）十一月二十四日“热河都统麟庆奏文津阁书籍抖晾需费请旨照例开销片”）

“古人以七夕曝书，其法亦未尽善。南方七月，正值炎薰，烈日曝书，一嫌过于枯燥，一恐暴雨时至，骤不及防，且朝曝夕收，其热非隔宿不退，若竟收放橱内，数日热力不消。不如八九月，秋高气清，时正收敛，且有西风应节，藉可杀虫。南北地气不同，是不可不辨者也。”（清·叶德辉《藏书十约》“收藏”）

“每楼一层，置长木桌四张，为检书晒书之用（有椅可坐，便于看书）。”（清·梁鼎芬《丰湖书院书藏四约》“藏书约”）

“每年按季晒书一次（二月二十二日、五月二十二日、八月二十二日、十一月二十二日，均至二十五日）。”（清·梁鼎芬《丰湖书院书藏四约》“藏书约”）

“晒书要择晴日无风，要按次布晒，收时勿乱，要两面翻晒，晒凉透后，方可收回（有须重订者，检出存记，寄省重订）。”（清·梁鼎芬《丰湖书院书藏四约》“藏书约”）

“每月专管须开各书厨晾开一两次。每年七月，专管雇人晒书一次，晒后邀各总理当面清查一次。”（清·仙源书院《仙源书院初议公集书籍章程》）

【防潮防霉】“春夏之交，宜时时清理，以防潮湿。四、五月黄霉，或四时久雨不晴，则宜封闭。六、七月以后至冬尽春初，又宜敞开。”（清·叶德辉《藏书十约》“收藏”）

【文献收藏】“更须县（悬）挂宝爱，约四五日一易，既不病画，亦不损裱。”（清·周二学《赏延素心录》第六则）

“书放柜中或架上，俱不可并，宜分开寸许。放后亦不可放足。书要透风，则不蛀不霉。”（清·孙从添《藏书记要》“收藏”）

“列橱之法，如宁波范氏天一阁式，四库之文渊阁、浙江之文澜阁即仿为之。其屋俱空楹，以书橱排列，间作坎画形，特有间壁耳。”（清·叶德辉《藏书十约》“收藏”）

【翻检文献】“归里闲无事，仍寻乱帙繁。蠹鱼走相告，此老又来翻。”（清·赵翼《瓯北集》卷27“蠹鱼”）

“日日翻检，不生潮霉，蠹鱼蛀虫，应手拂去。”（清·叶德辉《藏书十约》“校勘”）

【日常管理】“每日清晨，看守书藏之人开楼窗，开箱门（分行按次放在架外勿乱），日落时一一关闭完密，不得误忽（地方尤宜洁净，每遇雨后，须细看有无渗漏，有则速治）。”（清·梁鼎芬《丰湖书院书藏四约》“藏书约”）

“楼上禁食水烟（一切食物并行禁止。杂乱桌几，污点签帙，都不相宜）。”（清·梁鼎芬《丰湖书院书藏四约》“藏书约”）

“晚上禁止上楼（灯烛要谨慎，晚间不能借书，不开楼门，锁钥交看守之人管理）。”（清·梁鼎芬《丰湖书院书藏四约》“藏书约”）

“院内墙壁，每生白蚁，最宜小心（凡安放书架，均勿近墙）。”（清·梁鼎芬《丰湖书院书藏四约》“藏书约”）

“箱内书头处有空地，易于鼠耗，最宜留心。”（清·梁鼎芬《丰湖书院书藏四约》“藏书约”）

“每格内放书不开太密，不开太高。密则难取，高则逼紧，易于皱折。”（清·梁鼎芬《丰湖书院书藏四约》“藏书约”）

“凡放书每行末一本卷尾最易抽坏，宜分二次放好，要齐整，勿忙急。”（清·梁鼎芬《丰湖书院书藏四约》“藏书约”）

“四部书籍皆分列目录，查检时各手一本，按次清查。外省书籍多易生虫，切勿有此。”（清·梁鼎芬《丰湖书院书藏四约》“藏书约”）

“外省书籍都非干订，如有绢书未重订者，寄省重订。”（清·梁鼎芬《丰湖书院书藏四约》“藏书约”）

“每箱分别字号，每号先订三箱（如有续捐，系某部之书，即陈入四号以下，虽数十号亦可如此办理，免致书满易号，不合部居）”。（清·梁鼎芬《丰湖书院书藏四约》“藏书约”）

“楼上两廊可放书架，不宜庋箱，此处风日喧曝，宜损书籍。”（清·梁鼎芬《丰湖书院书藏四约》“藏书约”）

参 考 文 献

(这里列出的并非本书参考文献的全部，而只是其中重要的部分)

一、著 作 部 分

1. 何清谷．三辅黄图校注［M］．西安：三秦出版社，1995
2. （晋）王嘉．拾遗记［M］．北京：中华书局，1981
3. （南朝宋）刘义庆．世说新语［M］．上海：上海古籍出版社，1982
4. （北齐）颜之推．颜氏家训［M］．上海：商务印书馆，1937
5. （北魏）贾思勰．齐民要术［M］．上海：商务印书馆，1939
6. （唐）房玄龄．晋书［M］．文渊阁四库全书本
7. （唐）韩鄂．岁华纪丽［M］．上海：商务印书馆，1937
8. （唐）张彦远．历代名画记［M］．上海：商务印书馆，1936
9. （宋）沈括．梦溪笔谈［M］．上海：商务印书馆，1937
10. （宋）张邦基．墨庄漫录［M］．北京：中华书局，2002
11. （宋）李昉，等．太平御览［M］．上海：上海古籍出版社，2008

12. （宋）苏轼．苏轼文集［M］．北京：中华书局，1986
13. （宋）邵雍．击壤集［M］．文渊阁四库全书本
14. （宋释）文莹．玉壶清话［M］．北京：中华书局，1984
15. （宋）费衮．梁谿漫志［M］．上海：上海古籍出版社，1985
16. （宋）洪迈．容斋四笔［M］．上海：上海古籍出版社，1990
17. （宋）程俱著，张富祥点校．麟台故事校证［M］．北京：中华书局，2000
18. （宋）赵希鹄．洞天清录集［M］．上海：商务印书馆，1939
19. （宋）陈师道．后山谈丛［M］．上海：商务印书馆，1936
20. （宋）谢深甫，等．庆元条法事类［M］．上海：上海古籍出版社，2005
21. （宋）陈骙著，张富祥点校．南宋馆阁录［M］．北京：中华书局，1998
22. （元）王士点．秘书监志［M］．文渊阁四库全书本
23. （元）陶宗仪．说郛［M］．上海：上海古籍出版社，1988
24. （明）曹昭著，王佐增补．新增格古要论［M］．上海：商务印书馆，1939
25. （明）高濂．遵生八笺［M］．北京：人民卫生出版社，1994
26. （明）王世贞．弇州山人续稿［M］．文渊阁四库全书本
27. （明）袁宏道著，钟伯城笺校．袁宏道集笺校［M］．上海：上海古籍出版社，1981
28. （明）周嘉胄．装潢志［M］．上海：商务印书馆，1939
29. （明）沈德符．万历野获编［M］．北京：中华书局，1959
30. （明）胡应麟．少室山房笔丛［M］．北京：中华书局，1958
31. （明）张萱．疑耀［M］．上海：商务印书馆，1939
32. （明）谢肇淛．五杂俎［M］．北京：中华书局，1959
33. （明）徐[火勃]．徐氏笔精［M］．文渊阁四库全书本
34. （明）祁承㸁．澹生堂藏书约［M］．上海：古代文学出版社，1957
35. （明）文震亨．长物志［M］．文渊阁四库全书本
36. （清）石成金．传家宝［M］．北京：线装书局，2008

37. （清）孙从添．藏书记要［M］．上海：古典文学出版社，1957
38. （清）曹寅，等．全唐诗［M］．北京：中华书局，1960
39. （清）顾千里著，王欣夫辑．顾千里集［M］．上海：上海古籍出版社，2007
40. （清）阮元．揅经室集［M］．上海：商务印书馆，1936
41. （清）周二学．赏延素心录［M］．丛书集成初编本
42. （清）沈初．西清笔记［M］．上海：商务印书馆，1936
43. （清）黄丕烈．士礼居藏书题跋记［M］．北京：书目文献出版社，1989
44. （清）邹一桂．小山画谱［M］．上海：商务印书馆，1937
45. （清）叶昌炽著，王欣夫补正．藏书纪事诗［M］．上海：上海古籍出版社，1989
46. （清）梁鼎芬．书藏四约［M］．清末乐群堂刻本
47. （清）叶德辉．藏书十约［M］．上海：上海古籍出版社，2005
48. 王国维著，胡平生，马月华校注．简牍检署考校注［M］．上海：上海古籍出版社，2004
49. 梁启超．清代学术概论［M］．上海：上海古籍出版社，1998
50. 冯贞群．鄞范氏天一阁书目内编［M］．重修天一阁委员会，1940
51. 余嘉锡．余嘉锡论学杂著［M］．北京：中华书局，1963
52. 陈梦家．汉简缀述［M］．北京：中华书局，1980
53. 肖振棠，等．中国古籍装订修补技术［M］．北京：书目文献出版社，1980
54. 李希泌，张椒华．中国古代藏书与近代图书馆史料（春秋至五四前后）［M］．北京：中华书局，1982
55. 瞿良士．铁琴铜剑楼藏书题跋集录［M］．上海：上海古籍出版社，1985
56. 北京图书馆图书保护研究组．图书档案保护技术资料汇编［C］．北京：书目文献出版社，1987
57. 雷梦水．书林琐记［M］．北京：人民日报出版社，1988
58. 李景仁，冯惠芬．图书档案保护技术手册［M］．北京：档案出

版社，1992
59. 卢英，等．档案保护实验技术［M］．北京：中国人民大学出版社，1994
60. 潘美娣．古籍修复与装帧［M］．上海：上海人民出版社，1995
61. ［奥地利］斯蒂芬·茨威格，等；叶灵凤译．书的礼赞［C］．北京：生活·读书·新知三联书店，1998
62. 连云港市博物馆，中国文物研究所．尹湾汉墓简牍综论［C］．北京：科学出版社，1999
63. 郭莉珠．档案保护技术学教程［M］．北京：中国人民大学出版社，2000
64. 金波．档案保护技术学［M］．北京：高等教育出版社，2000
65. 冯乐耘．中国档案修裱技术［M］．北京：中国档案出版社，2000
66. 王国强．明代目录学研究［M］．郑州：中州古籍出版社，2000
67. 中国国家图书馆．中文善本古籍保存保护国际研讨会论文集［C］．北京：北京图书馆出版社，2002
68. 冯鹏生．中国书画装裱技法［M］．北京：北京工艺美术出版社，2003
69. 杜伟生．中国古籍修复与装帧技术图解［M］．北京：北京图书馆出版社，2003
70. 李零．简帛古书与学术源流［M］．北京：生活·读书·新知三联书店，2004
71. 王金玉．王金玉档案学论著［C］．北京：中国档案出版社，2004
72. 张显成．简帛文献学通论［M］．北京：中华书局，2004
73. 刘家真．文献遗产保护［M］．北京：高等教育出版社，2005
74. ［法］弗雷德里克·巴比耶著；刘阳，等译．书籍的历史［M］．桂林：广西师范大学出版社，2005
75. ［美］罗杰·巴格诺尔著，宋立宏，郑阳译．阅读纸草，书写历史［M］．上海：上海三联书店，2007
76. 李玉虎．中国档案文献遗产保护研究论文集［C］．北京：教育

科学出版社，2007
77. 周耀林．档案文献遗产保护理论与实践［M］．武汉：武汉大学出版社，2008
78. 赵长海．新中国古旧书业（1949—2009）［M］．长春：吉林文史出版社，2009
79. 张美芳，张松道．文献遗产保护技术管理理论与实践［M］．长春：吉林文史出版社，2009

二、论文部分

80. 赵万里．重整范氏天一阁藏书记略［J］．国立北平图书馆馆刊，1934（1）：103-109
81. 中国历史博物馆防蠹纸研究小组．对明清时期防蠹纸的研究［J］．文物，1977（1）：47-50
82. 刘启柏．古籍防蠹［J］．四川图书馆学报，1979（3）：93-102
83. 李龙如．图书保管"八防"［J］．湘图通讯，1980（1）：32-36；（4）：22-26
84. 和宝荣．图书的霉腐、虫蛀及防治方法［J］．图书馆工作与研究，1980（2）：18-20
85. 骆兆平．漫谈天一阁藏书管理的历史经验［J］．图书馆研究与工作，1980（3）：14-15
86. 汪华明．破损图书的修复［J］．河南图书馆学刊，1981（4）：30-32
87. 黄文田．我国古代图书资料保护方法浅析［J］．贵图学刊，1983（4）
88. 李景仁，冯惠芬．图书、档案保护常识［J］．图书馆杂志，1983（4）
89. 徐雁．我国古代典藏保护技术述略［J］．图书馆学研究，1984（1）
90. 周宝中．古代保护纸质文物的药物防蠹技术［J］．中原文物，1984（4）：87-92
91. 李龙如．火——书籍保护常识之四［J］．图书馆，1984（5）：

44-45
92. 麦群忠．图书保护若干问题［J］．图书馆界，1992（1）：47-51；60
93. 邓贵忠．也谈广东古籍防虫［J］．图书馆论坛，1995（6）：61-62
94. 吴皇斌口述，王玉全整理．古书装修技术［J］．四川图书馆学报，1979（3）：103-112
95. 王国强．中国古籍整理工作二十年成就述略［J］．图书馆建设，1999（3）：70-72、86
96. 罗茂斌．古代文献保护技术及其理论初探［J］．云南档案，1994（4）：29-32
97. 林子雄．古籍保护方法的继承与实践［J］．图书馆论坛，1996（5）：28-29、51
98. 梁桂英．冷冻灭书虫与古籍保护的几个问题［J］．科技情报开发与经济，2005（13）：75-76
99. 沈大晟．也论图书馆古籍保护［J］．四川图书馆学报，2004（1）：79-80
100. 李大东．天一阁藏书保护经验谈［J］．文物保护与考古科学，2003（1）：52-54
101. 奚可桢．中国古籍的药物学保护技法述论［J］．图书馆杂志，2003（5）：75-77
102. 奚可桢．从建筑学角度探析古籍保护方法［J］．东南文化，2006（2）：94-96
103. 陈红．浅谈档案裱糊胶粘剂［J］．浙江档案，1994（10）：38-39
104. 王芹，冯勇建．关于古籍保护措施之我见——从海南省的古籍保护谈起［J］．图书情报工作，2005（3）：130-132
105. 麻新纯．中国古代档案保护思想探析［J］．北京档案，2005（11）：12-15
106. 张贵江．古代图书的药物防蠹［J］．图书与情报，2003（4）：77-92

107. 应长兴，林祖藻．古籍保护 继往开来［J］．图书馆论坛，1999（2）：80-82
108. 史向东．中国古代档案保护技术综述［J］．档案，2000（3）：25-26
109. 冯淳玲．古代藏书之保护［J］．图书与情报，2003（4）：75-76；78
110. 周苏阳．古籍修复三例［J］．江苏图书馆学报，1997（5）：43-44
111. 邱晓刚．再谈古籍修复中的浆糊问题［J］．江苏图书馆学报，1999（6）：22-23
112. 张清志．论我国传统的文献保护技术［J］．情报杂志，1998（3）：26-28
113. 罗茂斌．中国古代古籍保护方法研究［J］．思想战线，1996（2）：87-92
114. 邱晓刚．对使用“甲基纤维素”作为胶黏剂修补古籍的分析［J］．广东图书馆学刊，1990（3）：91；90
115. 方建新．宋代图书展览会——“曝书会”考略［J］．浙江大学学报（人文社会科学版），2005（5）：101-105
116. 吴哲叡．古籍线装书装补述要［J］．台湾图书馆管理季刊，1997（3）：51-65
117. 杨永德．中国古代书籍装帧与中国文化［N］．人民日报（海外版），2004-04-02（8）
118. 张平．英国伦敦图书修复工作印象［J］．国家图书馆学刊，1999（1）：74-76；122
119. 晋宏逵．对不可移动文物保护原则的探讨［N］．中国文物报，2005-09-23（8）
120. 梁桂英．古籍保护方法综述［J］．韩山师范学院学报，2005（2）：94-97
121. 张宏利，等．皂荚化学成份及杀鼠活性初步研究［J］．西北农学学报，2005（4）：117-120
122. 王阿陶，许卫红．古籍修复档案内容设置及其重要性探析

[J]. 档案学通讯，2010（5）：68-71
123. 杨晓黎. 略论图书馆善本古籍的修复 [J]. 图书馆工作与研究，2002（6）：20-23
124. 仇壮丽. 中国古代档案保护史论 [J]. 档案学通讯，2005（3）：42-44、45
125. 曹之. 古代曝书小考 [J]. 图书馆论坛，2007（6）：281-284
126. 秦佳心. 碱性物质在小麦淀粉浆糊中应用的比较研究 [J]. 档案学通讯，2008（6）：72-75
127. 孟祥凤. 民国文献保护方法研究 [D]. 硕士学位论文，郑州大学，2010
128. 汪帆. 古籍修复用纸的纸库建设刍议 [J]. 兰台世界，2010（3）：57-58
129. 王志慧. 中药技术在档案保存中的作用 [J]. 兰台世界，2010（11）：10-11
130. 黄华信. 裱褙药物浆糊裱褙药物浆糊制造方法裱褙药物浆糊的用途 [P]. http://2008. gxsti. net/gxsat/kjzy/zscq/zdzlxm/35150. shtml [2009-11-15]
131. Sisyphus Yao. 天一阁与灵香草 [J]. douban [2009-03-01]
132. 赵万里. 赵城金藏展览座谈会 [J]. http://www. nlc. gov. cn/service/wjls/pdf [2009-02-08]
133. 王玲玲. 明代经书的修复 [J]. http://www. nlc. gov. cn/service/wjls/pdf/14/14_ 19. pdf [2010-11-29]
134. 邹爱莲. 中国第一历史档案馆所存清代档案基本情况调查报告 [J]. http://www. historychina. net/qsyj/wxda/daly [2010-03-21]
135. 文物保护：古籍文献损毁常见有8大原因 [J]. http://www. sn. xinhuanet. com [2010-04-05]
136. 杨清. 古籍善本图书破损严重 20万册善本修复需要800年 [J]. http://www. zjol. com. cn [2010-09-07]
137. 关永辉，马海涛. 省图30万古籍“坐以待毙” [J]. http://www. 66163. com [2010-03-07]

138. 成小珍．广东中山图书馆 33 万破损古籍亟待修复 [J]. http：//news. sohu. com/20080402/n256048735. shtml [2010-03-20]
139. 王向华，刘华．四川文物古籍修复人才稀缺 65 万册古籍无人修复 [J]. news. sohu. com/20061030/n246089834. shtml [2010-03-20]
140. 彭冰，焦旭锋．四分之一亟待修复 我国现存古籍 4000 万册 [J]. http：//www. gucn. com [2010-08-02]
141. 王辉．痛并乐观着：宗教古籍的保存现状 [J]. http：//www. mzb. com. cn. [2010-07-09]
142. 邹爱莲．中国第一历史档案馆所存清代档案基本情况调查报告 [J]. http：//www. historychina. net/qsyj/wxda/daly [2010-03-21]
143. 于英杰．江苏百万册古籍待修复 高水平修复师全省不足 5 人 [J]. http：//www. ce. cn [2010-08-03]